政法指导工作系列丛书

刑事诉讼涉案财物处置工作指南

浦东新区"引领区"法治保障工作范例

上海市浦东新区法学会 编著

中国出版集团 东方出版中心

图书在版编目（CIP）数据

刑事诉讼涉案财物处置工作指南 / 上海市浦东新区
法学会编著. －上海：东方出版中心，2024.1
ISBN 978-7-5473-2339-7

Ⅰ.①刑… Ⅱ.①上… Ⅲ.①刑事诉讼－财产－处理
－研究－中国 Ⅳ.①D925.204

中国国家版本馆CIP数据核字（2024）第000786号

刑事诉讼涉案财物处置工作指南

编　　著　上海市浦东新区法学会
责任编辑　王欢欢
封面设计　钟　颖　余佳佳

出 版 人　陈义望
出版发行　东方出版中心
地　　址　上海市仙霞路345号
邮政编码　200336
电　　话　021-62417400
印 刷 者　上海万卷印刷股份有限公司

开　　本　710mm×1000mm 1/16
印　　张　23
字　　数　260千字
版　　次　2024年1月第1版
印　　次　2024年1月第1次印刷
定　　价　78.00元

出 版 说 明

　　为了积极贯彻落实中央依法治国的精神，确立浦东新区"引领区"法治保障的工作目标，规范刑事诉讼涉案财物处置工作，为基层工作提供实战业务指导，我们组织法学业务骨干再次开展专项攻坚，完成了"政法指导工作系列丛书"之二《刑事诉讼涉案财物处置工作指南》（以下简称《处置指南》）的编写工作。

　　涉案财物处置涉及不同的诉讼领域、不同的执法环节，情况较为复杂，政策性、操作性要求都很高。《处置指南》主要用途是普法宣传，具体如下，一是可以提供工作指引，为政法工作人员在执法过程中，提供法治保障和学习参考。它既可以为基层实务工作提供规范指引，又可以帮助基层人员多角度地学习掌握涉案财物处置工作的立法原意和法理，更可以让基层工作人员从全闭环、全流程的角度了解涉案财物的各个环节和流程，掌握公安、海关、纪检监察、检察院、法院等单位的涉案财物交接、审查起诉、审理判决、罚没财物的处置、政府采购的要求等。二是可以推进监督工作。除政法机关工作人员以外，也可以让人民群众了解如何更好地实现财产权益的救济权利，尤其是了解法律对涉案财物处置工作的要求，了解财物所有权及物权的变更和转让、案外人涉案财物权属救济途径等重要内容。

本书结合实战工作需求，编写工作主要坚持以下几个特点。一是流程化。因为涉案财物涉及不同法律法规和很多实务工作，所以要从基层实务的角度出发，注重编排的简洁明确。通过示意图方式说明涉案财物等相关概念、明确要点，提示法定操作流程，方便随时查阅。二是标准化。本书主要以法律、行政法规和相关部门规范性文件的内容为基础进行编写，为基层实战提供参考和指引。三是规范化。本书内容涵盖了执法、保管、处理、处置等各个不同的环节，涉及政府采购、拍卖、销毁等实务工作的法律法规要求。本书可以将执法工作和实务工作很好地予以整合，更好地为基层部门提供实战参考，对保证刑事诉讼顺利进行、保障当事人合法权益、确保司法公正具有重要意义。

需要说明的是，《处置指南》得到了各单位的帮助和支持，特别感谢上海市委政法委司法和执法监督处处长傅世传，综合改革处处长刘斌，上海市公安局警务保障部党委副书记、副主任何玉龙，上海市公安局警务保障部党委委员、副主任杨立国、朱如石，上海市公安局法制总队党委委员、副总队长金黎钢、傅雷军，华东政法学院刑事法学院教授张栋等领导的关心和指导。

由于知识和能力的局限,《处置指南》的编写难免有不当、遗漏、疏忽之处、衷心欢迎广大读者、专家学者批评指正。

编写组

2023 年 7 月

序

2018年12月18日，习近平总书记在庆祝改革开放40周年大会讲话中说："40年来，我们始终坚持中国特色社会主义政治发展道路，不断深化政治体制改革，发展社会主义民主政治，党和国家领导体制日益完善，全面依法治国深入推进，中国特色社会主义法律体系日益健全，人民当家作主的制度保障和法治保障更加有力，人权事业全面发展，爱国统一战线更加巩固，人民依法享有和行使民主权利的内容更加丰富、渠道更加便捷、形式更加多样，掌握着自己命运的中国人民焕发出前所未有的积极性、主动性、创造性，在改革开放和社会主义现代化建设中展现出气吞山河的强大力量！"

长期以来，我们坚持法律面前人人平等，把尊重和保障人权贯穿于立法、执法、司法、守法各个环节，加快完善体现权利公平、机会公平、规则公平的法律制度，保障公民人身权、财产权、人格权，保障公民参与民主选举、民主协商、民主决策、民主管理、民主监督等基本政治权利，保障公民经济、文化、社会、环境等各方面权利，不断提升人权法治化保障水平。保障人民群众的财产权益是工作中的重点，而当事人的涉案财物更是重中之重。

为了解决执法、司法实践中的刑事诉讼涉案财物处置问题，我们也做了一些积极的探索和研究。2018年5月，浦东新区成立了国内第一家智能化的公检法涉案财物共管中心，初步实现了公安、检察院、法院之间的涉案财物信息流转，确保涉案财物依规保管、依法处理。2021年7月，浦东公安分局和金融机构之间开展警银合作，确保涉案钱款一案一人一账户、账款相符、信息可溯源。2023年7月，为了能让更多的人民群众了解刑事诉讼涉案财物处置全流程的范围、要求、标准、条件和法律规定，让更多的人监督我们的工作，我们编写了《刑事诉讼涉案财物处置工作指南》，为浦东新区"引领区"的示范工作再次提供有规范指引、有法律依据、有指导示范的学习素材。

宋代诗人陆游曾说："纸上得来终觉浅，绝知此事要躬行。"只有通过不断的实践、完善才能不断深入理解事情的本质。我们认为，浦东新区政法机关的涉案财物处置工作只有通过不断的实践、研究才能不断完善和提高，只有规范了内部的管理工作，才能更好地规范执法和司法工作，相关工作才能提升到一个新的高度，才能更好地将浦东新区打造成为中国特色社会主义建设的引领区。

习近平总书记曾说过，"人权保障没有最好，只有更好"。如何进一步贯彻习近平法治思想，为引领区建设提供更好、更适应的法治保障，突出保障人权工作的引领性，是浦东新区各个政法工作者的任务和职责。我们希望，能有更多的法律工作者能从这本书中获得一些参考和帮助，确保涉案财物的处置工作更加规范、对人民群众财产权益的保障更加完善，更好地践行人权保障工作。

涉案财物处置工作体系涉及面广、工作量大、专业性强，是一项较为复杂的系统性工程，跨部门、多层级、属性复杂，涉及各方面的工作要求，编写工作无法面面俱到，我们只能尽最大努力。涉案财物处置工作中很多新情况没有先例可循，但是，在浦东新区"引领区"建设的道路上，我们会一直这样坚持和实践。

张磊

2023 年 7 月 28 日

编写组成员

主 编：张 磊　上海市浦东新区区委政法委书记

副主编：蔡忠民　上海市浦东新区区委政法委副书记

　　　　唐 斌　上海市浦东新区区委政法委副书记

　　　　　　　　（上海市浦东新区法学会会长）

编 辑：孙燕君　上海市浦东新区区委政法委政法指导处处长

　　　　　　　　（上海市浦东新区法学会副会长）

　　　　包蔚薇　上海市浦东新区区委政法委政法指导处副处长

　　　　　　　　（上海市浦东新区法学会秘书长）

　　　　奚敏敏　上海市公安局警务保障部办公室副科长

　　　　　　　　（上海市浦东新区法学会理事）

　　　　黄宇宸　上海市浦东新区区委政法委政法指导处干部

　　　　　　　　（上海市浦东新区法学会干事）

目 录

第一部分 相关工作示意图

第二部分　案例评析

第三部分　理论研讨

第四部分 相关法律法规（节选）

第一部分
相关工作示意图

一、涉案财物概念示意图

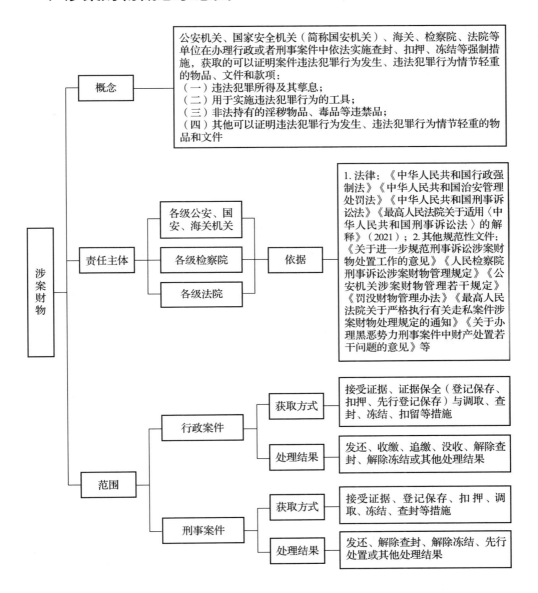

二、刑事诉讼涉案财物处置流程示意图

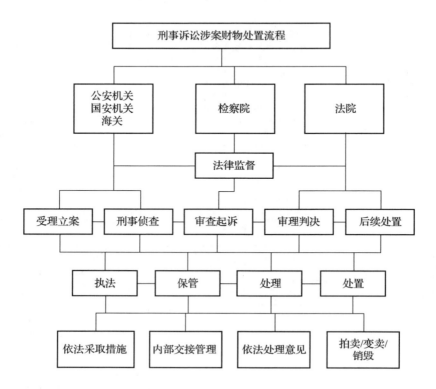

三、刑事证据种类和证明权属关系证据示意图

刑事证据种类和证明权属关系证据	概念	依照诉讼规则认定案件事实的依据
	特性	合法性。1. 证据必须由法定人员收集；2. 证据必须是依照法定程序收集的；3. 证据必须具有合法的种类；4. 证据必须具备合法的来源；5. 证据必须具备法定的形式；6. 证据必须经法定程序查证属实
		真实性。证据表达的事实或内容是真实的，客观存在的。法庭审查证据的真实性：1. 证据形成的原因；2. 发现证据时的客观环境；3. 证据是否为原件、原物、复制件、复制品与原件、原物是否相符；4. 提供证据的人或者证人与当事人是否具有利害关系；5. 影响证据真实性的其他因素
		关联性。证据与待证事实必须密切相关，具备证明待证事实的属性
	法定种类	1. 犯罪嫌疑人、被告人供述和辩解；2. 被害人陈述；3. 证人证言；4. 物证；5. 书证；6. 视听资料、电子数据；7. 鉴定意见；8. 勘验、检查笔录、辨认、侦查实验等笔录
	证据理论分类	直接证据：能够单独直接证明案件主要事实的证据。如当事人陈述、能够证明案件主要事实的证人证言、书证、视听资料等
		间接证据：只能证明时间、地点、工具、手段、结果、动机等单一的事实要素和案件情节的证据
		言词证据：以人的陈述为存在和表现形式的证据。如：证人证言
		实物证据：是指以实物形态为存在和表现形式的证据。如：提取的毛发、血迹等证据，视听资料，勘验笔录
		原始证据：直接来源于案件事实或原始出处的证据。如：血脚印、现场物证、毛发、衣服纤维等
		传来证据：不是直接来源于案件事实或原始出处，而是从间接的非第一来源获得的证据材料，即经过复制、复传抄、转述等中间环节形成的证据
		有罪证据：能够证明犯罪事实存在，犯罪嫌疑人、被告人有罪或者可以证明加重刑事责任的证据
		无罪证据：能够证明犯罪事实不存在，犯罪嫌疑人、被告人无罪、罪轻以及减轻刑事责任的证据
	证明涉案财物来源、性质、用途、权属及价值的有关证据	1. 犯罪嫌疑人、被告人关于财产来源、性质、用途、权属、价值的供述
		2. 被害人、证人关于财产来源、性质、用途、权属、价值的陈述、证言
		3. 财产购买凭证、银行网络票据、资金注入凭据、权属证明等书证
		4. 财产评估鉴定、评估意见
		5. 可以证明财产来源、性质、用途、权属、价值的其他证据

四、财物所有权示意图

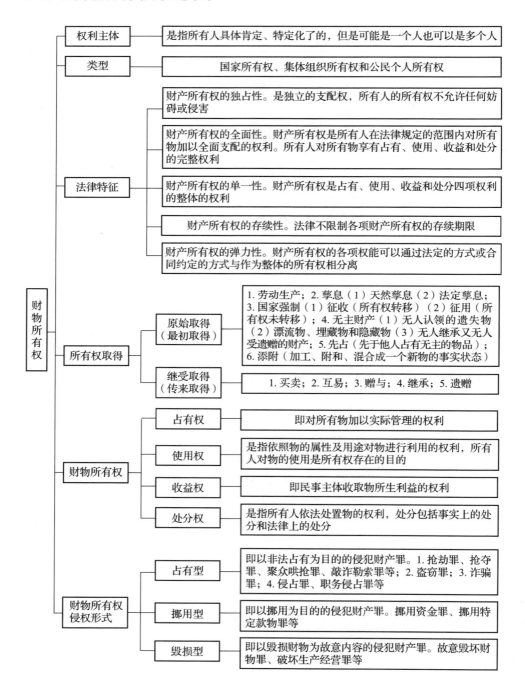

权利主体	是指所有人具体肯定、特定化了的，但是可能是一个人也可以是多个人	
类型	国家所有权、集体组织所有权和公民个人所有权	
	财产所有权的独占性。是独立的支配权，所有人的所有权不允许任何妨碍或侵害	
	财产所有权的全面性。财产所有权是所有人在法律规定的范围内对所有物加以全面支配的权利。所有人对所有物享有占有、使用、收益和处分的完整权利	
法律特征	财产所有权的单一性。财产所有权是占有、使用、收益和处分四项权利的整体的权利	
	财产所有权的存续性。法律不限制各项财产所有权的存续期限	
	财产所有权的弹力性。财产所有权的各项权能可以通过法定的方式或合同约定的方式与作为整体的所有权相分离	
所有权取得	原始取得（最初取得）	1.劳动生产；2.孳息（1）天然孳息（2）法定孳息；3.国家强制（1）征收（所有权转移）（2）征用（所有权未转移）；4.无主财产（1）无人认领的遗失物（2）漂流物、埋藏物和隐藏物（3）无人继承又无人受遗赠的财产；5.先占（先于他人占有无主的物品）；6.添附（加工、附和、混合成一个新物的事实状态）
	继受取得（传来取得）	1.买卖；2.互易；3.赠与；4.继承；5.遗赠
财物所有权	占有权	即对所有物加以实际管理的权利
	使用权	是指依照物的属性及用途对物进行利用的权利，所有人对物的使用是所有权存在的目的
	收益权	即民事主体收取物所生利益的权利
	处分权	是指所有人依法处置物的权利，处分包括事实上的处分和法律上的处分
财物所有权侵权形式	占有型	即以非法占有为目的的侵犯财产罪。1.抢劫罪、抢夺罪、聚众哄抢罪、敲诈勒索罪等；2.盗窃罪；3.诈骗罪；4.侵占罪、职务侵占罪等
	挪用型	即以挪用为目的的侵犯财产罪。挪用资金罪、挪用特定款物罪等
	毁损型	即以毁损财物为故意内容的侵犯财产罪。故意毁坏财物罪、破坏生产经营罪等

财物所有权

五、作案工具认定和处理注意事项示意图

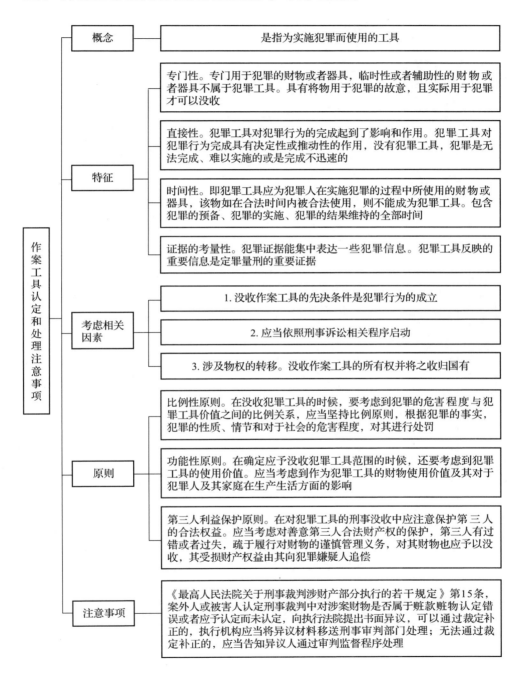

作案工具认定和处理注意事项

概念　是指为实施犯罪而使用的工具

特征

专门性。专门用于犯罪的财物或者器具，临时性或者辅助性的财物或者器具不属于犯罪工具。具有将物用于犯罪的故意，且实际用于犯罪才可以没收

直接性。犯罪工具对犯罪行为的完成起到了影响和作用。犯罪工具对犯罪行为完成具有决定性或推动性的作用，没有犯罪工具，犯罪是无法完成、难以实施的或是完成不迅速的

时间性。即犯罪工具应为犯罪人在实施犯罪的过程中所使用的财物或器具，该物如在合法时间内被合法使用，则不能成为犯罪工具。包含犯罪的预备、犯罪的实施、犯罪的结果维持的全部时间

证据的考量性。犯罪证据能集中表达一些犯罪信息。犯罪工具反映的重要信息是定罪量刑的重要证据

考虑相关因素

1. 没收作案工具的先决条件是犯罪行为的成立

2. 应当依照刑事诉讼相关程序启动

3. 涉及物权的转移。没收作案工具的所有权并将之收归国有

原则

比例性原则。在没收犯罪工具的时候，要考虑到犯罪的危害程度与犯罪工具价值之间的比例关系，应当坚持比例原则，根据犯罪的事实，犯罪的性质、情节和对于社会的危害程度，对其进行处罚

功能性原则。在确定应予没收犯罪工具范围的时候，还要考虑到犯罪工具的使用价值。应当考虑到作为犯罪工具的财物使用价值及其对于犯罪人及其家庭在生产生活方面的影响

第三人利益保护原则。在对犯罪工具的刑事没收中应注意保护第三人的合法权益。应当考虑对善意第三人合法财产权的保护，第三人有过错或者过失，疏于履行对财物的谨慎管理义务，对其财物也应予以没收，其受损财产权益由其向犯罪嫌疑人追偿

注意事项

《最高人民法院关于刑事裁判涉财产部分执行的若干规定》第15条，案外人或被害人认定刑事裁判中对涉案财物是否属于赃款赃物认定错误或者应予认定而未认定，向执行法院提出书面异议，可以通过裁定补正的，执行机构应当将异议材料移送刑事审判部门处理；无法通过裁定补正的，应当告知异议人通过审判监督程序处理

7

六、物权变更和转让示意图

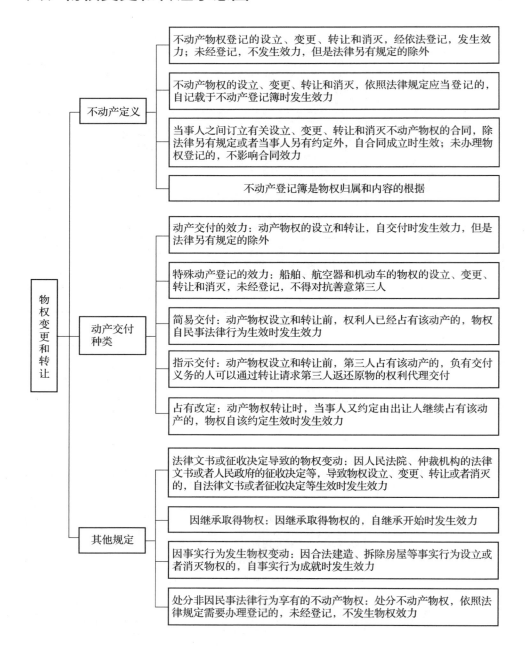

七、盗抢骗赃物追缴与善意取得法律适用注意事项示意图

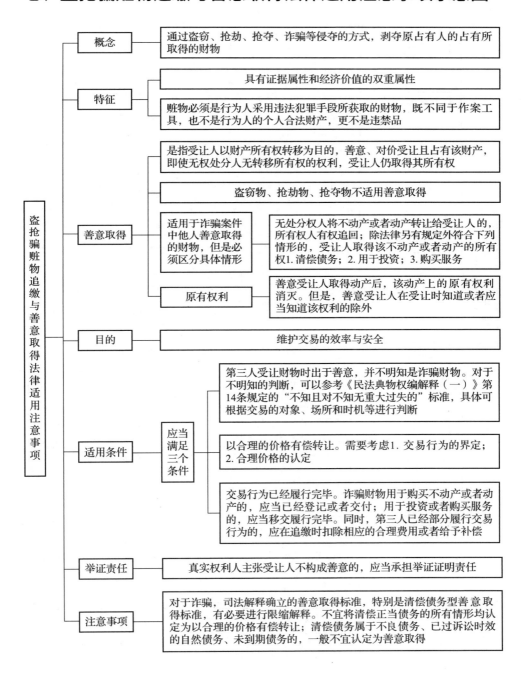

盗抢骗赃物追缴与善意取得法律适用注意事项

概念 —— 通过盗窃、抢劫、抢夺、诈骗等侵夺的方式，剥夺原占有人的占有所取得的财物

特征
- 具有证据属性和经济价值的双重属性
- 赃物必须是行为人采用违法犯罪手段所获取的财物，既不同于作案工具，也不是行为人的个人合法财产，更不是违禁品

善意取得
- 是指受让人以财产所有权转移为目的，善意、对价受让且占有该财产，即使无权处分人无转移所有权的权利，受让人仍取得其所有权
- 盗窃物、抢劫物、抢夺物不适用善意取得
- 适用于诈骗案件中他人善意取得的财物，但是必须区分具体情形 —— 无处分权人将不动产或者动产转让给受让人的，所有权人有权追回；除法律另有规定外符合下列情形的，受让人取得该不动产或者动产的所有权1.清偿债务；2.用于投资；3.购买服务
- 原有权利 —— 善意受让人取得动产后，该动产上的原有权利消灭。但是，善意受让人在受让时知道或者应当知道该权利的除外

目的 —— 维护交易的效率与安全

适用条件 —— 应当满足三个条件
- 第三人受让财物时出于善意，并不明知是诈骗财物。对于不明知的判断，可以参考《民法典物权编解释（一）》第14条规定的"不知且对不知无重大过失的"标准，具体可根据交易的对象、场所和时机等进行判断
- 以合理的价格有偿转让。需要考虑1.交易行为的界定；2.合理价格的认定
- 交易行为已经履行完毕。诈骗财物用于购买不动产或者动产的，应当已经登记或者交付；用于投资或者购买服务的，应当移交履行完毕。同时，第三人已经部分履行交易行为的，应在追缴时扣除相应的合理费用或者给予补偿

举证责任 —— 真实权利人主张受让人不构成善意的，应当承担举证证明责任

注意事项 —— 对于诈骗，司法解释确立的善意取得标准，特别是清偿债务型善意取得标准，有必要进行限缩解释。不宜将清偿正当债务的所有情形均认定为以合理的价格有偿转让；清偿债务属于不良债务、已过诉讼时效的自然债务、未到期债务的，一般不宜认定为善意取得

八、电子数据收集和提取示意图

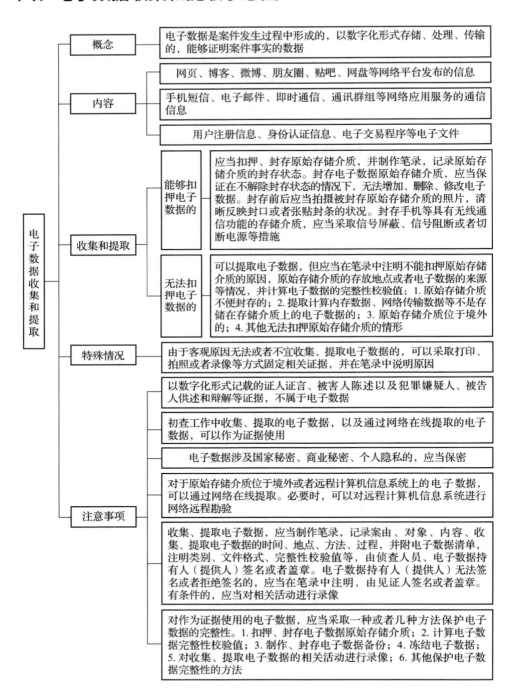

	概念	电子数据是案件发生过程中形成的，以数字化形式存储、处理、传输的，能够证明案件事实的数据
电子数据收集和提取	内容	网页、博客、微博、朋友圈、贴吧、网盘等网络平台发布的信息
		手机短信、电子邮件、即时通信、通讯群组等网络应用服务的通信信息
		用户注册信息、身份认证信息、电子交易程序等电子文件
	收集和提取	能够扣押电子数据的	应当扣押、封存原始存储介质，并制作笔录，记录原始存储介质的封存状态。封存电子数据原始存储介质，应当保证在不解除封存状态的情况下，无法增加、删除、修改电子数据。封存前后应当拍摄被封存原始存储介质的照片，清晰反映封口或者张贴封条的状况。封存手机等具有无线通信功能的存储介质，应当采取信号屏蔽、信号阻断或者切断电源等措施
		无法扣押电子数据的	可以提取电子数据，但应当在笔录中注明不能扣押原始存储介质的原因，原始存储介质的存放地点或者电子数据的来源等情况，并计算电子数据的完整性校验值：1. 原始存储介质不便封存的；2. 提取计算内存数据、网络传输数据等不是存储在存储介质上的电子数据的；3. 原始存储介质位于境外的；4. 其他无法扣押原始存储介质的情形
	特殊情况	由于客观原因无法或者不宜收集、提取电子数据的，可以采取打印、拍照或者录像等方式固定相关证据，并在笔录中说明原因
	注意事项	以数字化形式记载的证人证言、被害人陈述以及犯罪嫌疑人、被告人供述和辩解等证据，不属于电子数据
		初查工作中收集、提取的电子数据，以及通过网络在线提取的电子数据，可以作为证据使用
		电子数据涉及国家秘密、商业秘密、个人隐私的，应当保密
		对于原始存储介质位于境外或者远程计算机信息系统上的电子数据，可以通过网络在线提取。必要时，可以对远程计算机信息系统进行网络远程勘验
		收集、提取电子数据，应当制作笔录，记录案由、对象、内容、收集、提取电子数据的时间、地点、方法、过程，并附电子数据清单，注明类别、文件格式、完整性校验值等，由侦查人员、电子数据持有人（提供人）签名或者盖章。电子数据持有人（提供人）无法签名或者拒绝签名的，应当在笔录中注明，由见证人签名或者盖章。有条件的，应当对相关活动进行录像
		对作为证据使用的电子数据，应当采取一种或者几种方法保护电子数据的完整性。1. 扣押、封存电子数据原始存储介质；2. 计算电子数据完整性校验值；3. 制作、封存电子数据备份；4. 冻结电子数据；5. 对收集、提取电子数据的相关活动进行录像；6. 其他保护电子数据完整性的方法

九、刑事没收违法所得认定示意图

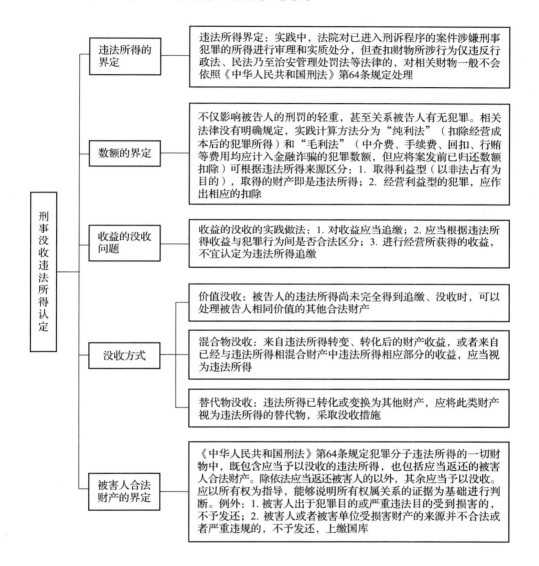

違法所得的界定 —— 违法所得界定：实践中，法院对已进入刑诉程序的案件涉嫌刑事犯罪的所得进行审理和实质处分，但查扣财物所涉行为仅违反行政法、民法乃至治安管理处罚法等法律的，对相关财物一般不会依照《中华人民共和国刑法》第64条规定处理

数额的界定 —— 不仅影响被告人的刑罚的轻重，甚至关系被告人有无犯罪。相关法律没有明确规定，实践计算方法分为"纯利法"（扣除经营成本后的犯罪所得）和"毛利法"（中介费、手续费、回扣、行贿等费用均应计入金融诈骗的犯罪所得，但应将案发前已归还数额扣除）可根据违法所得来源区分：1. 取得利益型（以非法占有为目的），取得的财产即是违法所得；2. 经营利益型的犯罪，应作出相应的扣除

收益的没收问题 —— 收益的没收的实践做法：1. 对收益应当追缴；2. 应当根据违法所得收益与犯罪行为之间是否合法区分；3. 进行经营所获得的收益，不宜认定为违法所得追缴

没收方式 —— 价值没收：被告人的违法所得尚未完全得到追缴、没收时，可以处理被告人相同价值的其他合法财产

混合物没收：来自违法所得转变、转化后的财产收益，或者来自已经与违法所得相混合财产中违法所得相应部分的收益，应当视为违法所得

替代物没收：违法所得已转化或变换为其他财产，应将此类财产视为违法所得的替代物，采取没收措施

被害人合法财产的界定 —— 《中华人民共和国刑法》第64条规定犯罪分子违法所得的一切财物中，既包含应当予以没收的违法所得，也包括应当返还的被害人合法财产。除依法应当返还被害人的以外，其余应当予以没收。应以所有权为指导，能够说明所有权属关系的证据为基础进行判断。例外：1. 被害人出于犯罪目的或严重违法目的受到损害的，不予发还；2. 被害人或者被害单位受损害财产的来源并不合法或者严重违规的，不予发还，上缴国库

（左侧主干）刑事没收违法所得认定

11

十、刑事没收供犯罪所用的本人财物和违禁品认定示意图

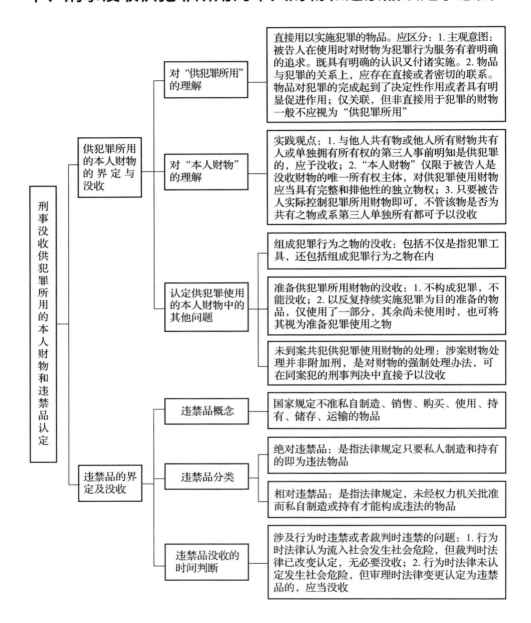

直接用以实施犯罪的物品。应区分：1.主观意图：被告人在使用时对财物为犯罪行为服务有着明确的追求。既具有明确的认识又付诸实施。2.物品与犯罪的关系上，应存在直接或者密切的联系。物品对犯罪的完成起到了决定性作用或者具有明显促进作用；仅关联，但非直接用于犯罪的财物一般不应视为"供犯罪所用"

对"供犯罪所用"的理解

实践观点：1.与他人共有物或他人所有财物共有人或单独拥有所有权的第三人事前明知是供犯罪的，应予没收；2."本人财物"仅限于被告人是没收财物的唯一所有权主体，对供犯罪使用财物应当具有完整和排他性的独立物权；3.只要被告人实际控制犯罪所用财物即可，不管该物是否为共有之物或系第三人单独所有都可予以没收

对"本人财物"的理解

供犯罪所用的本人财物的界定与没收

组成犯罪行为之物的没收：包括不仅是指犯罪工具，还包括组成犯罪行为之物在内

准备供犯罪所用财物的没收：1.不构成犯罪，不能没收；2.以反复持续实施犯罪为目的的准备的物品，仅使用了一部分，其余尚未使用时，也可将其视为准备犯罪使用之物

认定供犯罪使用的本人财物中的其他问题

未到案共犯供犯罪使用财物的处理：涉案财物处理并非附加刑，是对财物的强制处理办法，可在同案犯的刑事判决中直接予以没收

刑事没收供犯罪所用的本人财物和违禁品认定

国家规定不准私自制造、销售、购买、使用、持有、储存、运输的物品

违禁品概念

绝对违禁品：是指法律规定只要私人制造和持有的即为违法物品

违禁品分类

相对违禁品：是指法律规定，未经权力机关批准而私自制造或持有才能构成违法的物品

违禁品的界定及没收

涉及行为时违禁或者裁判时违禁的问题：1.行为时法律认为流入社会发生社会危险，但裁判时法律已改变认定，无必要没收；2.行为时法律未认定发生社会危险，但审理时法律变更认定为违禁品的，应当没收

违禁品没收的时间判断

十一、刑事没收违法所得诉讼程序示意图

刑事没收违法所得诉讼程序	违法所得的概念	犯罪嫌疑人、被告人通过实施犯罪直接或间接产生、获得的任何财产，应当认定为"违法所得"。违法所得已经部分或者全部转变、转化为其他财产的，转变、转化后的财产应当视为规定的违法所得。来自违法所得转变、转化后的财产收益，或者来自已经与违法所得相混合财产中违法所得相应部分的收益，也应当视为违法所得
	性质	犯罪嫌疑人、被告人逃匿、死亡案件违法所得的没收程序
	适用情形	对于贪污贿赂犯罪、恐怖活动犯罪等重大犯罪案件，犯罪嫌疑人、被告人逃匿，在通缉1年后不能到案，或者犯罪嫌疑人、被告人死亡，依照刑法规定应当追缴其违法所得及其他涉案财产的，人民检察院可以向人民法院提出没收违法所得的申请
		公安机关认为有前款规定情形的，应当写出没收违法所得意见书，移送人民检察院
	申请内容	没收违法所得的申请应当提供与犯罪事实、违法所得相关的证据材料，并列明财产的种类、数量、所在地、查封、扣押、冻结的情况
	法院受理	人民法院受理没收违法所得的申请后，应当在15日以内发出公告（公告期间不适用中止、中断、延长的规定），公告期间为6个月。犯罪嫌疑人、被告人的近亲属和其他利害关系人有权申请参加诉讼，也可以委托诉讼代理人参加诉讼
	法院公告	人民法院受理没收违法所得的申请后，应当在15日以内发布公告。公告应当载明以下内容：1.案由、案件来源；2.犯罪嫌疑人、被告人的基本情况；3.犯罪嫌疑人、被告人涉嫌犯罪的事实；4.犯罪嫌疑人、被告人逃匿、被通缉、脱逃、下落不明、死亡等情况；5.申请没收的财产的种类、数量、价值、所在地等以及已查封、扣押、冻结财产的清单和法律手续；6.申请没收的财产属于违法所得及其他涉案财产的相关事实；7.申请没收的理由和法律依据；8.利害关系人申请参加诉讼的期限、方式以及未按照该期限、方式申请参加诉讼可能承担的不利法律后果；9.其他应当公告的情况
	法院审理	没收违法所得的申请，由犯罪地或者犯罪嫌疑人、被告人居住地的中级人民法院组成合议庭进行审理
		人民法院在公告期满后对没收违法所得的申请进行审理。利害关系人参加诉讼的，人民法院应当开庭审理
	法院处理	人民法院经审理，对经查证属于违法所得及其他涉案财产，除依法返还被害人的以外，应当裁定予以没收；对不属于应当追缴的财产的，应当裁定驳回申请，解除查封、扣押、冻结措施。对于人民法院依照前款规定作出的裁定，犯罪嫌疑人、被告人的近亲属和其他利害关系人或者人民检察院可以提出上诉、抗诉
	终止审理情形	在审理过程中，在逃的犯罪嫌疑人、被告人自动投案或者被抓获的，人民法院应当终止审理
	赔偿	没收犯罪嫌疑人、被告人财产确有错误的，应当予以返还、赔偿

十二、刑事庭审质证工作示意图

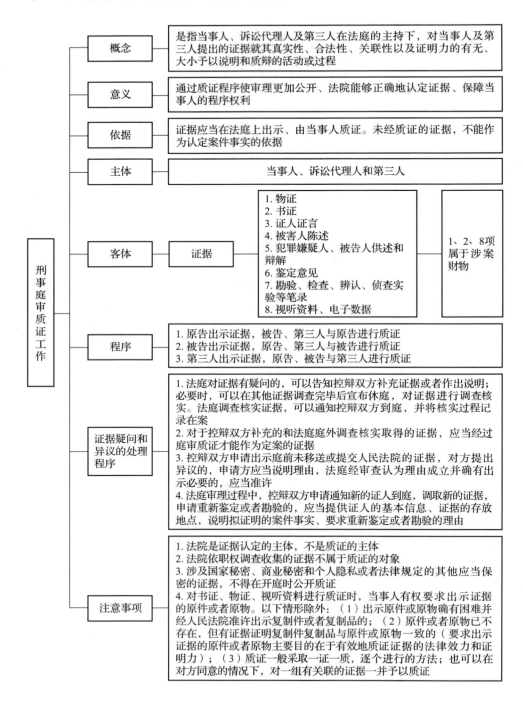

刑事庭审质证工作	概念	是指当事人、诉讼代理人及第三人在法庭的主持下，对当事人及第三人提出的证据就其真实性、合法性、关联性以及证明力的有无、大小予以说明和质辩的活动或过程
	意义	通过质证程序使审理更加公开、法院能够正确地认定证据、保障当事人的程序权利
	依据	证据应当在法庭上出示、由当事人质证。未经质证的证据，不能作为认定案件事实的依据
	主体	当事人、诉讼代理人和第三人
	客体 — 证据	1. 物证 2. 书证 3. 证人证言 4. 被害人陈述 5. 犯罪嫌疑人、被告人供述和辩解 6. 鉴定意见 7. 勘验、检查、辨认、侦查实验等笔录 8. 视听资料、电子数据 ［1、2、8项属于涉案财物］
	程序	1. 原告出示证据，被告、第三人与原告进行质证 2. 被告出示证据，原告、第三人与被告进行质证 3. 第三人出示证据，原告、被告与第三人进行质证
	证据疑问和异议的处理程序	1.法庭对证据有疑问的，可以告知控辩双方补充证据或者作出说明；必要时，可以在其他证据调查完毕后宣布休庭，对证据进行调查核实。法庭调查核实证据，可以通知控辩双方到庭，并将核实过程记录在案 2.对于控辩双方补充的和法庭庭外调查核实取得的证据，应当经过庭审质证才能作为定案的证据 3.控辩双方申请出示庭前未移送或提交人民法院的证据，对方提出异议的，申请方应当说明理由，法庭经审查认为理由成立并确有出示必要的，应当准许 4.法庭审理过程中，控辩双方申请通知新的证人到庭，调取新的证据，申请重新鉴定或者勘验的，应当提供证人的基本信息、证据的存放地点，说明拟证明的案件事实、要求重新鉴定或者勘验的理由
	注意事项	1.法院是证据认定的主体，不是质证的主体 2.法院依职权调查收集的证据不属于质证的对象 3.涉及国家秘密、商业秘密和个人隐私或者法律规定的其他应当保密的证据，不得在开庭时公开质证 4.对书证、物证、视听资料进行质证时，当事人有权要求出示证据的原件或者原物。以下情形除外：（1）出示原件或原物确有困难并经人民法院准许出示复制件或者复制品的；（2）原件或者原物已不存在，但有证据证明复制件复制品与原件或原物一致的（要求出示证据的原件或者原物主要目的在于有效地质证证据的法律效力和证明力）；（3）质证一般采取一证一质，逐个进行的方法；也可以在对方同意的情况下，对一组有关联的证据一并予以质证

十三、刑事涉案财物先行处置工作注意事项示意图

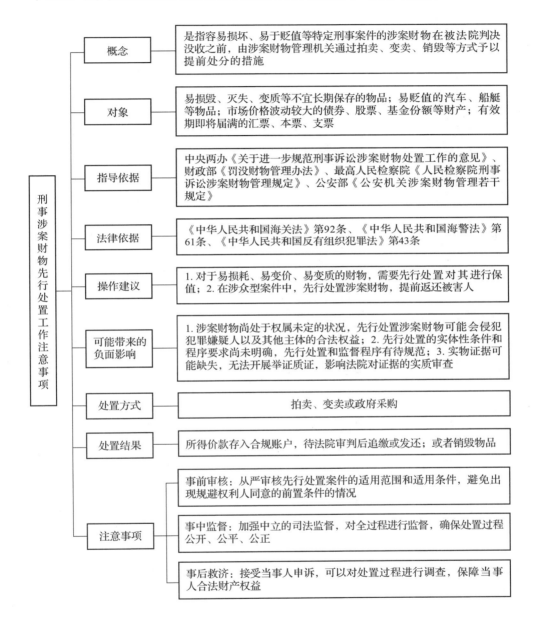

概念	是指容易损坏、易于贬值等特定刑事案件的涉案财物在被法院判决没收之前，由涉案财物管理机关通过拍卖、变卖、销毁等方式予以提前处分的措施
对象	易损毁、灭失、变质等不宜长期保存的物品；易贬值的汽车、船艇等物品；市场价格波动较大的债券、股票、基金份额等财产；有效期即将届满的汇票、本票、支票
指导依据	中央两办《关于进一步规范刑事诉讼涉案财物处置工作的意见》、财政部《罚没财物管理办法》、最高人民检察院《人民检察院刑事诉讼涉案财物管理规定》、公安部《公安机关涉案财物管理若干规定》
法律依据	《中华人民共和国海关法》第92条、《中华人民共和国海警法》第61条、《中华人民共和国反有组织犯罪法》第43条
操作建议	1. 对于易损耗、易变价、易变质的财物，需要先行处置对其进行保值；2. 在涉众型案件中，先行处置涉案财物，提前返还被害人
可能带来的负面影响	1. 涉案财物尚处于权属未定的状况，先行处置涉案财物可能会侵犯犯罪嫌疑人以及其他主体的合法权益；2. 先行处置的实体性条件和程序要求尚未明确，先行处置和监督程序有待规范；3. 实物证据可能缺失，无法开展举证质证，影响法院对证据的实质审查
处置方式	拍卖、变卖或政府采购
处置结果	所得价款存入合规账户，待法院审判后追缴或发还；或者销毁物品
注意事项	事前审核：从严审核先行处置案件的适用范围和适用条件，避免出现规避权利人同意的前置条件的情况
	事中监督：加强中立的司法监督，对全过程进行监督，确保处置过程公开、公平、公正
	事后救济：接受当事人申诉，可以对处置过程进行调查，保障当事人合法财产权益

左侧竖排：刑事涉案财物先行处置工作注意事项

十四、刑事涉案财物违法所得一审未判决纠正途径示意图

刑事涉案财物违法所得一审未判决纠正途径

法律规定

《中华人民共和国刑法》第64条：犯罪分子违法所得的一切财物，应当予以追缴或者责令退赔；对被害人的合法财产，应当及时返还；违禁品和供犯罪所用的本人财物，应当予以没收。没收的财物和罚金，一律上缴国库，不得挪用和自行处理

《中华人民共和国刑事诉讼法》第245条第3款：人民法院作出的判决，应当对查封、扣押、冻结的财物及其孳息作出处理

1.《最高人民法院关于适用〈中华人民共和国刑事诉讼法〉的解释》第446条：第二审期间，发现第一审判决未对随案移送的涉案财物及其孳息作出处理的，可以裁定撤销原判，发回原审人民法院重新审判，由原审人民法院依法对涉案财物及其孳息一并作出处理；
2. 判决生效后，发现原判未对随案移送的涉案财物及其孳息作出处理的，由原审人民法院依法对涉案财物及其孳息另行作出处理

实务情形

1. 一审法院未对犯罪分子违法所得判决处理；
2. 二审法院处理改判或增加相应判项；
3. 二审法院维持原判或告知一审法院通过审判监督程序纠正处理；
4. 二审法院忽略未判情形，维持一审法院判决

纠正途径的实践经验

1. 二审法院先行维持原判，并告知一审法之后通过审判监督程序予以纠正；
2. 二审法院直接通过增加相应判项的方式予以纠正；
3. 二审法院裁定撤销原判，发回原审法院重审，由原审法院对查扣的涉案财物一并作出处理

观点展示

二审改判增加相应判项或发回重审均不违背上诉不加刑原则。1. 对涉案财物的处理不属于刑罚范畴：（1）《中华人民共和国刑法》第64条属于量刑范畴，非"刑罚"部分，是可能影响量刑的单独财物处理方法，与上诉不加刑原则中的"刑"（主刑和附加刑），对查扣涉案财物的处理如违法所得的追缴、责令退赔并不属于刑罚范畴；（2）从法律性质看，刑事涉案财物的处理不具有刑罚属性，刑事涉案财物处理指向的对象系犯罪分子违法所得的一切财物、供犯罪所用的本人财物或违禁品，理应予以追缴、责令退赔或者没收，并最终根据财物性质及来源返还被害人、上缴国库或销毁，系恢复原状功能，不属刑罚范畴。2. 二审直接改判增加相应判项，或者发回重审一审法院依法对查扣涉案财物一并作出处理，并不违背上诉不加刑原则的立法目的

二审应当根据未判决处理的查扣涉案财物具体情况区分处理

1. 坚持诉讼经济原则。司法机关和诉讼参与人在刑事诉讼过程中应当以尽量少的诉讼成本完成诉讼任务，实现诉讼目的。2. 二审法院可根据具体情况区分处理：（1）权属关系明确，不存在争议的情形，由二审法院直接改判，对遗漏内容进行补充完善；（2）权属情况复杂、难以厘清，由一审法院处理更为妥当的，二审法院选择裁定撤销原判，发回重审，由一审法院依法一并处理；3. 对尚未追缴到位或者尚未足额退赔的违法所得未予以处理的，也应通过直接改判或者发回重审的方式，判决继续追缴或者责令退赔，也亦属于应当在判决主文中表述的内容

十五、刑事裁判涉财产部分执行顺序示意图

刑事裁判涉财产部分执行顺序	概念	是指发生法律效力的刑事裁判主文确定的下列事项的执行：（一）罚金、没收财产；（二）责令退赔；（三）处置随案移送的赃款赃物；（四）没收随案移送的供犯罪所用本人财物；（五）其他应当由人民法院执行的相关事项。刑事附带民事裁判的执行，适用民事执行的有关规定
	执行主体	刑事裁判涉财产部分，由第一审人民法院执行机构负责执行。第一审人民法院可以委托财产所在地的同级人民法院执行
	期限	人民法院办理刑事裁判涉财产部分执行案件的期限为6个月。有特殊情况需要延长的，经本院院长批准，可以延长
	查封、扣押、冻结的续办手续	刑事审判或者执行中，对于侦查机关已采取的查封、扣押、冻结，人民法院应当在期限届满前及时续行查封、扣押、冻结。人民法院续行查封、扣押、冻结的顺位与侦查机关查封、扣押、冻结的顺位相同。对侦查机关查封、扣押、冻结的财产，人民法院执行中可以直接裁定处置，无需侦查机关出具解除手续，但在裁定中应当指明侦查机关查封、扣押、冻结的事实
	裁判内容	刑事裁判涉财产部分的裁判内容，应当明确、具体。涉案财物或者被害人人数较多，不宜在判决中详细列明的，可以概况叙明并另附清单。判决没收部分财产的，应当明确没收的具体财物或者金额。判决追缴或者责令退赔的，应当明确追缴或者退赔的金额或财物的名称、数量等相关情况
	判决没收财产的情形	应当执行刑事裁判生效时被执行人合法所有的财产。执行没收财产或者罚金刑，应当参照被扶养人住所地政府公布的上年度当地居民最低生活费标准，保留被执行人及其所扶养家属的生活必需费用
	追缴范围	对赃款赃物及其收益，人民法院应当一并追缴。被执行人将赃款赃物投资或者置业，对因此形成的财产及其收益，人民法院应予追缴。被执行人将赃款赃物与其他合法财产共同投资或者置业，对因此形成的财产中与赃款赃物对应的份额及其收益，人民法院应予追缴。对于被害人的损失，应当按照刑事裁判认定的实际损失予以发还或者赔偿
	应予追缴情形	被执行人将刑事裁判认定为赃款赃物的涉案财物用于清偿债务、转让或者设置其他权利负担，具有下列情形之一的，人民法院应予追缴：（一）第三人明知是涉案财物而接受的；（二）第三人无偿或者以明显低于市场的价格取得涉案财物的；（三）第三人通过非法债务清偿或者违法犯罪活动取得涉案财物的；（四）第三人通过其他恶意方式取得涉案财物的。第三人善意取得涉案财物的，执行程序中不予追缴。作为原所有人的被害人对该涉案财物主张权利的，人民法院应当告知其通过诉讼程序处理
	执行顺序	被执行人在执行中同时承担刑事责任、民事责任，其财产不足以支付的，按照下列顺序执行：（一）人身损害赔偿中的医疗费用；（二）退赔被害人的损失；（三）其他民事债务；（四）罚金；（五）没收财产。债权人对执行标的依法享有优先受偿权，其主张优先受偿的，人民法院应当在前款第（一）项规定的医疗费用受偿后，予以支持

十六、刑事查封和扣押工作示意图

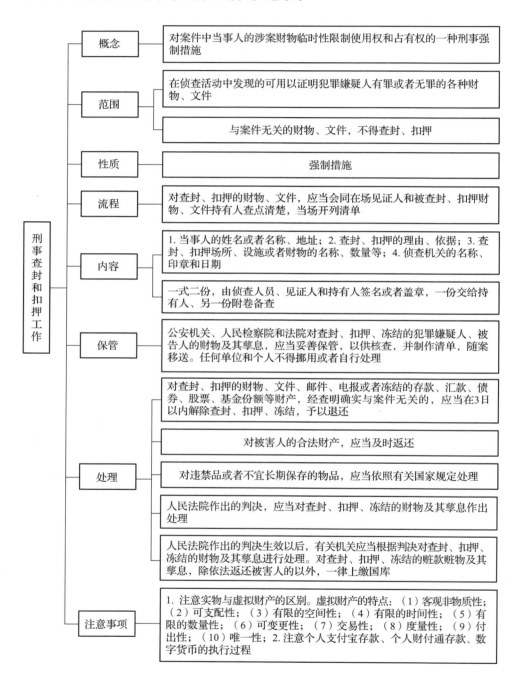

刑事查封和扣押工作

概念
对案件中当事人的涉案财物临时性限制使用权和占有权的一种刑事强制措施

范围
在侦查活动中发现的可用以证明犯罪嫌疑人有罪或者无罪的各种财物、文件

与案件无关的财物、文件，不得查封、扣押

性质
强制措施

流程
对查封、扣押的财物、文件，应当会同在场见证人和被查封、扣押财物、文件持有人查点清楚，当场开列清单

内容
1. 当事人的姓名或者名称、地址；2. 查封、扣押的理由、依据；3. 查封、扣押场所、设施或者财物的名称、数量等；4. 侦查机关的名称、印章和日期

一式二份，由侦查人员、见证人和持有人签名或者盖章，一份交给持有人、另一份附卷备查

保管
公安机关、人民检察院和法院对查封、扣押、冻结的犯罪嫌疑人、被告人的财物及其孳息，应当妥善保管，以供核查，并制作清单，随案移送。任何单位和个人不得挪用或者自行处理

处理
对查封、扣押的财物、文件、邮件、电报或者冻结的存款、汇款、债券、股票、基金份额等财产，经查明确实与案件无关的，应当在3日以内解除查封、扣押、冻结，予以退还

对被害人的合法财产，应当及时返还

对违禁品或者不宜长期保存的物品，应当依照有关国家规定处理

人民法院作出的判决，应当对查封、扣押、冻结的财物及其孳息作出处理

人民法院作出的判决生效以后，有关机关应当根据判决对查封、扣押、冻结的财物及其孳息进行处理。对查封、扣押、冻结的赃款赃物及其孳息，除依法返还被害人的以外，一律上缴国库

注意事项
1. 注意实物与虚拟财产的区别。虚拟财产的特点：（1）客观非物质性；（2）可支配性；（3）有限的空间性；（4）有限的时间性；（5）有限的数量性；（6）可变更性；（7）交易性；（8）度量性；（9）付出性；（10）唯一性；2. 注意个人支付宝存款、个人财付通存款、数字货币的执行过程

十七、刑事冻结工作示意图

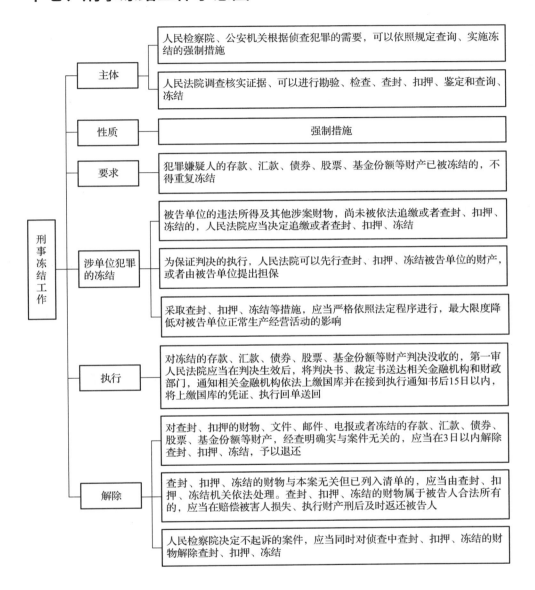

十八、刑事调取工作示意图

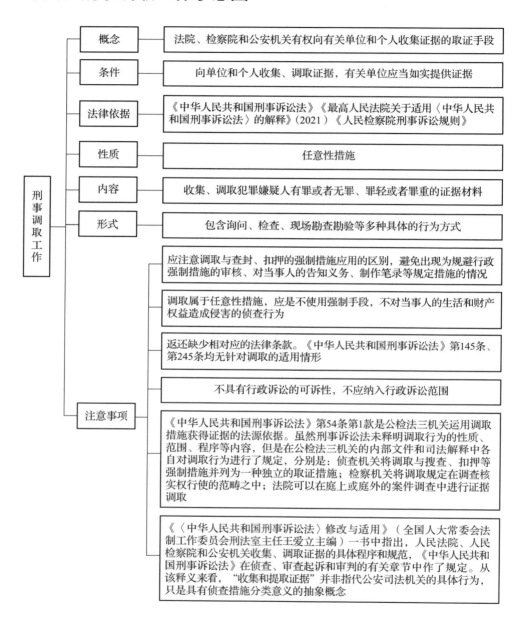

	概念	法院、检察院和公安机关有权向有关单位和个人收集证据的取证手段
	条件	向单位和个人收集、调取证据，有关单位应当如实提供证据
	法律依据	《中华人民共和国刑事诉讼法》《最高人民法院关于适用〈中华人民共和国刑事诉讼法〉的解释》（2021）《人民检察院刑事诉讼规则》
刑事调取工作	性质	任意性措施
	内容	收集、调取犯罪嫌疑人有罪或者无罪、罪轻或者罪重的证据材料
	形式	包含询问、检查、现场勘查勘验等多种具体的行为方式
	注意事项	应注意调取与查封、扣押的强制措施应用的区别，避免出现为规避行政强制措施的审核、对当事人的告知义务、制作笔录等规定措施的情况
		调取属于任意性措施，应是不使用强制手段，不对当事人的生活和财产权益造成侵害的侦查行为
		返还缺少相对应的法律条款。《中华人民共和国刑事诉讼法》第145条、第245条均无针对调取的适用情形
		不具有行政诉讼的可诉性，不应纳入行政诉讼范围
		《中华人民共和国刑事诉讼法》第54条第1款是公检法三机关运用调取措施获得证据的法源依据。虽然刑事诉讼法未释明调取行为的性质、范围、程序等内容，但是在公检法三机关的内部文件和司法解释中各自对调取行为进行了规定，分别是：侦查机关将调取与搜查、扣押等强制措施并列为一种独立的取证措施；检察机关将调取规定在调查核实权行使的范畴之中；法院可以在庭上或庭外的案件调查中进行证据调取
		《〈中华人民共和国刑事诉讼法〉修改与适用》（全国人大常委会法制工作委员会刑法室主任王爱立主编）一书中指出，人民法院、人民检察院和公安机关收集、调取证据的具体程序和规范，《中华人民共和国刑事诉讼法》在侦查、审查起诉和审判的有关章节中作了规定。从该释义来看，"收集和提取证据"并非指代公安司法机关的具体行为，只是具有侦查措施分类意义的抽象概念

十九、案外人涉案财物权属救济途径示意图

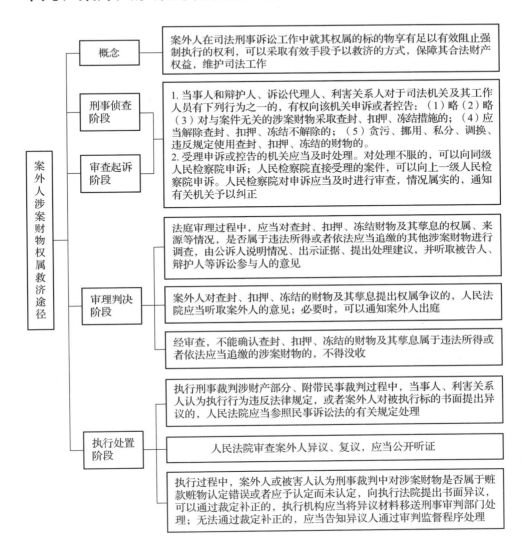

案外人涉案财物权属救济途径

概念

案外人在司法刑事诉讼工作中就其权属的标的物享有足以有效阻止强制执行的权利，可以采取有效手段予以救济的方式，保障其合法财产权益，维护司法工作

刑事侦查阶段

审查起诉阶段

1. 当事人和辩护人、诉讼代理人、利害关系人对于司法机关及其工作人员有下列行为之一的，有权向该机关申诉或者控告：（1）略（2）略（3）对与案件无关的涉案财物采取查封、扣押、冻结措施的；（4）应当解除查封、扣押、冻结不解除的；（5）贪污、挪用、私分、调换、违反规定使用查封、扣押、冻结的财物的。
2. 受理申诉或控告的机关应当及时处理。对处理不服的，可以向同级人民检察院申诉；人民检察院直接受理的案件，可以向上一级人民检察院申诉。人民检察院对申诉应当及时进行审查，情况属实的，通知有关机关予以纠正

审理判决阶段

法庭审理过程中，应当对查封、扣押、冻结财物及其孳息的权属、来源等情况，是否属于违法所得或者依法应当追缴的其他涉案财物进行调查，由公诉人说明情况、出示证据、提出处理建议，并听取被告人、辩护人等诉讼参与人的意见

案外人对查封、扣押、冻结的财物及其孳息提出权属争议的，人民法院应当听取案外人的意见；必要时，可以通知案外人出庭

经审查，不能确认查封、扣押、冻结的财物及其孳息属于违法所得或者依法应当追缴的涉案财物的，不得没收

执行处置阶段

执行刑事裁判涉财产部分、附带民事裁判过程中，当事人、利害关系人认为执行行为违反法律规定，或者案外人对被执行标的书面提出异议的，人民法院应当参照民事诉讼法的有关规定处理

人民法院审查案外人异议、复议，应当公开听证

执行过程中，案外人或被害人认为刑事裁判中对涉案财物是否属于赃款赃物认定错误或者应予认定而未认定，向执行法院提出书面异议，可以通过裁定补正的，执行机构应当将异议材料移送刑事审判部门处理；无法通过裁定补正的，应当告知异议人通过审判监督程序处理

二十、行政查封和扣押工作示意图

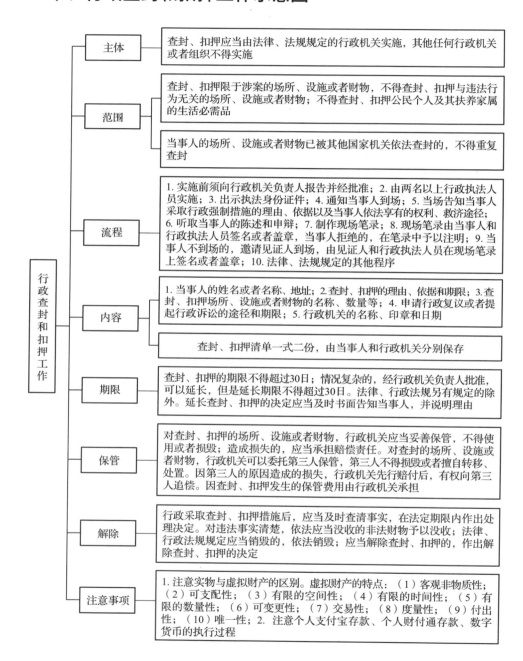

主体	查封、扣押应当由法律、法规规定的行政机关实施，其他任何行政机关或者组织不得实施	
范围	查封、扣押限于涉案的场所、设施或者财物，不得查封、扣押与违法行为无关的场所、设施或者财物；不得查封、扣押公民个人及其扶养家属的生活必需品	
	当事人的场所、设施或者财物已被其他国家机关依法查封的，不得重复查封	
流程	1.实施前须向行政机关负责人报告并经批准；2.由两名以上行政执法人员实施；3.出示执法身份证件；4.通知当事人到场；5.当场告知当事人采取行政强制措施的理由、依据以及当事人依法享有的权利、救济途径；6.听取当事人的陈述和申辩；7.制作现场笔录；8.现场笔录由当事人和行政执法人员签名或者盖章，当事人拒绝的，在笔录中予以注明；9.当事人不到场的，邀请见证人到场，由见证人和行政执法人员在现场笔录上签名或者盖章；10.法律、法规规定的其他程序	
内容	1.当事人的姓名或者名称、地址；2.查封、扣押的理由、依据和期限；3.查封、扣押场所、设施或者财物的名称、数量等；4.申请行政复议或者提起行政诉讼的途径和期限；5.行政机关的名称、印章和日期	
	查封、扣押清单一式二份，由当事人和行政机关分别保存	
期限	查封、扣押的期限不得超过30日；情况复杂的，经行政机关负责人批准，可以延长，但是延长期限不得超过30日。法律、行政法规另有规定的除外。延长查封、扣押的决定应当及时书面告知当事人，并说明理由	
保管	对查封、扣押的场所、设施或者财物，行政机关应当妥善保管，不得使用或者损毁；造成损失的，应当承担赔偿责任。对查封的场所、设施或者财物，行政机关可以委托第三人保管，第三人不得损毁或者擅自转移、处置。因第三人的原因造成的损失，行政机关先行赔付后，有权向第三人追偿。因查封、扣押发生的保管费用由行政机关承担	
解除	行政采取查封、扣押措施后，应当及时查清事实，在法定期限内作出处理决定。对违法事实清楚，依法应当没收的非法财物予以没收；法律、行政法规规定应当销毁的，依法销毁；应当解除查封、扣押的，作出解除查封、扣押的决定	
注意事项	1.注意实物与虚拟财产的区别。虚拟财产的特点：（1）客观非物质性；（2）可支配性；（3）有限的空间性；（4）有限的时间性；（5）有限的数量性；（6）可变更性；（7）交易性；（8）度量性；（9）付出性；（10）唯一性；2.注意个人支付宝存款、个人财付通存款、数字货币的执行过程	

行政查封和扣押工作

二十一、行政冻结工作示意图

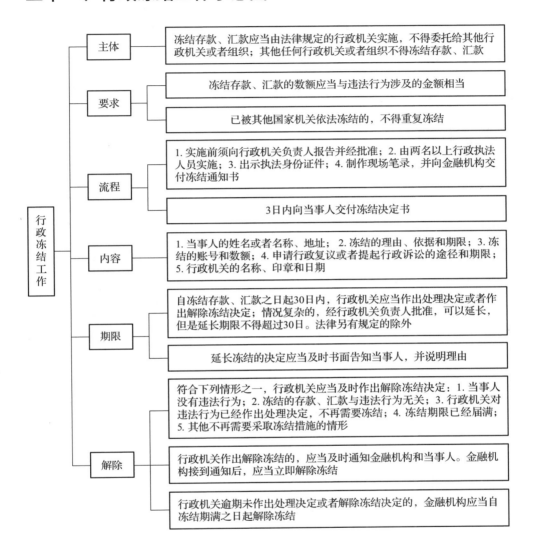

主体 冻结存款、汇款应当由法律规定的行政机关实施，不得委托给其他行政机关或者组织；其他任何行政机关或者组织不得冻结存款、汇款

要求
冻结存款、汇款的数额应当与违法行为涉及的金额相当
已被其他国家机关依法冻结的，不得重复冻结

流程
1.实施前须向行政机关负责人报告并经批准；2.由两名以上行政执法人员实施；3.出示执法身份证件；4.制作现场笔录，并向金融机构交付冻结通知书
3日内向当事人交付冻结决定书

内容 1.当事人的姓名或者名称、地址；2.冻结的理由、依据和期限；3.冻结的账号和数额；4.申请行政复议或者提起行政诉讼的途径和期限；5.行政机关的名称、印章和日期

期限
自冻结存款、汇款之日起30日内，行政机关应当作出处理决定或者作出解除冻结决定；情况复杂的，经行政机关负责人批准，可以延长，但是延长期限不得超过30日。法律另有规定的除外
延长冻结的决定应当及时书面告知当事人，并说明理由

解除
符合下列情形之一，行政机关应当及时作出解除冻结决定：1.当事人没有违法行为；2.冻结的存款、汇款与违法行为无关；3.行政机关对违法行为已经作出处理决定，不再需要冻结；4.冻结期限已经届满；5.其他不再需要采取冻结措施的情形
行政机关作出解除冻结的，应当及时通知金融机构和当事人。金融机构接到通知后，应当立即解除冻结
行政机关逾期未作出处理决定或者解除冻结决定的，金融机构应当自冻结期满之日起解除冻结

行政冻结工作

二十二、行政调取工作示意图

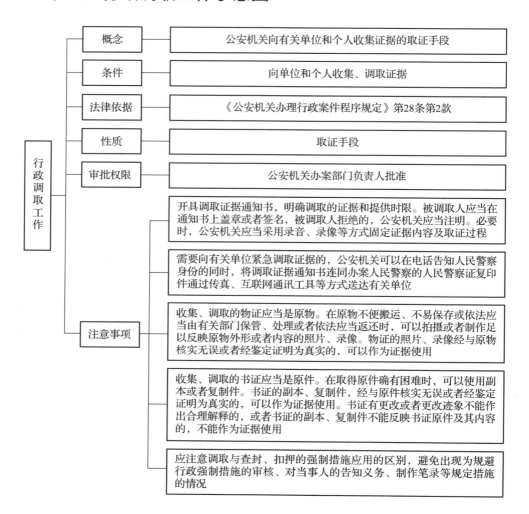

	概念	公安机关向有关单位和个人收集证据的取证手段
	条件	向单位和个人收集、调取证据
	法律依据	《公安机关办理行政案件程序规定》第28条第2款
行政调取工作	性质	取证手段
	审批权限	公安机关办案部门负责人批准
	注意事项	开具调取证据通知书,明确调取的证据和提供时限。被调取人应当在通知书上盖章或者签名,被调取人拒绝的,公安机关应当注明。必要时,公安机关应当采用录音、录像等方式固定证据内容及取证过程
		需要向有关单位紧急调取证据的,公安机关可以在电话告知人民警察身份的同时,将调取证据通知书连同办案人民警察的人民警察证复印件通过传真、互联网通讯工具等方式送达有关单位
		收集、调取的物证应当是原物。在原物不便搬运、不易保存或依法应当由有关部门保管、处理或者依法应当返还时,可以拍摄或者制作足以反映原物外形或者内容的照片、录像。物证的照片、录像经与原物核实无误或者经鉴定证明为真实的,可以作为证据使用
		收集、调取的书证应当是原件。在取得原件确有困难时,可以使用副本或者复制件。书证的副本、复制件,经与原件核实无误或者经鉴定证明为真实的,可以作为证据使用。书证有更改或者更改迹象不能作出合理解释的,或者书证的副本、复制件不能反映书证原件及其内容的,不能作为证据使用
		应注意调取与查封、扣押的强制措施应用的区别,避免出现为规避行政强制措施的审核、对当事人的告知义务、制作笔录等规定措施的情况

二十三、行政登记保存工作示意图

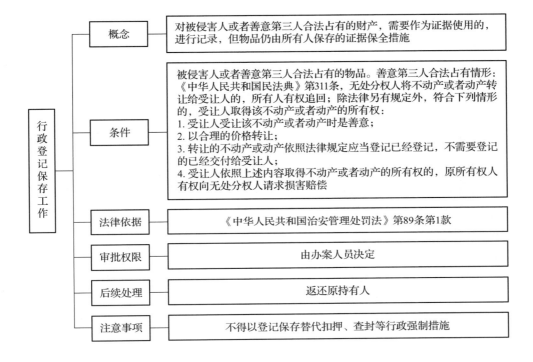

	概念	对被侵害人或者善意第三人合法占有的财产，需要作为证据使用的，进行记录，但物品仍由所有人保存的证据保全措施
行政登记保存工作	条件	被侵害人或者善意第三人合法占有的物品。善意第三人合法占有情形：《中华人民共和国民法典》第311条，无处分权人将不动产或者动产转让给受让人的，所有人有权追回；除法律另有规定外，符合下列情形的，受让人取得该不动产或者动产的所有权： 1.受让人受让该不动产或者动产时是善意； 2.以合理的价格转让； 3.转让的不动产或动产依照法律规定应当登记已经登记，不需要登记的已经交付给受让人； 4.受让人依照上述内容取得不动产或者动产的所有权的，原所有权人有权向无处分权人请求损害赔偿
	法律依据	《中华人民共和国治安管理处罚法》第89条第1款
	审批权限	由办案人员决定
	后续处理	返还原持有人
	注意事项	不得以登记保存替代扣押、查封等行政强制措施

二十四、行政先行登记保存工作示意图

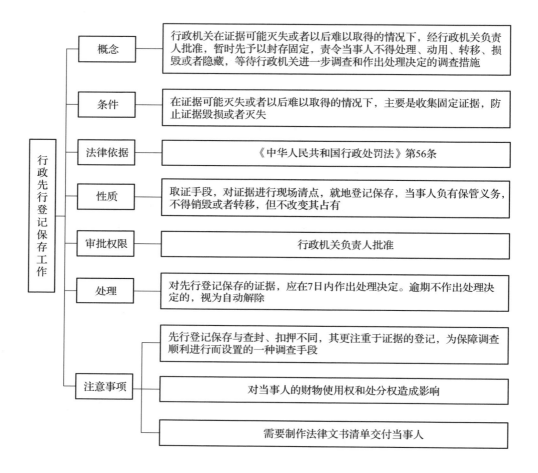

行政先行登记保存工作

概念　行政机关在证据可能灭失或者以后难以取得的情况下，经行政机关负责人批准，暂时先予以封存固定，责令当事人不得处理、动用、转移、损毁或者隐藏，等待行政机关进一步调查和作出处理决定的调查措施

条件　在证据可能灭失或者以后难以取得的情况下，主要是收集固定证据，防止证据毁损或者灭失

法律依据　《中华人民共和国行政处罚法》第56条

性质　取证手段，对证据进行现场清点，就地登记保存，当事人负有保管义务，不得销毁或者转移，但不改变其占有

审批权限　行政机关负责人批准

处理　对先行登记保存的证据，应在7日内作出处理决定。逾期不作出处理决定的，视为自动解除

注意事项
- 先行登记保存与查封、扣押不同，其更注重于证据的登记，为保障调查顺利进行而设置的一种调查手段
- 对当事人的财物使用权和处分权造成影响
- 需要制作法律文书清单交付当事人

二十五、行政收缴工作示意图

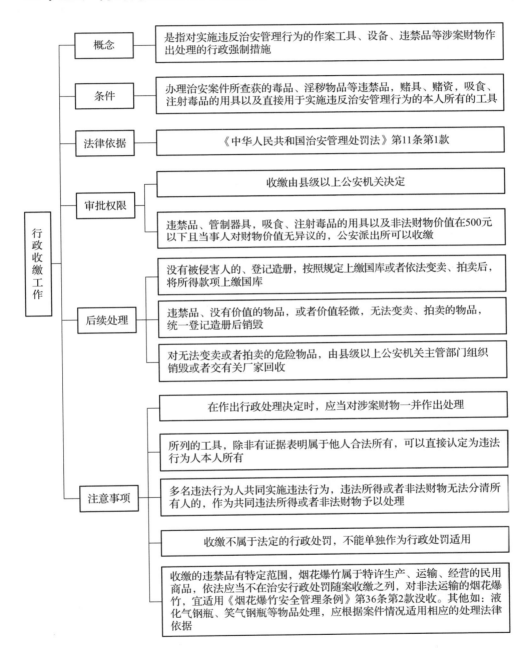

	概念	是指对实施违反治安管理行为的作案工具、设备、违禁品等涉案财物作出处理的行政强制措施
	条件	办理治安案件所查获的毒品、淫秽物品等违禁品，赌具、赌资，吸食、注射毒品的用具以及直接用于实施违反治安管理行为的本人所有的工具
	法律依据	《中华人民共和国治安管理处罚法》第11条第1款
行政收缴工作	审批权限	收缴由县级以上公安机关决定
		违禁品、管制器具，吸食、注射毒品的用具以及非法财物价值在500元以下且当事人对财物价值无异议的，公安派出所可以收缴
	后续处理	没有被侵害人的、登记造册，按照规定上缴国库或者依法变卖、拍卖后，将所得款项上缴国库
		违禁品、没有价值的物品，或者价值轻微，无法变卖、拍卖的物品，统一登记造册后销毁
		对无法变卖或者拍卖的危险物品，由县级以上公安机关主管部门组织销毁或者交有关厂家回收
	注意事项	在作出行政处理决定时，应当对涉案财物一并作出处理
		所列的工具，除非有证据表明属于他人合法所有，可以直接认定为违法行为人本人所有
		多名违法行为人共同实施违法行为，违法所得或者非法财物无法分清所有人的，作为共同违法所得或者非法财物予以处理
		收缴不属于法定的行政处罚，不能单独作为行政处罚适用
		收缴的违禁品有特定范围，烟花爆竹属于特许生产、运输、经营的民用商品，依法应当不在治安行政处罚随案收缴之列，对非法运输的烟花爆竹，宜适用《烟花爆竹安全管理条例》第36条第2款没收。其他如：液化气钢瓶、笑气钢瓶等物品处理，应根据案件情况适用相应的处理法律依据

二十六、行政追缴工作示意图

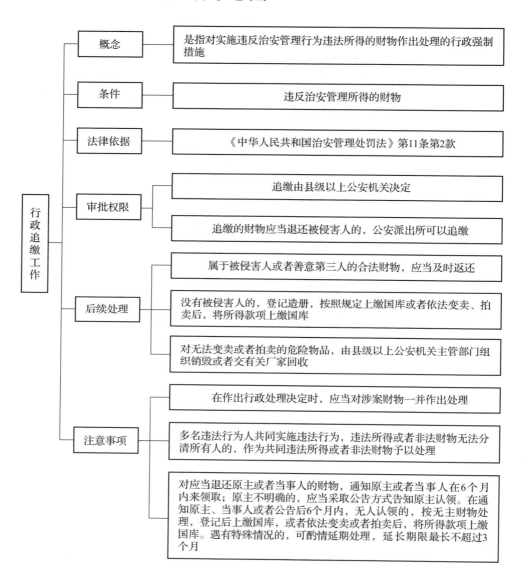

	概念	是指对实施违反治安管理行为违法所得的财物作出处理的行政强制措施
行政追缴工作	条件	违反治安管理所得的财物
	法律依据	《中华人民共和国治安管理处罚法》第11条第2款
	审批权限	追缴由县级以上公安机关决定
		追缴的财物应当退还被侵害人的，公安派出所可以追缴
	后续处理	属于被侵害人或者善意第三人的合法财物，应当及时返还
		没有被侵害人的，登记造册，按照规定上缴国库或者依法变卖、拍卖后，将所得款项上缴国库
		对无法变卖或者拍卖的危险物品，由县级以上公安机关主管部门组织销毁或者交有关厂家回收
	注意事项	在作出行政处理决定时，应当对涉案财物一并作出处理
		多名违法行为人共同实施违法行为，违法所得或者非法财物无法分清所有人的，作为共同违法所得或者非法财物予以处理
		对应当退还原主或者当事人的财物，通知原主或者当事人在6个月内来领取；原主不明确的，应当采取公告方式告知原主认领。在通知原主、当事人或者公告后6个月内，无人认领的，按无主财物处理，登记后上缴国库，或者依法变卖或者拍卖后，将所得款项上缴国库。遇有特殊情况的，可酌情延期处理，延长期限最长不超过3个月

二十七、行政没收违法所得非法财物工作示意图

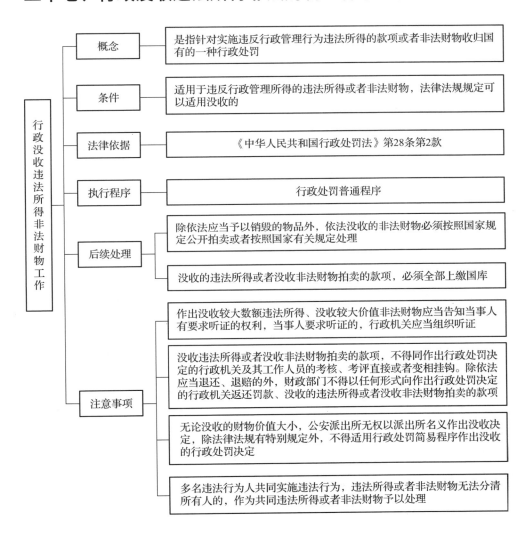

二十八、涉案财物处理工作注意事项示意图

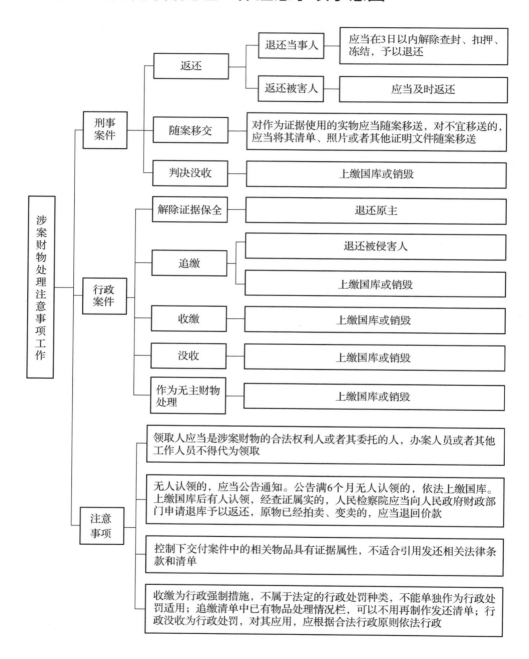

二十九、涉案财物行政执法和刑事诉讼常见问题示意图

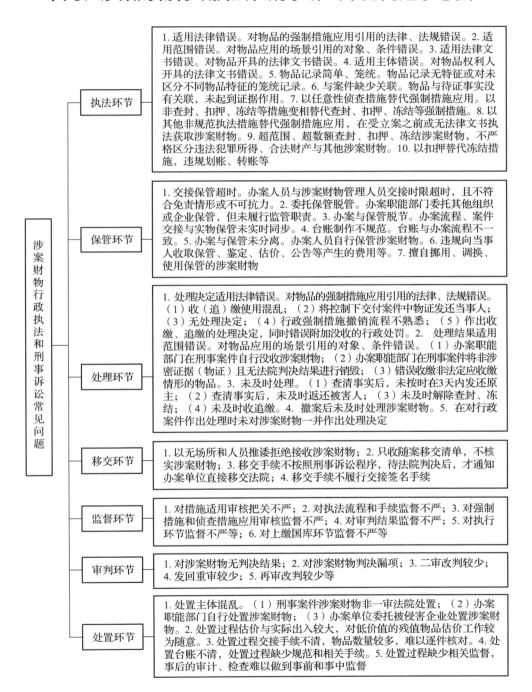

涉案财物行政执法和刑事诉讼常见问题

执法环节

1. 适用法律错误。对物品的强制措施应用引用的法律、法规错误。2. 适用范围错误。对物品应用的场景引用的对象、条件错误。3. 适用法律文书错误。对物品开具的法律文书错误。4. 适用主体错误。对物品权利人开具的法律文书错误。5. 物品记录简单、笼统。物品记录无特征或对未区分不同物品特征的笼统记录。6. 与案件缺少关联。物品与待证事实没有关联,未起到证据作用。7. 以任意性侦查措施替代强制措施应用。以非查封、扣押、冻结等措施变相替代查封、扣押、冻结等强制措施。8. 以其他非规范执法措施替代强制措施应用,在受立案之前或无法律文书执法获取涉案财物。9. 超范围、超数额查封、扣押、冻结涉案财物,不严格区分违法犯罪所得、合法财产与其他涉案财物。10. 以扣押替代冻结措施,违规划账、转账等

保管环节

1. 交接保管超时。办案人员与涉案财物管理人员交接时限超时,且不符合免责情形或不可抗力。2. 委托保管脱管。办案职能部门委托其他组织或企业保管,但未履行监管职责。3. 办案与保管脱节。办案流程、案件交接与实物保管未实时同步。4. 台账制作不规范。台账与办案流程不一致。5. 办案与保管未分离。办案人员自行保管涉案财物。6. 违规向当事人收取保管、鉴定、估价、公告等产生的费用等。7. 擅自挪用、调换、使用保管的涉案财物

处理环节

1. 处理决定适用法律错误。对物品的强制措施应用引用的法律、法规错误。(1)收(追)缴使用混乱;(2)将控制下交付案件中证据发还当事人;(3)无处理决定;(4)行政强制措施撤销流程不熟悉;(5)作出收缴、追缴的处理决定,同时错误附加没收的行政处罚。2. 处理结果适用范围错误。对物品应用的场景引用的对象、条件错误。(1)办案职能部门在刑事案件自行没收涉案财物;(2)办案职能部门在刑事案件将非涉密证据(物证)且无法院判决结果进行销毁;(3)错误收缴非法定应收缴情形的物品。3. 未及时处理。(1)查清事实后,未按时在3天内发还原主;(2)查清事实后,未及时返还被害人;(3)未及时解除查封、冻结;(4)未及时收追缴。4. 撤案后未及时处理涉案财物。5. 在对行政案件作出处理时未对涉案财物一并作出处理决定

移交环节

1. 以无场所和人员推诿拒绝接收涉案财物;2. 只收随案移交清单,不核实涉案财物;3. 移交手续不按照刑事诉讼程序,待法院判决后,才通知办案单位直接移交法院;4. 移交手续不履行交接签名手续

监督环节

1. 对措施适用审核把关不严;2. 对执法流程和手续监督不严;3. 对强制措施和侦查措施应用审核监督不严;4. 对审判结果监督不严;5. 对执行环节监督不严等;6. 对上缴国库环节监督不严等

审判环节

1. 对涉案财物无判决结果;2. 对涉案财物判决漏项;3. 二审改判较少;4. 发回重审较少;5. 再审改判较少等

处置环节

1. 处置主体混乱。(1)刑事案件涉案财物非一审法院处置;(2)办案职能部门自行处置涉案财物;(3)办案单位委托被侵害企业处置涉案财物。2. 处置过程估价与实际出入较大,对低价值的残值物品估价工作较为随意。3. 处置过程交接手续不清,物品数量较多,难以逐件核对。4. 处置台账不清,处置过程缺少规范和相关手续。5. 处置过程缺少相关监督,事后的审计、检查难以做到事前和事中监督

三十、涉案财物管理常见问题示意图

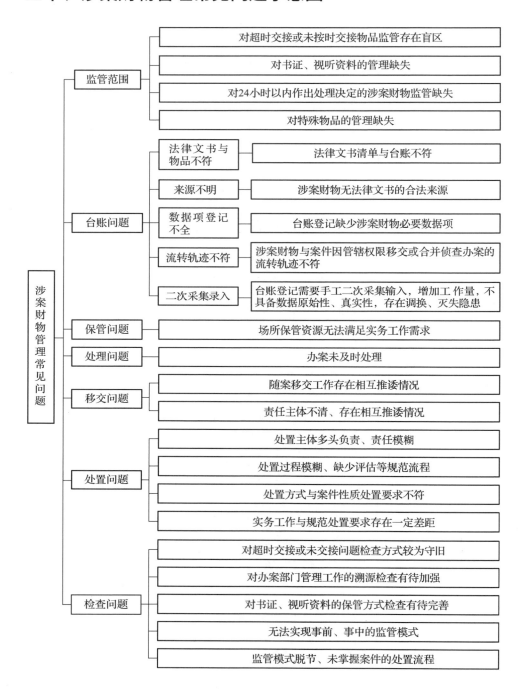

三十一、涉案财物管理常见问题成因示意图

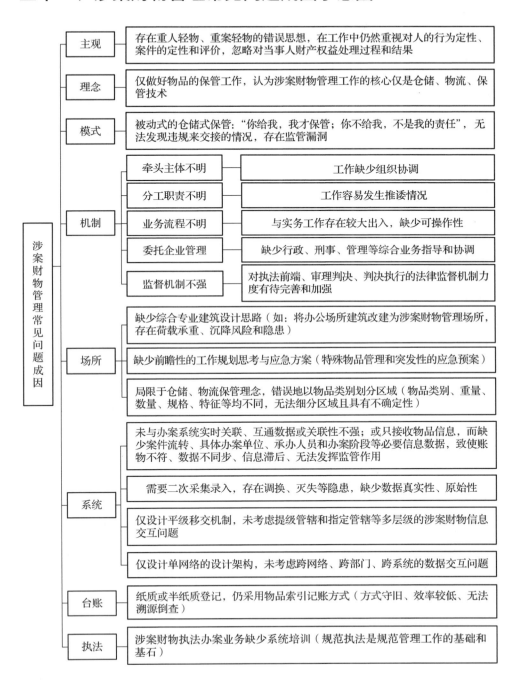

三十二、涉案财物管理违规问题示意图

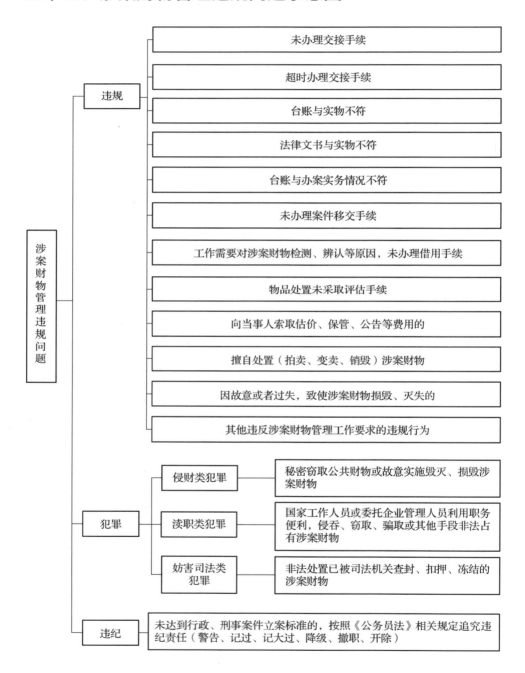

涉案财物管理违规问题

违规
- 未办理交接手续
- 超时办理交接手续
- 台账与实物不符
- 法律文书与实物不符
- 台账与办案实务情况不符
- 未办理案件移交手续
- 工作需要对涉案财物检测、辨认等原因，未办理借用手续
- 物品处置未采取评估手续
- 向当事人索取估价、保管、公告等费用的
- 擅自处置（拍卖、变卖、销毁）涉案财物
- 因故意或者过失，致使涉案财物损毁、灭失的
- 其他违反涉案财物管理工作要求的违规行为

犯罪
- 侵财类犯罪　秘密窃取公共财物或故意实施毁灭、损毁涉案财物
- 渎职类犯罪　国家工作人员或委托企业管理人员利用职务便利，侵吞、窃取、骗取或其他手段非法占有涉案财物
- 妨害司法类犯罪　非法处置已被司法机关查封、扣押、冻结的涉案财物

违纪　未达到行政、刑事案件立案标准的，按照《公务员法》相关规定追究违纪责任（警告、记过、记大过、降级、撤职、开除）

三十三、涉案财物国家赔偿工作示意图

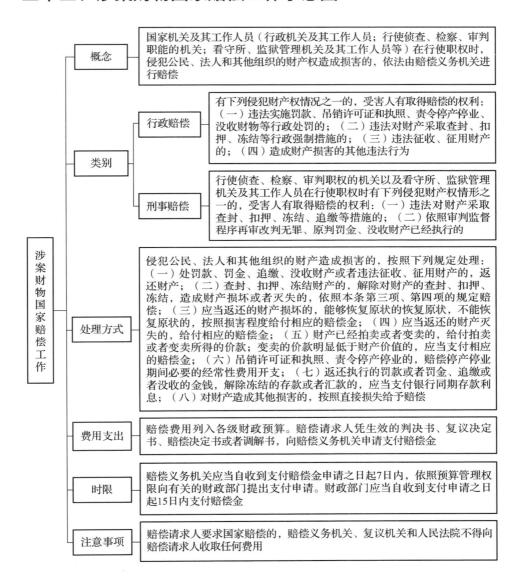

概念	国家机关及其工作人员（行政机关及其工作人员；行使侦查、检察、审判职能的机关；看守所、监狱管理机关及其工作人员等）在行使职权时，侵犯公民、法人和其他组织的财产权造成损害的，依法由赔偿义务机关进行赔偿	
类别	**行政赔偿**	有下列侵犯财产权情况之一的，受害人有取得赔偿的权利：（一）违法实施罚款、吊销许可证和执照、责令停产停业、没收财物等行政处罚的；（二）违法对财产采取查封、扣押、冻结等行政强制措施的；（三）违法征收、征用财产的；（四）造成财产损害的其他违法行为
	刑事赔偿	行使侦查、检察、审判职权的机关以及看守所、监狱管理机关及其工作人员在行使职权时有下列侵犯财产权情形之一的，受害人有取得赔偿的权利：（一）违法对财产采取查封、扣押、冻结、追缴等措施的；（二）依照审判监督程序再审改判无罪、原判罚金、没收财产已经执行的
处理方式	侵犯公民、法人和其他组织的财产造成损害的，按照下列规定处理：（一）处罚款、罚金、追缴、没收财产或者违法征收、征用财产的，返还财产；（二）查封、扣押、冻结财产的，解除对财产的查封、扣押、冻结，造成财产损坏或者灭失的，依照本条第三项、第四项的规定赔偿；（三）应当返还的财产损坏的，能够恢复原状的恢复原状，不能恢复原状的，按照损害程度给付相应的赔偿金；（四）应当返还的财产灭失的，给付相应的赔偿金；（五）财产已经拍卖或者变卖的，给付拍卖或者变卖所得的价款；变卖的价款明显低于财产价值的，应当支付相应的赔偿金；（六）吊销许可证和执照、责令停产停业的，赔偿停产停业期间必要的经常性费用开支；（七）返还执行的罚款或者罚金、追缴或者没收的金钱，解除冻结的存款或者汇款的，应当支付银行同期存款利息；（八）对财产造成其他损害的，按照直接损失给予赔偿	
费用支出	赔偿费用列入各级财政预算。赔偿请求人凭生效的判决书、复议决定书、赔偿决定书或者调解书，向赔偿义务机关申请支付赔偿金	
时限	赔偿义务机关应当自收到支付赔偿金申请之日起7日内，依照预算管理权限向有关的财政部门提出支付申请。财政部门应当自收到支付申请之日起15日内支付赔偿金	
注意事项	赔偿请求人要求国家赔偿的，赔偿义务机关、复议机关和人民法院不得向赔偿请求人收取任何费用	

（涉案财物国家赔偿工作）

三十四、价格认定工作示意图

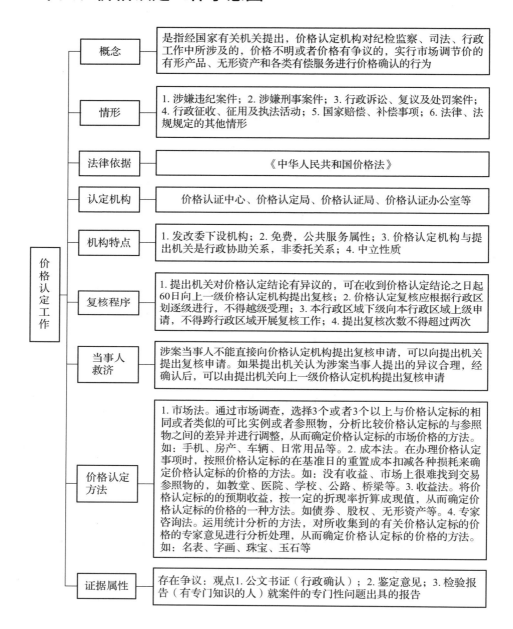

价格认定工作	概念	是指经国家有关机关提出，价格认定机构对纪检监察、司法、行政工作中所涉及的，价格不明或者价格有争议的，实行市场调节价的有形产品、无形资产和各类有偿服务进行价格确认的行为
	情形	1.涉嫌违纪案件；2.涉嫌刑事案件；3.行政诉讼、复议及处罚案件；4.行政征收、征用及执法活动；5.国家赔偿、补偿事项；6.法律、法规规定的其他情形
	法律依据	《中华人民共和国价格法》
	认定机构	价格认证中心、价格认定局、价格认证局、价格认证办公室等
	机构特点	1.发改委下设机构；2.免费，公共服务属性；3.价格认定机构与提出机关是行政协助关系，非委托关系；4.中立性质
	复核程序	1.提出机关对价格认定结论有异议的，可在收到价格认定结论之日起60日向上一级价格认定机构提出复核；2.价格认定复核应根据行政区划逐级进行，不得越级受理；3.本行政区域下级向本行政区域上级申请，不得跨行政区域开展复核工作；4.提出复核次数不得超过两次
	当事人救济	涉案当事人不能直接向价格认定机构提出复核申请，可以向提出机关提出复核申请。如果提出机关认为涉案当事人提出的异议合理，经确认后，可以由提出机关向上一级价格认定机构提出复核申请
	价格认定方法	1.市场法。通过市场调查，选择3个或者3个以上与价格认定标的相同或者类似的可比实例或者参照物，分析比较价格认定标的与参照物之间的差异并进行调整，从而确定价格认定标的的市场价格的方法。如：手机、房产、车辆、日常用品等。2.成本法。在办理价格认定事项时，按照价格认定标的在基准日的重置成本扣减各种损耗来确定价格认定标的的价格的方法。如：没有收益、市场上很难找到交易参照物的，如教堂、医院、学校、公路、桥梁等。3.收益法。将价格认定标的的预期收益，按一定的折现率折算成现值，从而确定价格认定标的的价格的一种方法。如债券、股权、无形资产等。4.专家咨询法。运用统计分析的方法，对所收集到的有关价格认定标的的价格的专家意见进行分析处理，从而确定价格认定标的的价格的方法。如：名表、字画、珠宝、玉石等
	证据属性	存在争议：观点1.公文书证（行政确认）；2.鉴定意见；3.检验报告（有专门知识的人）就案件的专门性问题出具的报告

三十五、价格评估工作示意图

价格评估工作	概念	是指具有独立法人资质的社会专业人员和专业机构基于各类市场民事主体的聘请（或者委托）关系，根据特定目的，对约定财产（资产）在特定时点的价值（价格）进行分析、测算和判断并提供专业意见的市场服务行为
	涉案物品评估	即行政执法机关、司法机关办理行政、刑事、民事、经济案件涉及的扣押、没收、追缴物品及纠纷财物等物品的价格评估，按照最高人民法院、最高人民检察院、公安部和国家计委有关规定执行
	法律依据	《中华人民共和国价格管理条例》
	主管部门	国务院价格管理部门负责全国价格评估管理和监督工作
	原则	应当遵循客观、公正的原则，按照规定的标准、程序和方法进行评估
	收费	价格评估实行有偿服务。服务收费应当合理、公开，质价相符
	人员	每个估价项目不得少于两名评估人员。对数额较大、情况复杂的估价项目，应当组成三人以上的估价小组进行评估
	评估程序	1. 委托价格评估 2. 受理价格评估 3. 现场勘估 4. 鉴定、估算 5. 出具估价报告书
	估价委托书内容	1. 委托人的名称、地址及法人代表姓名、职务 2. 委托评估标的物的名称、种类、规格、数量、来源与购置（获取）时间、地点等 3. 委托评估的理由和要求 4. 委托人认为其他需要说明的内容 估价委托书应当附有评估标的物的产权、技术标准等有关资料
	价格评估机构评估工作	价格评估机构收到估价委托书后，应当对估价委托书载明的事项及当事人提供的有关资料进行审查。对符合价格评估受理条件的，评估双方应当按照国家有关合同规定的要求签订评估业务合同，约定估价有关事项
	估价结果报告书内容	1. 评估标的物名称、种类、规格、数量、评估目的、评估日期 2. 评估标的物现存地点、现实状况及勘估说明 3. 估价因素分析、估价勘测数据、估价使用方法、估价结果 4. 其他需要说明的问题 价格结果报告书由具有注册执业资格的价格评估承办人员签字，加盖本单位公章后生效
	复核时限	评估当事人对估价结果有异议的，可以在收到估价结果报告书之日起15日内，向原估价机构申请复核。对复核结果仍有异议的，除另有规定者外，可自行委托其他机构重新评估

三十六、罚没财物管理工作要求示意图

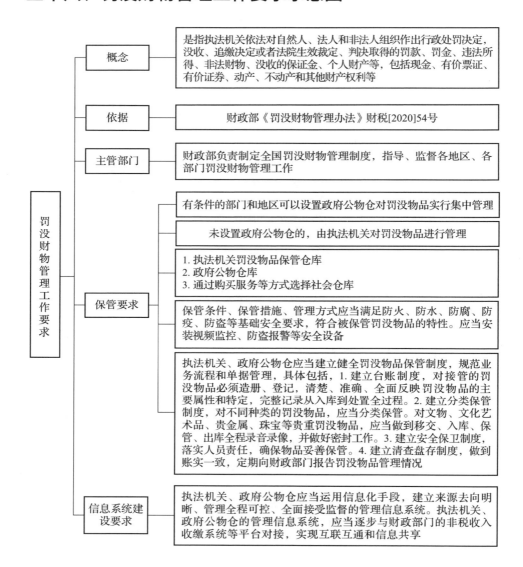

概念 —— 是指执法机关依法对自然人、法人和非法人组织作出行政处罚决定，没收、追缴决定或者法院生效裁定、判决取得的罚款、罚金、违法所得、非法财物、没收的保证金、个人财产等，包括现金、有价票证、有价证券、动产、不动产和其他财产权利等

依据 —— 财政部《罚没财物管理办法》财税[2020]54号

主管部门 —— 财政部负责制定全国罚没财物管理制度，指导、监督各地区、各部门罚没财物管理工作

保管要求 ——
- 有条件的部门和地区可以设置政府公物仓对罚没物品实行集中管理
- 未设置政府公物仓的，由执法机关对罚没物品进行管理
- 1. 执法机关罚没物品保管仓库 2. 政府公物仓库 3. 通过购买服务等方式选择社会仓库
- 保管条件、保管措施、管理方式应当满足防火、防水、防腐、防疫、防盗等基础安全要求，符合被保管罚没物品的特性。应当安装视频监控、防盗报警等安全设备
- 执法机关、政府公物仓应当建立健全罚没物品保管制度，规范业务流程和单据管理，具体包括，1. 建立台账制度，对接管的罚没物品必须造册、登记，清楚、准确、全面反映罚没物品的主要属性和特定，完整记录从入库到处置全过程。2. 建立分类保管制度，对不同种类的罚没物品，应当分类保管。对文物、文化艺术品、贵金属、珠宝等贵重罚没物品，应当做到移交、入库、保管、出库全程录音录像，并做好密封工作。3. 建立安全保卫制度，落实人员责任，确保物品妥善保管。4. 建立清查盘存制度，做到账实一致，定期向财政部门报告罚没物品管理情况

信息系统建设要求 —— 执法机关、政府公物仓应当运用信息化手段，建立来源去向明晰、管理全程可控、全面接受监督的管理信息系统。执法机关、政府公物仓的管理信息系统，应当逐步与财政部门的非税收入收缴系统等平台对接，实现互联互通和信息共享

罚没财物管理工作要求

三十七、罚没收入管理工作要求示意图

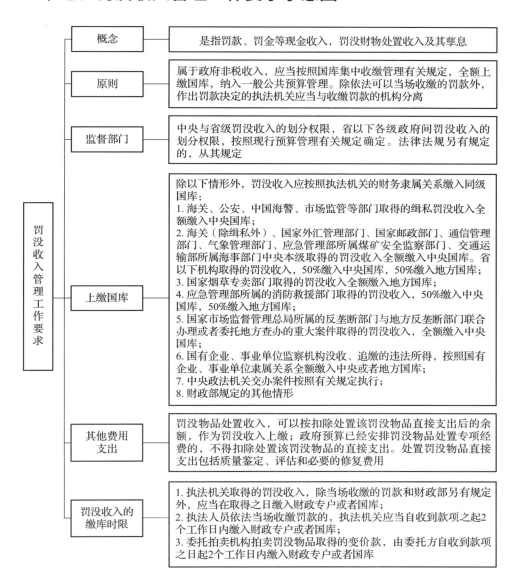

	概念	是指罚款、罚金等现金收入，罚没财物处置收入及其孳息
	原则	属于政府非税收入，应当按照国库集中收缴管理有关规定，全额上缴国库，纳入一般公共预算管理。除依法可以当场收缴的罚款外，作出罚款决定的执法机关应当与收缴罚款的机构分离
	监督部门	中央与省级罚没收入的划分权限，省以下各级政府间罚没收入的划分权限，按照现行预算管理有关规定确定。法律法规另有规定的，从其规定
罚没收入管理工作要求	上缴国库	除以下情形外，罚没收入应按照执法机关的财务隶属关系缴入同级国库： 1.海关、公安、中国海警、市场监管等部门取得的缉私罚没收入全额缴入中央国库； 2.海关（除缉私外）、国家外汇管理部门、国家邮政部门、通信管理部门、气象管理部门、应急管理部所属煤矿安全监察部门、交通运输部所属海事部门中央本级取得的罚没收入全额缴入中央国库。省以下机构取得的罚没收入，50%缴入中央国库，50%缴入地方国库； 3.国家烟草专卖部门取得的罚没收入全额缴入地方国库； 4.应急管理部所属的消防救援部门取得的罚没收入，50%缴入中央国库，50%缴入地方国库； 5.国家市场监督管理总局所属的反垄断部门与地方反垄断部门联合办理或者委托地方查办的重大案件取得的罚没收入，全额缴入中央国库； 6.国有企业、事业单位监察机构没收、追缴的违法所得，按照国有企业、事业单位隶属关系全额缴入中央或者地方国库； 7.中央政法机关交办案件按照有关规定执行； 8.财政部规定的其他情形
	其他费用支出	罚没物品处置收入，可以扣除处置该罚没物品直接支出后的余额，作为罚没收入上缴；政府预算已经安排罚没物品处置专项经费的，不得扣除处置该罚没物品的直接支出。处置罚没物品直接支出包括质量鉴定、评估和必要的修复费用
	罚没收入的缴库时限	1.执法机关取得的罚没收入，除当场收缴的罚款和财政部另有规定外，应当在取得之日缴入财政专户或者国库； 2.执法人员依法当场收缴罚款的，执法机关应当自收到款项之起2个工作日内缴入财政专户或者国库； 3.委托拍卖机构拍卖罚没物品取得的变价款，由委托方自收到款项之日起2个工作日内缴入财政专户或者国库

三十八、罚没财物处置工作要求示意图（一）公开拍卖

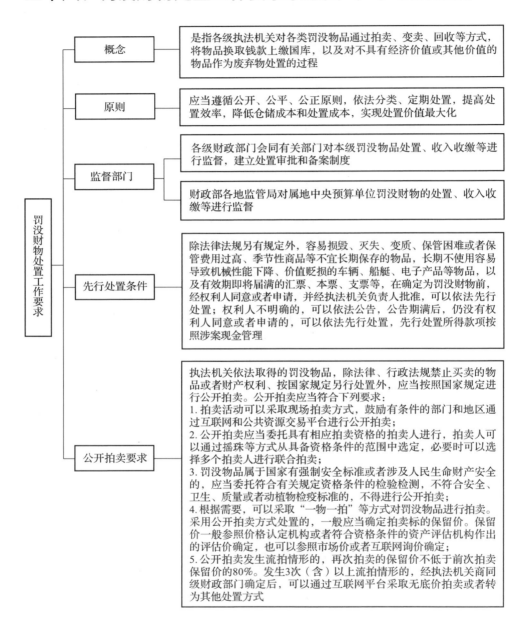

概念　是指各级执法机关对各类罚没物品通过拍卖、变卖、回收等方式，将物品换取钱款上缴国库，以及对不具有经济价值或其他价值的物品作为废弃物处置的过程

原则　应当遵循公开、公平、公正原则，依法分类、定期处置，提高处置效率，降低仓储成本和处置成本，实现处置价值最大化

监督部门
- 各级财政部门会同有关部门对本级罚没物品处置、收入收缴等进行监督，建立处置审批和备案制度
- 财政部各地监管局对属地中央预算单位罚没财物的处置、收入收缴等进行监督

先行处置条件　除法律法规另有规定外，容易损毁、灭失、变质、保管困难或者保管费用过高、季节性商品等不宜长期保存的物品，长期不使用容易导致机械性能下降、价值贬损的车辆、船艇、电子产品等物品，以及有效期即将届满的汇票、本票、支票等，在确定为罚没财物前，经权利人同意或者申请，并经执法机关负责人批准，可以依法先行处置；权利人不明确的，可以依法公告，公告期满后，仍没有权利人同意或者申请的，可以依法先行处置，先行处置所得款项按照涉案现金管理

公开拍卖要求　执法机关依法取得的罚没物品，除法律、行政法规禁止买卖的物品或者财产权利、按国家规定另行处置外，应当按照国家规定进行公开拍卖。公开拍卖应当符合下列要求：
1. 拍卖活动可以采取现场拍卖方式，鼓励有条件的部门和地区通过互联网和公共资源交易平台进行公开拍卖；
2. 公开拍卖应当委托具有相应拍卖资格的拍卖人进行，拍卖人可以通过摇珠等方式从具备资格条件的范围中选定，必要时可以选择多个拍卖人进行联合拍卖；
3. 罚没物品属于国家有强制安全标准或者涉及人民生命财产安全的，应当委托符合有关规定资格条件的检验检测，不符合安全、卫生、质量或者动植物检疫标准的，不得进行公开拍卖；
4. 根据需要，可以采取"一物一拍"等方式对罚没物品进行拍卖。采用公开拍卖方式处置的，一般应当确定拍卖标的保留价。保留价一般参照价格认定机构或者符合资格条件的资产评估机构作出的评估价确定，也可以参照市场价或者互联网询价确定；
5. 公开拍卖发生流拍情形的，再次拍卖的保留价不低于前次拍卖保留价的80%。发生3次（含）以上流拍情形的，经执法机关商同级财政部门确定后，可以通过互联网平台采取无底价拍卖或者转为其他处置方式

三十九、罚没财物处置工作要求示意图（二）其他处置

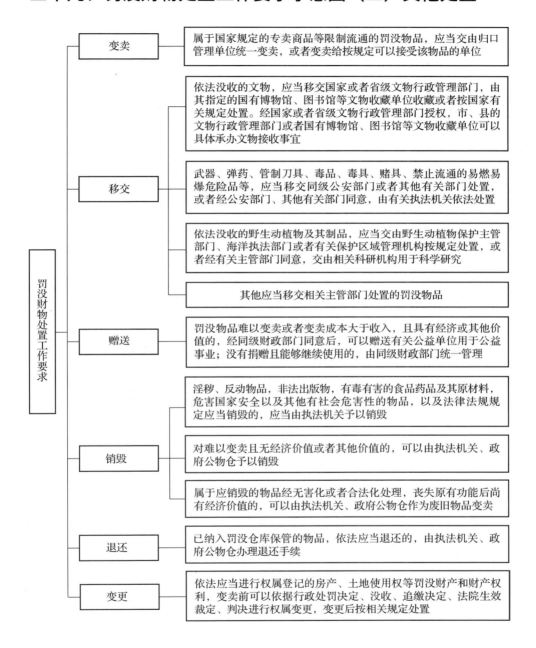

罚没财物处置工作要求

变卖　属于国家规定的专卖商品等限制流通的罚没物品，应当交由归口管理单位统一变卖，或者变卖给按规定可以接受该物品的单位

移交
依法没收的文物，应当移交国家或者省级文物行政管理部门，由其指定的国有博物馆、图书馆等文物收藏单位收藏或者按国家有关规定处置。经国家或者省级文物行政管理部门授权，市、县的文物行政管理部门或国有博物馆、图书馆等文物收藏单位可以具体承办文物接收事宜

武器、弹药、管制刀具、毒品、毒具、赌具、禁止流通的易燃易爆危险品等，应当移交同级公安部门或者其他有关部门处置，或者经公安部门、其他有关部门同意，由有关执法机关依法处置

依法没收的野生动植物及其制品，应当交由野生动植物保护主管部门、海洋执法部门或者有关保护区域管理机构按规定处置，或者经有关主管部门同意，交由相关科研机构用于科学研究

其他应当移交相关主管部门处置的罚没物品

赠送　罚没物品难以变卖或者变卖成本大于收入，且具有经济或其他价值的，经同级财政部门同意后，可以赠送有关公益单位用于公益事业；没有捐赠且能够继续使用的，由同级财政部门统一管理

销毁
淫秽、反动物品，非法出版物，有毒有害的食品药品及其原材料，危害国家安全以及其他有社会危害性的物品，以及法律法规定应当销毁的，应当由执法机关予以销毁

对难以变卖且无经济价值或者其他价值的，可以由执法机关、政府公物仓予以销毁

属于应销毁的物品经无害化或者合法化处理，丧失原有功能后尚有经济价值的，可以由执法机关、政府公物仓作为废旧物品变卖

退还　已纳入罚没仓库保管的物品，依法应当退还的，由执法机关、政府公物仓办理退还手续

变更　依法应当进行权属登记的房产、土地使用权等罚没财产和财产权利，变卖前可以依据行政处罚决定、没收、追缴决定、法院生效裁定、判决进行权属变更，变更后按相关规定处置

四十、拍卖标的示意图

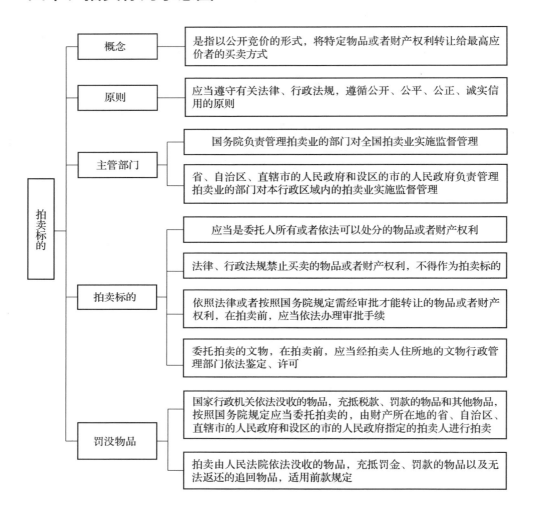

拍卖标的		
	概念	是指以公开竞价的形式，将特定物品或者财产权利转让给最高应价者的买卖方式
	原则	应当遵守有关法律、行政法规，遵循公开、公平、公正、诚实信用的原则
	主管部门	国务院负责管理拍卖业的部门对全国拍卖业实施监督管理
		省、自治区、直辖市的人民政府和设区的市的人民政府负责管理拍卖业的部门对本行政区域内的拍卖业实施监督管理
	拍卖标的	应当是委托人所有或者依法可以处分的物品或者财产权利
		法律、行政法规禁止买卖的物品或者财产权利，不得作为拍卖标的
		依照法律或者按照国务院规定需经审批才能转让的物品或者财产权利，在拍卖前，应当依法办理审批手续
		委托拍卖的文物，在拍卖前，应当经拍卖人住所地的文物行政管理部门依法鉴定、许可
	罚没物品	国家行政机关依法没收的物品，充抵税款、罚款的物品和其他物品，按照国务院规定应当委托拍卖的，由财产所在地的省、自治区、直辖市的人民政府和设区的市的人民政府指定的拍卖人进行拍卖
		拍卖由人民法院依法没收的物品，充抵罚金、罚款的物品以及无法返还的追回物品，适用前款规定

四十一、拍卖活动当事人示意图

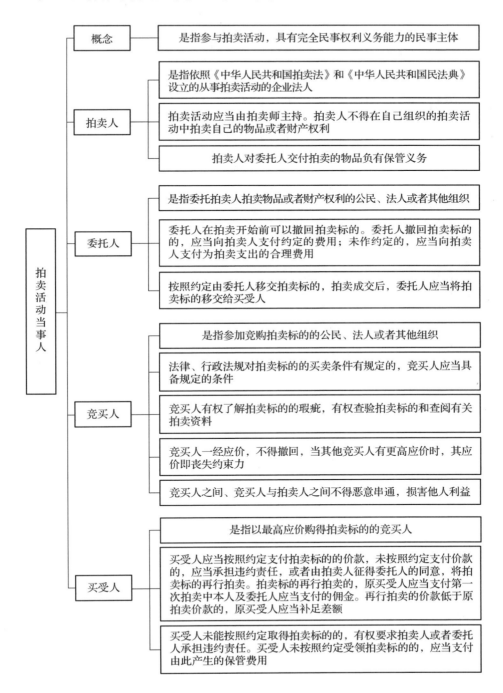

四十二、拍卖委托工作示意图

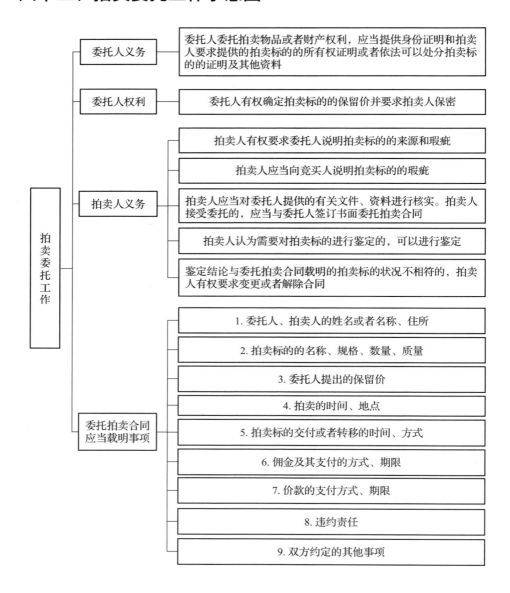

拍卖委托工作

委托人义务 —— 委托人委托拍卖物品或者财产权利，应当提供身份证明和拍卖人要求提供的拍卖标的的所有权证明或者依法可以处分拍卖标的的证明及其他资料

委托人权利 —— 委托人有权确定拍卖标的的保留价并要求拍卖人保密

拍卖人义务
- 拍卖人有权要求委托人说明拍卖标的的来源和瑕疵
- 拍卖人应当向竞买人说明拍卖标的的瑕疵
- 拍卖人应当对委托人提供的有关文件、资料进行核实。拍卖人接受委托的，应当与委托人签订书面委托拍卖合同
- 拍卖人认为需要对拍卖标的进行鉴定的，可以进行鉴定
- 鉴定结论与委托拍卖合同载明的拍卖标的状况不相符的，拍卖人有权要求变更或者解除合同

委托拍卖合同应当载明事项
1. 委托人、拍卖人的姓名或者名称、住所
2. 拍卖标的的名称、规格、数量、质量
3. 委托人提出的保留价
4. 拍卖的时间、地点
5. 拍卖标的的交付或者转移的时间、方式
6. 佣金及其支付的方式、期限
7. 价款的支付方式、期限
8. 违约责任
9. 双方约定的其他事项

四十三、拍卖公告和实施工作示意图

	拍卖前公告时间	拍卖人应当于拍卖日7日前发布拍卖公告
	拍卖公告载明事项	1.拍卖时间、地点 2.拍卖标的 3.拍卖标的的展示时间、地点 4.参与竞买应当办理的手续 5.需要公告的其他事项
拍卖公告和实施工作	公告途径	拍卖公告应当通过报纸或者其他新闻媒介发布
	展示时间	拍卖人应当在拍卖前展示拍卖标的，并提供查看拍卖标的的条件及有关资料，拍卖的展示时间不得少于2日
	拍卖实施	拍卖师应当于拍卖前宣布拍卖规则和注意事项
		拍卖标的无保留价的，拍卖师应当在拍卖前予以说明
		拍卖标的有保留价的，竞买人的最高价未达到保留价时，该应价不发生效力，拍卖师应当停止拍卖标的的拍卖
		竞买人的最高应价经拍卖师落槌或者以其他公开表示买定的方式确认后，拍卖成交
		拍卖成交后，买受人和拍卖人应当签订成交确认书
		拍卖人进行拍卖时，应当制作拍卖笔录。拍卖笔录应当由拍卖师、记录人签名；拍卖成交的，还应当由买受人签名
		拍卖人应当妥善保管有关业务经营活动的完整账簿、拍卖笔录和其他有关资料
		账簿、拍卖笔录和其他有关资料的保管期限，自委托拍卖合同终止之日起计算，不得少于5年
		拍卖标的需要依法办理证照变更、产权过户手续的，委托人、买受人应当持拍卖人出具的成交证明和有关材料，向有关行政管理机关办理手续
	佣金	委托人、买受人可以与拍卖人约定佣金的比例。委托人、买受人与拍卖人对佣金比例未作约定，拍卖成交的，拍卖人可以向委托人、买受人各收取不超过拍卖成交价5%的佣金，收取佣金的比例按照同拍卖成交价成反比的原则确定
		拍卖未成交的，拍卖人可以向委托人收取约定的费用，未约定的，可以向委托人收取为拍卖支出的合理费用
		拍卖罚没物品的成交，拍卖人可以向买受人收取不超过拍卖成交价5%的佣金，收取佣金的比例按照同拍卖成交价成反比的原则确定

四十四、政府采购工作示意图

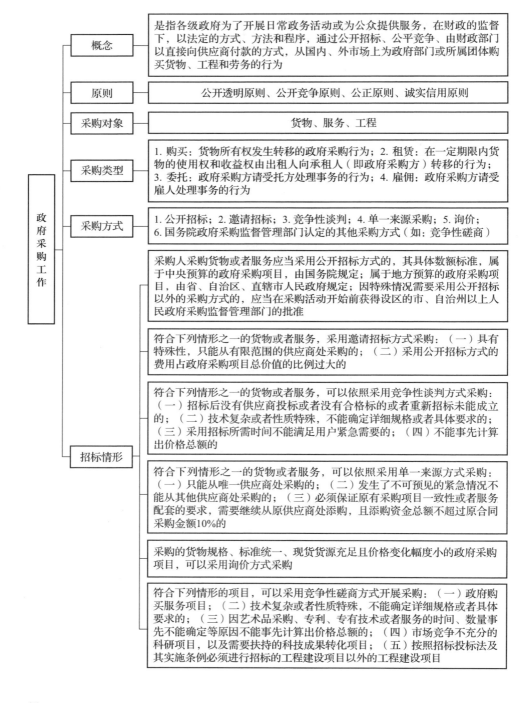

	概念	是指各级政府为了开展日常政务活动或为公众提供服务，在财政的监督下，以法定的方式、方法和程序，通过公开招标、公平竞争、由财政部门以直接向供应商付款的方式，从国内、外市场上为政府部门或所属团体购买货物、工程和劳务的行为
政府采购工作	原则	公开透明原则、公开竞争原则、公正原则、诚实信用原则
	采购对象	货物、服务、工程
	采购类型	1. 购买：货物所有权发生转移的政府采购行为；2. 租赁：在一定期限内货物的使用权和收益权由出租人向承租人（即政府采购方）转移的行为；3. 委托：政府采购方请受托方处理事务的行为；4. 雇佣：政府采购方请受雇人处理事务的行为
	采购方式	1. 公开招标；2. 邀请招标；3. 竞争性谈判；4. 单一来源采购；5. 询价；6. 国务院政府采购监督管理部门认定的其他采购方式（如：竞争性磋商）
	招标情形	采购人采购货物或者服务应当采用公开招标方式的，其具体数额标准，属于中央预算的政府采购项目，由国务院规定；属于地方预算的政府采购项目，由省、自治区、直辖市人民政府规定；因特殊情况需要采用公开招标以外的采购方式的，应当在采购活动开始前获得设区的市、自治州以上人民政府采购监督管理部门的批准
		符合下列情形之一的货物或者服务，采用邀请招标方式采购：（一）具有特殊性，只能从有限范围的供应商处采购的；（二）采用公开招标方式的费用占政府采购项目总价值的比例过大的
		符合下列情形之一的货物或者服务，可以依照采用竞争性谈判方式采购：（一）招标后没有供应商投标或者没有合格标的或者重新招标未能成立的；（二）技术复杂或者性质特殊，不能确定详细规格或者具体要求的；（三）采用招标所需时间不能满足用户紧急需要的；（四）不能事先计算出价格总额的
		符合下列情形之一的货物或者服务，可以依照采用单一来源方式采购：（一）只能从唯一供应商处采购的；（二）发生了不可预见的紧急情况不能从其他供应商处采购的；（三）必须保证原有采购项目一致性或者服务配套的要求，需要继续从原供应商处添购，且添购资金总额不超过原合同采购金额10%的
		采购的货物规格、标准统一、现货货源充足且价格变化幅度小的政府采购项目，可以采用询价方式采购
		符合下列情形的项目，可以采用竞争性磋商方式开展采购：（一）政府购买服务项目；（二）技术复杂或者性质特殊，不能确定详细规格或者具体要求的；（三）因艺术品采购、专利、专有技术或者服务的时间、数量事先不能确定等原因不能事先计算出价格总额的；（四）市场竞争不充分的科研项目，以及需要扶持的科技成果转化项目；（五）按照招标投标法及其实施条例必须进行招标的工程建设项目以外的工程建设项目

四十五、废弃物处置工作示意图

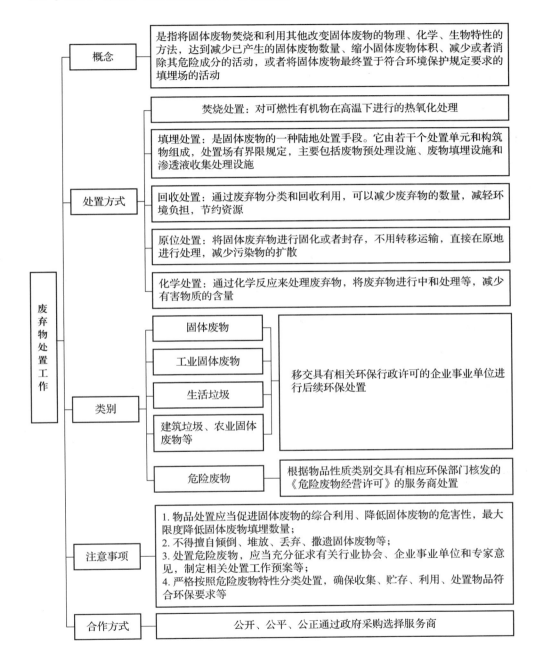

概念	是指将固体废物焚烧和利用其他改变固体废物的物理、化学、生物特性的方法，达到减少已产生的固体废物数量、缩小固体废物体积、减少或者消除其危险成分的活动，或者将固体废物最终置于符合环境保护规定要求的填埋场的活动	

处置方式

焚烧处置：对可燃性有机物在高温下进行的热氧化处理

填埋处置：是固体废物的一种陆地处置手段。它由若干个处置单元和构筑物组成，处置场有界限规定，主要包括废物预处理设施、废物填埋设施和渗透液收集处理设施

回收处置：通过废弃物分类和回收利用，可以减少废弃物的数量，减轻环境负担，节约资源

原位处置：将固体废弃物进行固化或者封存，不用转移运输，直接在原地进行处理，减少污染物的扩散

化学处置：通过化学反应来处理废弃物，将废弃物进行中和处理等，减少有害物质的含量

类别

固体废物	
工业固体废物	移交具有相关环保行政许可的企业事业单位进行后续环保处置
生活垃圾	
建筑垃圾、农业固体废物等	
危险废物	根据物品性质类别交具有相应环保部门核发的《危险废物经营许可》的服务商处置

注意事项

1. 物品处置应当促进固体废物的综合利用、降低固体废物的危害性，最大限度降低固体废物填埋数量；
2. 不得擅自倾倒、堆放、丢弃、撒遗固体废物等；
3. 处置危险废物，应当充分征求有关行业协会、企业事业单位和专家意见，制定相关处置工作预案等；
4. 严格按照危险废物特性分类处置，确保收集、贮存、利用、处置物品符合环保要求等

合作方式　公开、公平、公正通过政府采购选择服务商

四十六、公安机关涉案财物管理工作示意图

公安机关涉案财物管理工作

公安机关应当完善涉案财物管理制度，建立办案部门与保管部门、办案人员与保管人员相互制约制度

公安机关应当指定一个部门作为涉案财物管理部门，负责对涉案财物实行统一管理

公安机关应当建立涉案财物集中管理信息系统，对涉案财物信息进行实时、全程录入和管理，并与执法办案信息系统关联

涉案财物管理部门

应当设立或指定账户

应当设立或指定专门保管场所集中管理

作为本机关涉案款项管理的唯一合规账户

对各办案部门经手的全部涉案财物或者价值较大、管理难度较高的涉案财物进行集中保管

涉案财物管理人员应当对所有涉案财物逐一编号，并将案由、来源、财物基本情况、保管状态、场所和去向等信息录入信息系统

各办案部门

涉案财物集中保管的范围，由地方公安机关根据本地区实际情况确定

办案部门扣押涉案钱款后，应当立即对涉案款项逐案建立明细账，存入唯一合规账户，并将存款回执交办案部门附卷保存

可以设置专门的场所

对于具有特定特征、能够证明某些案件事实而需要作为证据使用的现金，应当交由涉案财物管理部门或者办案部门涉案财物管理人员，作为涉案物品进行管理，不再存入唯一合规账户

对各办案部门经手的全部涉案财物或者价值较大、管理难度较高的涉案财物进行集中保管

四十七、公安机关涉案财物管理场所和交接要求工作示意图

公安机关涉案财物管理场所和交接要求

涉案财物管理场所要求

对于不同案件、不同种类的涉案财物，应当分案、分类保管

涉案财物保管场所和保管措施应当适合被保管财物的特性，符合防火、防盗、防潮、防蛀、防磁、防腐蚀等安全要求。涉案财物保管场所应当安装视频监控设备，并配备必要的储物容器、一次性储物袋、计量工具等物品

有条件的地方，可以会同人民法院、人民检察院等部门，建立多部门共用的涉案财物管理中心，对涉案财物进行统一管理

对于易燃、易爆、毒害性、放射性等危险物品，鲜活动植物，大宗物品，车辆、船舶、航空器等大型交通工具，以及其他对保管条件、保管场所有特殊要求的涉案财物，应当存放在符合条件的专门场所

依法对文物、金银、珠宝、名贵字画等贵重财物采取查封、扣押、扣留等措施的，应当拍照或者录像，并及时鉴定、估价；必要时，可以实行双人保管

公安机关没有具备保管条件的场所的，可以委托具有相应条件、资质或者管理能力的单位代为保管

未经涉案财物管理部门或者管理涉案财物的办案部门负责人批准，除保管人员以外的其他人员不得进入涉案财物保管场所

涉案财物管理交接时限

办案人员依法提取涉案财物后，应当在24小时以内按照规定将其移交涉案财物管理部门或者本部门的涉案财物管理人员，并办理移交手续

对于采取查封、冻结、先行登记保存等措施后不在公安机关保管的涉案财物，办案人员应当在采取有关措施后的24小时以内，将相关法律文书和清单的复印件移交涉案财物管理人员，并予以登记

因情况紧急，需要在提取后的24小时以内开展鉴定、辨认、检验、检查等工作的，经办案部门负责人批准，可以在上述工作完成后的24小时以内将涉案财物移交涉案财物管理人员，并办理移交手续

异地办案或者在偏远、交通不便地区办案的，应当在返回办案单位后的24小时以内办理移交手续；行政案件在提取后的24小时以内已将涉案财物处理完毕的，可以不办理移交手续，但应当将处理涉案财物的相关手续附卷保存

涉案财物管理人员对办案人员移交的涉案财物，应当对照有关法律文书当场验收核对、登记入册，并与办案人员共同签名

对于缺少法律文书、法律文书对必要事项记载不全或者实物与法律文书记载严重不符的，涉案财物管理人员可以拒绝接收涉案财物，并应当要求办案人员补齐相关法律文书、信息或者财物

四十八、公安机关涉案财物处置工作要求示意图

公安机关涉案财物处置工作要求	随案移交要求	1. 公安机关应当依据有关法律规定，及时办理涉案财物的移送、返还、变卖、拍卖、销毁、上缴国库等工作； 2. 刑事案件中作为证据使用的涉案财物，应当随案移送；对于危险品、大宗大型物品以及容易腐烂变质等不宜随案移送的物品，应当移送相关清单、照片或者其他证明文件
	撤案情形	对于刑事案件依法撤销、行政案件因违法事实不能成立而作出不予行政处罚决定的，除依照法律、行政法规有关规定另行处理的以外，公安机关应当解除对涉案财物采取的相关措施并将其返还当事人
	不起诉情形	人民检察院决定不起诉、人民法院作出无罪判决，涉案财物由公安机关管理的，公安机关应当根据人民检察院的书面通知或者人民法院的生效判决，解除对涉案财物采取的相关措施并将其返还当事人
	判决情形	人民法院作出有罪判决，涉案财物由公安机关管理的，公安机关应当根据人民法院的生效判决，对涉案财物作出处理。人民法院的判决没有明确涉案财物如何处理的，公安机关应当征求人民法院意见
	先行处置要求	1. 对于因自身材质原因易损毁、灭失、腐烂、变质而不宜长期保存的食品、药品及其原材料等物品，长期不使用容易导致机械性能下降、价值贬损的车辆、船舶等物品，市场价格波动大的债券、股票、基金份额等财产和有效期即将届满的汇票、本票、支票等，权利人明确的，经其本人书面同意或者申请，并经县级以上公安机关主要负责人批准，可以依法变卖、拍卖，所得款项存入本单位唯一合规账户；其中，对于冻结的债券、股票、基金份额等财产，有对应的银行账户的，应当将变现后的款项继续冻结在对应账户中。 2. 对涉案财物的变卖、拍卖应当坚持公开、公平原则，由县级以上公安机关商本级人民政府财政部门统一组织实施，严禁暗箱操作。 3. 善意第三人等案外人与涉案财物处理存在利害关系的，公安机关应当告知其相关诉讼权利

退、赔款处置要求	对于违法行为人、犯罪嫌疑人或者其家属给予被害人退、赔款物的	办案部门不得将退、赔款物作为涉案财物扣押或者暂存	办案民警应当通知其向被害人或者其家属直接交付，并将退、赔情况及时告知办案部门	被害人或者其家属不愿意当面接收的，公安机关可以记录其银行账号，通知违法行为人、犯罪嫌疑人或者其家属、亲友，将退、赔款项汇入被害人或者其家属的银行账号	办案部门应当将双方的退、赔协议或者交付手续复印附卷，并将退、赔情况记录在案

四十九、海关罚没财物管理职责和权限示意图

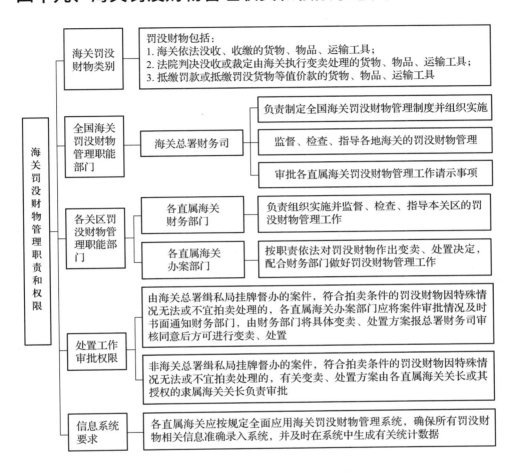

五十、海关罚没财物管理场所和交接工作要求示意图

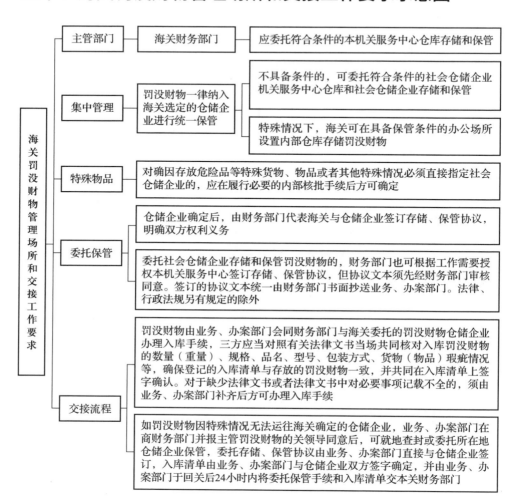

海关罚没财物管理场所和交接工作要求

主管部门 → 海关财务部门 → 应委托符合条件的本机关服务中心仓库存储和保管

集中管理 → 罚没财物一律纳入海关选定的仓储企业进行统一保管
- 不具备条件的，可委托符合条件的社会仓储企业机关服务中心仓库和社会仓储企业存储和保管
- 特殊情况下，海关可在具备保管条件的办公场所设置内部仓库存储罚没财物

特殊物品 → 对确因存放危险品等特殊货物、物品或者其他特殊情况必须直接指定社会仓储企业的，应在履行必要的内部核批手续后方可确定

委托保管
- 仓储企业确定后，由财务部门代表海关与仓储企业签订存储、保管协议，明确双方权利义务
- 委托社会仓储企业存储和保管罚没财物的，财务部门也可根据工作需要授权本机关服务中心签订存储、保管协议，但协议文本须先经财务部门审核同意。签订的协议文本统一由财务部门书面抄送业务、办案部门。法律、行政法规另有规定的除外

交接流程
- 罚没财物由业务、办案部门会同财务部门与海关委托的罚没财物仓储企业办理入库手续，三方应当对照有关法律文书当场共同核对入库罚没财物的数量（重量）、规格、品名、型号、包装方式、货物（物品）瑕疵情况等，确保登记的入库清单与存放的罚没财物一致，并共同在入库清单上签字确认。对于缺少法律文书或者法律文书中对必要事项记载不全的，须由业务、办案部门补齐后方可办理入库手续
- 如罚没财物因特殊情况无法运往海关确定的仓储企业，业务、办案部门在商财务部门并报主管罚没财物的关领导同意后，可就地查封或委托所在地仓储企业保管，委托存储、保管协议由业务、办案部门直接与仓储企业签订，入库清单由业务、办案部门与仓储企业双方签字确定，并由业务、办案部门于回关后24小时内将委托保管手续和入库清单交本关财务部门

五十一、海关罚没财物常见物品处置要求示意图

海关罚没财物常见物品处置要求		
处置原则		除法律法规另有规定或因特殊情况不宜公开拍卖的罚没财物外，海关罚没财物应采取公开拍卖的处理方式
		海关罚没财物的拍卖权应坚持综合评价与集体决策相结合的原则合理确定。有条件的海关也可以通过竞价、摇珠等方式确定海关罚没财物的拍卖权。
处置流程		对应由财务部门变卖、处置的罚没财物，海关业务、办案部门应及时书面通知财务部门，并随附变卖、处置所需齐全有效的法律文书和单证。财务部门应在收到业务、办案部门出具书面变卖、处置通知之日起15个工作日内纳入、变卖、处置程序
需要检验、检疫、鉴定的物品		由海关业务、办案部门按照《中华人民共和国进出口商品检验法》和《中华人民共和国进出境动植物检疫法》等规定送交有关行政主管部门或其认可的检验、检疫、鉴定机构办理
		送检合格的，由财务部门进行变卖、处置；送检不合格的或因数量零星等原因不宜送检的，由业务办案部门处理或销毁
量小价低的物品		经价格评估或按照市场估价后，财务部门可交由海关备案认可的拍卖企业拍卖，或由具有相关经营资质的企业收购。其中，对鲜活品，财务部门可会同业务、办案部门采取现场竞价的方式处置
先行处置的物品		1. 危险品：如爆炸品，压缩气体和液化气体，有毒害、会引起细菌感染的化学品，易燃品，腐蚀品以及带有放射性危及人体健康的货物、物品等；2. 鲜活品：新鲜、有生命力的活体，如新鲜水果、活体动物和活体植物等；3. 易腐品：容易腐烂变质的货物、物品，如冻品、有保质期的食品；4. 易失效品：有使用期的相纸、胶片、化妆品、容易失去使用价值的电子产品等；5. 不及时变卖、处置将造成所有人重大损失，并由当事人或所有人申请先行变卖的货物、物品、运输工具；6. 其他不宜长期保存的货物、物品：如更新换代快的应市商品，以及不及时变卖、处置仓储费开支将大量增加的货物、物品等
特殊物品处理方式		按规定取得《没收走私汽车、摩托车证明书》的罚没进出口汽车、摩托车等车辆，由财务部门委托有拍卖走私罚没车辆资格的拍卖企业拍卖。不能取得《没收走私汽车、摩托车证明书》的进口车辆，由财务部门按照《中华人民共和国报废汽车回收管理办法》有关规定予以处理
		海关依法罚没的走私卷烟（含雪茄）一律实行销毁处理，销毁工作由海关组织实施，查扣地烟草专卖行政主管部门配合销毁。海关扣留、扣押的涉嫌走私卷烟，应存放在海关与查扣地烟草专卖行政主管部门共同认定场所，由海关负责保管。其他罚没的烟草专卖品仍按有关规定委托国家烟草专卖主管部门批准的具备经营权的拍卖企业拍卖或收购
		依法没收的成品油由财务部门按有关规定交中国石油天然气机关公司或中国石油化工公司所属石油批发企业统一收购
		没收、追缴的文物统一由财务部门负责移交给省级文物行政主管部门
		须退运的，由海关业务、办案部门责令货物收货人或其所有人或承运人退运出境。无法退运，须作销毁、焚烧、填埋等无害化处理的，由海关业务、办案部门按有关规定组织处置；无法退运，但根据规定可变卖处理的，由财务部门按有关规定组织公开竞价或拍卖
		海关罚没的无船名船号、无船舶证书、无船籍港船舶（三无）及藏匿走私货物、物品的特制设备，应由业务办案部门会同有关部门作拆解处理；"三无"船舶也可经总署财务司审核并办理必要的手续作为执法用船，但不得改作他用

五十二、纪检监察机关涉案财物界定示意图

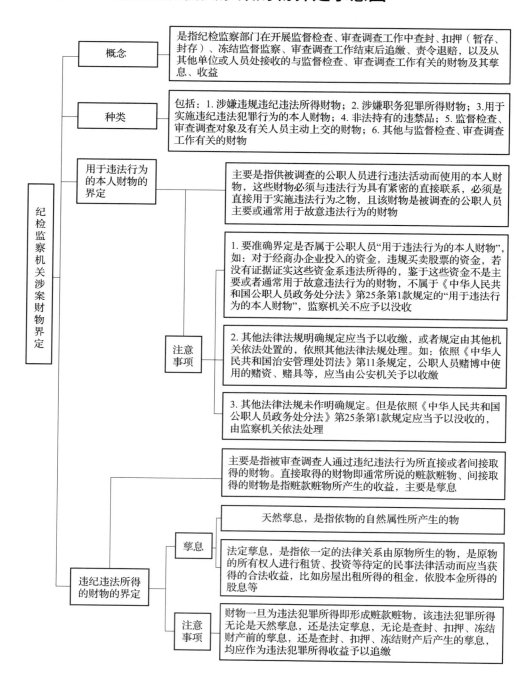

五十三、纪检监察机关登记上交涉案财物工作示意图

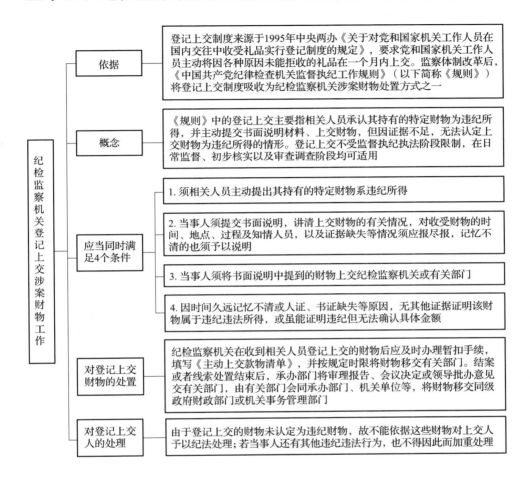

纪检监察机关登记上交涉案财物工作

依据
登记上交制度来源于1995年中央两办《关于对党和国家机关工作人员在国内交往中收受礼品实行登记制度的规定》，要求党和国家机关工作人员主动将因各种原因未能拒收的礼品在一个月内上交。监察体制改革后，《中国共产党纪律检查机关监督执纪工作规则》（以下简称《规则》）将登记上交制度吸收为纪检监察机关涉案财物处置方式之一

概念
《规则》中的登记上交主要指相关人员承认其持有的特定财物为违纪所得，并主动提交书面说明材料、上交财物，但因证据不足，无法认定上交财物为违纪所得的情形。登记上交不受监督执纪执法阶段限制，在日常监督、初步核实以及审查调查阶段均可适用

应当同时满足4个条件
1. 须相关人员主动提出其持有的特定财物系违纪所得

2. 当事人须提交书面说明，讲清上交财物的有关情况，对收受财物的时间、地点、过程及知情人员，以及证据缺失等情况须应报尽报，记忆不清的也须予以说明

3. 当事人须将书面说明中提到的财物上交纪检监察机关或有关部门

4. 因时间久远记忆不清或人证、书证缺失等原因，无其他证据证明该财物属于违纪违法所得，或虽能证明违纪但无法确认具体金额

对登记上交财物的处置
纪检监察机关在收到相关人员登记上交的财物后应及时办理暂扣手续，填写《主动上交款物清单》，并按规定时限将财物移交有关部门。结案或者线索处置结束后，承办部门将审理报告、会议决定或领导批办意见交有关部门，由有关部门会同承办部门、机关单位等，将财物移交同级政府财政部门或机关事务管理部门

对登记上交人的处理
由于登记上交的财物未认定为违纪财物，故不能依据这些财物对上交人予以纪法处理；若当事人还有其他违纪违法行为，也不得因此而加重处理

五十四、纪检监察机关处置涉案财物工作示意图

纪检监察机关处置涉案财物工作

纪检监察机关对涉案财物的处置方式
: 纪检监察部门对涉案财物的处置方式主要包括：1. 对被审查调查人涉嫌犯罪取得的财物，随案移送司法机关；2. 对被审查调查人员以及有关涉案单位和人员违纪违法所得财物（及其孳息收益），予以收缴（含没收、追缴）；3. 属于有关单位或个人合法财产的，责令退赔；4. 对审查调查人自述违规收受的财物，因证据缺失等原因纪检监察机关未认定为违纪违法所得的，按照规定予以登记上交；5. 对经认定不属于违规违纪违法所得的财物，（在案件审结后）予以返还（注：冻结、查封、扣押的财物、文件，经查明与案件无关的，应当在查明后3日内解除或者退还）；6. 其他符合法律法规规定的处理方式

监察机关对涉案财物的处置方式
: 1. 没收、追缴或者责令退赔。对调查人违法取得的财物，监察机关可以依法予以没收、追缴或者责令退赔，目的是防止职务违法的公职人员在经济上获得不正当利益，挽回职务违法行为给国家财产、集体财产和公民个人的合法财产造成的损失

: 2. 随案移送。对被调查人涉嫌犯罪取得的财物，监察机关应当在移送检察机关依法提起公诉时随案移送，以保证检察机关顺利开展审查起诉工作。对随案移送检察机关的财物，监察机关要制作涉案财物清单。与检察机关办理交接手续时，双方应当逐笔核对财物情况以及相对应的犯罪事实，做到心中有数

: 注意事项
: 在追究党纪责任时，纪检机关处置涉案财物的主要方式为"收缴"和"责令退赔"；在追究监察责任时，监察机关处置涉案财物的主要方式为"没收""追缴"和"责令退赔"。其中，追究党纪责任时对违纪所得予以"收缴"，相当于追究监察责任时对违法所得予以"没收"和"追缴"，通常针对的是违纪违法行为获得的财物及其孳息

移交
: 纪检监察机关在纪律审查中发现党员或监察对象有贪污贿赂、失职渎职等刑罚规定的行为涉嫌犯罪的，应当将涉嫌犯罪的问题或线索移送司法机关依法处理。其中，对于该涉嫌犯罪问题和线索相关的涉案财物，应随案移送司法机关；对其他与涉嫌犯罪问题无关的涉案财物，由纪检监察机关依纪依规进行处理

: 涉案财物移交司法机关后，对司法机关认为不构成犯罪，但构成违纪的涉案财物，司法机关应当按规定退回纪检监察机关依纪依规处理

移交后未被认定为犯罪的涉案财物意见
: 对于涉嫌犯罪涉案财物移送司法机关后，检察院、法院依法不认定为犯罪所得的相关涉案财物，应依据有关规定，退回纪检监察机关，由纪检监察机关区分不同情形提出处置意见：1. 可以认定为违纪违法所得的，由纪检监察部门予以收缴或没收，纪检办案部门应当督促司法机关予以退回，并提出处理意见，经案件审理部门审理，报经纪委常委会讨论决定后，予以处理；2. 依规现有证据难以认定为违纪违法所得，但本人交代系其违规收受他人的礼品，由其作出书面说明，按规定登记上交；3. 经纪检监察机关甄别，认定属于被审查调查人或其他人员合法财产的，应当依据生效判决依纪依法处置；对属本人的合法财产，如审判机关判处财产刑，应配合审判机关依法执行财产刑，剩余部分及时返还；如审判机关未判处财产刑，应及时返还；对其他人员的合法财产，应在生效判决作出后及时返还

五十五、纪检监察机关追缴涉案财物工作示意图

纪检监察机关追缴涉案财物工作

转移他人名下的情形

追缴已将违纪所得转至他人名下的涉案财物，应注意查清该涉案财物转移的时间、数额以及被转移人是否知情等情况后作出处理。如果被转移人明知该财物是违纪所得而帮助转移的，应当依纪依法予以收缴；如果被转让人并不知道该财物是违纪所得，而是通过正当合理的民事行为善意取得该财物所有权的，则不应继续向被转移人追缴，而应向被调查人追缴

违纪人员不肯退出非法所得的情形

违纪违法人员拒不执行退出非法所得的纪检监察决定，纪检监察机关可以要求其主管部门或者所在单位督促执行上述决定。确实无法要求违纪违法人员退出违纪违法所得，且违纪违法人员认错态度恶劣的，应将其作为从重情节，按照相应的党纪法律规定从重处理。涉嫌犯罪的，应当移送司法机关审查起诉或依法处理

违纪违法人员的主管部门或所在单位拒绝协助纪检监察机关追缴非法所得，包庇、祖护违纪违法人员的，纪检监察机关可根据相关规定给予直接责任人员相应的处分

对违规从事营利活动所获利益的处理

领导干部违反规定从事营利活动的，应当追究其党纪政纪（务）责任；同时将其违纪行为所获得的经济利益予以收缴

如果领导干部违反规定从事营利活动所获利益，是通过付出一定的劳动、资金投入取得的，甚至还有承担一定投资风险和经营风险，则在对其所获利益进行收缴时，应当采取收缴扣除合理成本后的净收益的方式

如果领导干部违反规定从事营利活动，是与他人合作或合资经商办企业的，不能随意将他人的经济利益予以收缴

特定关系人收受财物的情形

党员领导干部利用职权或者职务上的影响为他人谋取利益，本人的配偶、子女及其配偶等亲属和其他特定关系人收受对方财物，而党员领导干部本人不知情的，应当追究领导干部党纪责任，并由该党员干部、其子女配偶等亲属和其他特定关系人将该钱款上交组织，组织经审查后予以收缴

五十六、检察院涉案财物管理职责分工示意图

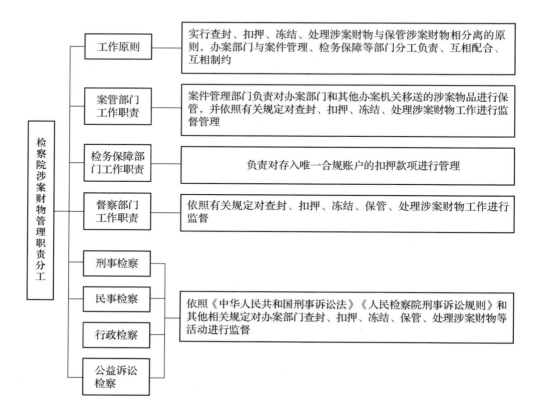

五十七、检察院涉案财物侦查终结处理工作示意图

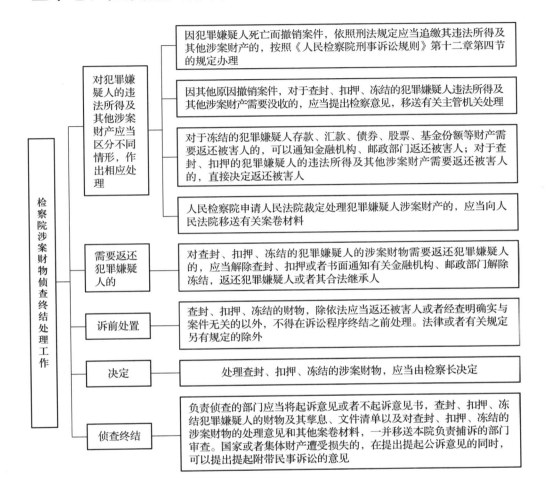

五十八、检察院涉案财物审查起诉工作要求示意图

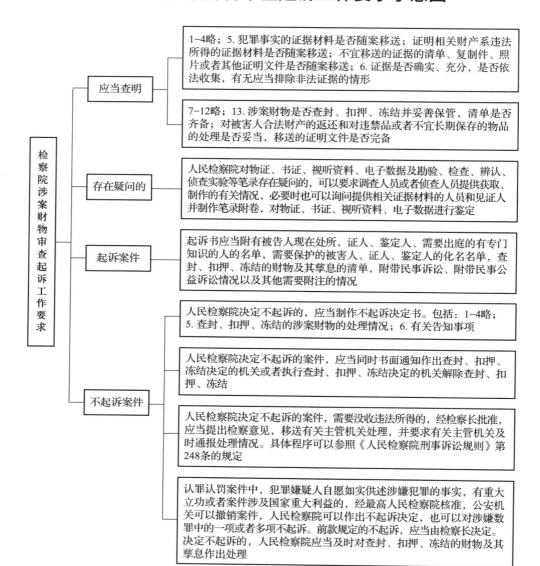

检察院涉案财物审查起诉工作要求

应当查明

1-4略；5. 犯罪事实的证据材料是否随案移送；证明相关财产系违法所得的证据材料是否随案移送；不宜移送的证据的清单、复制件、照片或者其他证明文件是否随案移送；6. 证据是否确实、充分，是否依法收集，有无应当排除非法证据的情形

7-12略；13. 涉案财物是否查封、扣押、冻结并妥善保管，清单是否齐备；对被害人合法财产的返还和对违禁品或者不宜长期保存的物品的处理是否妥当，移送的证明文件是否完备

存在疑问的

人民检察院对物证、书证、视听资料、电子数据及勘验、检查、辨认、侦查实验等笔录存在疑问的，可以要求调查人员或者侦查人员提供获取、制作的有关情况，必要时也可以询问提供相关证据材料的人员和见证人并制作笔录附卷，对物证、书证、视听资料、电子数据进行鉴定

起诉案件

起诉书应当附有被告人现在处所，证人、鉴定人、需要出庭的有专门知识的人的名单，需要保护的被害人、证人、鉴定人的化名名单，查封、扣押、冻结的财物及其孳息的清单，附带民事诉讼、附带民事公益诉讼情况以及其他需要附注的情况

不起诉案件

人民检察院决定不起诉的，应当制作不起诉决定书。包括：1-4略；5. 查封、扣押、冻结的涉案财物的处理情况；6. 有关告知事项

人民检察院决定不起诉的案件，应当同时书面通知作出查封、扣押、冻结决定的机关或者执行查封、扣押、冻结决定的机关解除查封、扣押、冻结

人民检察院决定不起诉的案件，需要没收违法所得的，经检察长批准，应当提出检察意见，移送有关主管机关处理，并要求有关主管机关及时通报处理情况。具体程序可以参照《人民检察院刑事诉讼规则》第248条的规定

认罪认罚案件中，犯罪嫌疑人自愿如实供述涉嫌犯罪的事实，有重大立功或者案件涉及国家重大利益的，经最高人民检察院核准，公安机关可以撤销案件，人民检察院可以作出不起诉决定，也可以对涉嫌数罪中的一项或者多项不起诉。前款规定的不起诉，应当由检察长决定。决定不起诉的，人民检察院应当及时对查封、扣押、冻结的财物及其孳息作出处理

五十九、法院涉案财物审理判决工作示意图

	保管	人民法院对查封、扣押、冻结的涉案财物及其孳息，应当妥善保管，并制作清单，附卷备查；对人民检察院随案移送的实物，应当根据清单核查后妥善保管。任何单位和个人不得挪用或者自行处理
	返还	对被害人的合法财产，权属明确的，应当依法及时返还，但须经拍照、鉴定、估价，并在案卷中注明返还的理由，将原物照片、清单和被害人的领取手续附卷备查；权属不明的，应当在人民法院判决、裁定生效后，按比例返还被害人，但已获退赔的部分应予扣除
	随案移交	对作为证据使用的实物，应当随案移送。第一审判决、裁定宣告后，被告人上诉或者人民检察院抗诉的，第一审人民法院应当将上述证据移送第二审人民法院
法院涉案财物审理判决工作	未随案移送的实物	对实物未随案移送的，应当根据情况，分别审查以下内容： 1.大宗的、不便搬运的物品，是否随案移送查封、扣押清单，并附原物照片和封存手续，注明存放地点等； 2.易腐烂、霉变和不易保管的物品，查封、扣押机关变卖处理后，是否随案移送原物照片、清单、变价处理的凭证（复印件）等； 3.枪支弹药、剧毒物品、易燃易爆物品以及其他违禁品、危险物品，查封、扣押机关根据有关规定处理后，是否随案移送原物照片和清单等。 上述未随案移送的实物，应当依法鉴定、估价的，还应当审查是否附有鉴定、估价意见。对查封、扣押的货币、有价证券等，未移送实物的，应当审查是否附有鉴定、估价意见
	无主物	判决返还被害人的涉案财物，应当通知被害人认领；无人认领的，应当公告通知；公告满1年无人认领的，应当上缴国库；上缴国库后有人认领，经查证属实的，应当申请退库予以返还；原物已经拍卖、变卖的，应当返还价款。对侵犯国有财产的案件，被害单位已经终止且没有权力义务继受人，或者损失已经被核销的，查封、扣押、冻结的财物及其孳息应当上缴国库
	未判决物品	第二审期间，发现第一审判决未对随案移送的涉案财物及其孳息作出处理的，可以裁定撤销原判，发回原审人民法院重新审判，由原审人民法院依法对涉案财物及其孳息一并作出处理。判决生效后，发现原判未对随案移送的涉案财物及其孳息作出处理的，由原审人民法院依法对涉案财物及其孳息另行作出处理
	处置主体	随案移送的或者人民法院查封、扣押的财物及其孳息，由第一审人民法院在判决生效后负责处理
		实物未随案移送的，由扣押机关保管的，人民法院应在判决生效后10日以内，将判决书、裁定书送达扣押机关，并告知其在1个月以内将执行回单送回，确因客观原因无法按时完成的，应当说明原因
	其他要求	对冻结的存款、汇款、债券、股票、基金份额等财产判决没收的，第一审人民法院应当在判决生效后，将判决书、裁定书送达相关金融机构和财政部门，通知相关金融机构依法上缴国库并在接到执行通知书后15日以内，将上缴国库的凭证、执行回单送回
		查封、扣押、冻结的财物与本案无关但已列入清单的，应当由查封、扣押、冻结机关依法处理
		查封、扣押、冻结的财物属于被告人合法所有的，应当赔偿被害人损失，执行财产刑后应及时返还被告人

六十、法院涉案财物审理工作要求示意图

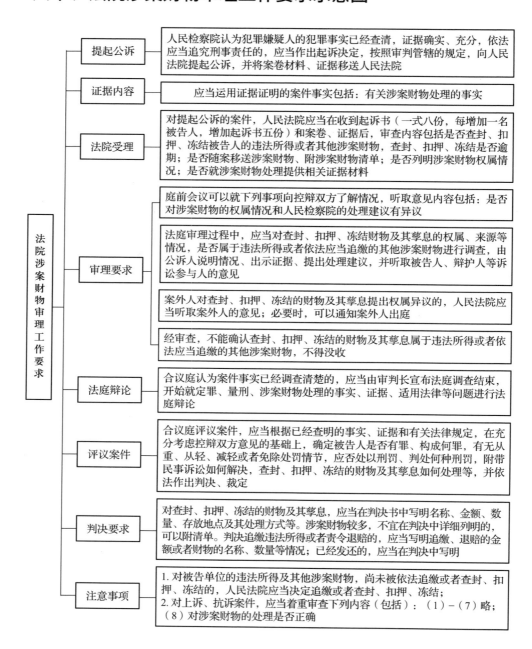

法院涉案财物审理工作要求

提起公诉
人民检察院认为犯罪嫌疑人的犯罪事实已经查清，证据确实、充分，依法应当追究刑事责任的，应当作出起诉决定，按照审判管辖的规定，向人民法院提起公诉，并将案卷材料、证据移送人民法院

证据内容
应当运用证据证明的案件事实包括：有关涉案财物处理的事实

法院受理
对提起公诉的案件，人民法院应当在收到起诉书（一式八份，每增加一名被告人，增加起诉书五份）和案卷、证据后，审查内容包括是否查封、扣押、冻结被告人的违法所得或者其他涉案财物，查封、扣押、冻结是否逾期；是否随案移送涉案财物、附涉案财物清单；是否列明涉案财物权属情况；是否就涉案财物处理提供相关证据材料

审理要求
庭前会议可以就下列事项向控辩双方了解情况，听取意见内容包括：是否对涉案财物的权属情况和人民检察院的处理建议有异议

法庭审理过程中，应当对查封、扣押、冻结财物及其孳息的权属、来源等情况，是否属于违法所得或者依法应当追缴的其他涉案财物进行调查，由公诉人说明情况、出示证据、提出处理建议，并听取被告人、辩护人等诉讼参与人的意见

案外人对查封、扣押、冻结的财物及其孳息提出权属异议的，人民法院应当听取案外人的意见；必要时，可以通知案外人出庭

经审查，不能确认查封、扣押、冻结的财物及其孳息属于违法所得或者依法应当追缴的其他涉案财物，不得没收

法庭辩论
合议庭认为案件事实已经调查清楚的，应当由审判长宣布法庭调查结束，开始就定罪、量刑、涉案财物处理的事实、证据、适用法律等问题进行法庭辩论

评议案件
合议庭评议案件，应当根据已经查明的事实、证据和有关法律规定，在充分考虑控辩双方意见的基础上，确定被告人是否有罪、构成何罪，有无从重、从轻、减轻或者免除处罚情节，应否处以刑罚、判处何种刑罚，附带民事诉讼如何解决，查封、扣押、冻结的财物及其孳息如何处理等，并依法作出判决、裁定

判决要求
对查封、扣押、冻结的财物及其孳息，应当在判决书中写明名称、金额、数量、存放地点及其处理方式等。涉案财物较多，不宜在判决中详细列明的，可以附清单。判决追缴违法所得或者责令退赔的，应当写明追缴、退赔的金额或者财物的名称、数量等情况；已经发还的，应当在判决中写明

注意事项
1. 对被告单位的违法所得及其他涉案财物，尚未被依法追缴或者查封、扣押、冻结的，人民法院应当决定追缴或者查封、扣押、冻结；
2. 对上诉、抗诉案件，应当着重审查下列内容（包括）：（1）－（7）略；（8）对涉案财物的处理是否正确

六十一、法院涉案财物执行处置工作示意图

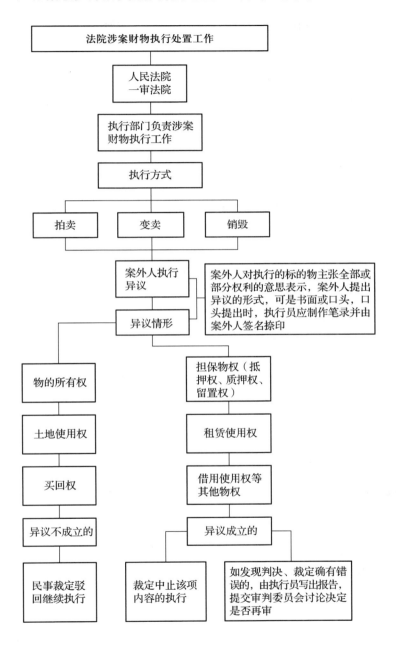

六十二、上海市浦东新区公检法涉案财物共管工作设计示意图

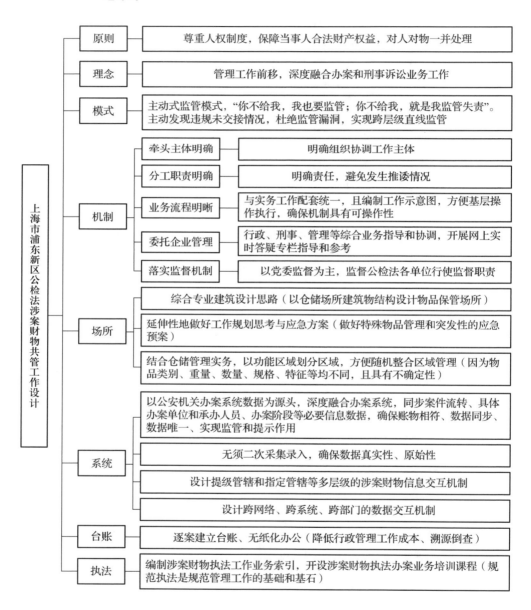

	原则	尊重人权制度，保障当事人合法财产权益，对人对物一并处理
	理念	管理工作前移，深度融合办案和刑事诉讼业务工作
	模式	主动式监管模式，"你不给我，我也要监管；你不给我，就是我监管失责"。主动发现违规未交接情况，杜绝监管漏洞，实现跨层级直线监管

机制
- 牵头主体明确：明确组织协调工作主体
- 分工职责明确：明确责任，避免发生推诿情况
- 业务流程明晰：与实务工作配套统一，且编制工作示意图，方便基层操作执行，确保机制具有可操作性
- 委托企业管理：行政、刑事、管理等综合业务指导和协调，开展网上实时答疑专栏指导和参考
- 落实监督机制：以党委监督为主，监督公检法各单位行使监督职责

场所
- 综合专业建筑设计思路（以仓储场所建筑物结构设计物品保管场所）
- 延伸性地做好工作规划思考与应急方案（做好特殊物品管理和突发性的应急预案）
- 结合仓储管理实务，以功能区域划分区域，方便随机整合区域管理（因为物品类别、重量、数量、规格、特征等均不同，且具有不确定性）

系统
- 以公安机关办案系统数据为源头，深度融合办案系统，同步案件流转、具体办案单位和承办人员、办案阶段等必要信息数据，确保账物相符、数据同步、数据唯一、实现监管和提示作用
- 无须二次采集录入，确保数据真实性、原始性
- 设计提级管辖和指定管辖等多层级的涉案财物信息交互机制
- 设计跨网络、跨系统、跨部门的数据交互机制

台账
- 逐案建立台账、无纸化办公（降低行政管理工作成本、溯源倒查）

执法
- 编制涉案财物执法工作业务索引，开设涉案财物执法办案业务培训课程（规范执法是规范管理工作的基础和基石）

上海市浦东新区公检法涉案财物共管工作设计

六十三、上海市浦东新区公检法涉案财物共管工作职责分工示意图

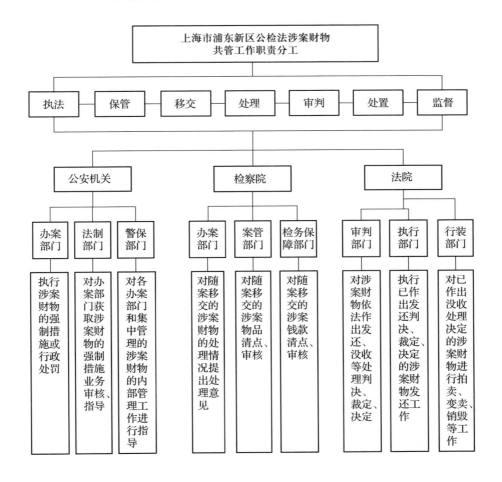

六十四、上海市浦东新区公检法涉案财物共管工作法律监督示意图

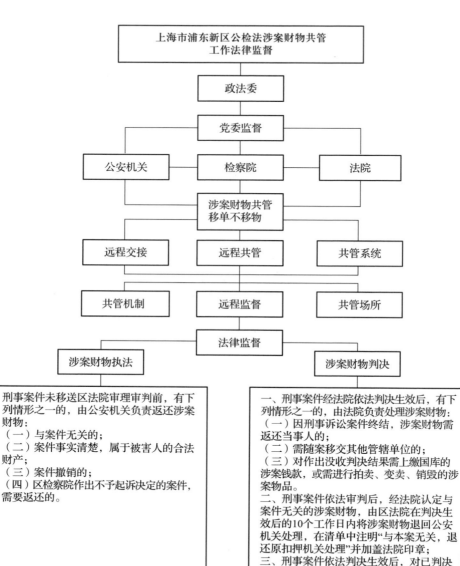

六十五、上海市浦东新区公检法涉案财物执法和管理检查示意图

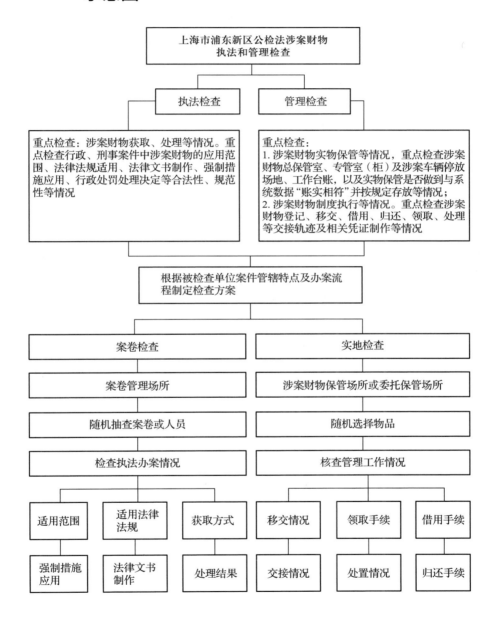

六十六、警银通涉案钱款管理工作示意图

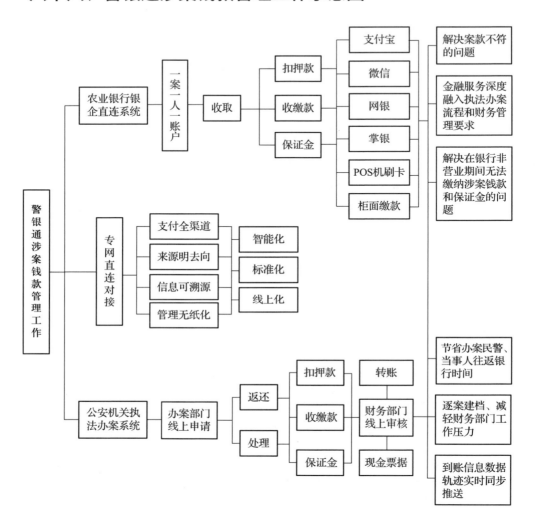

六十七、警银通涉案钱款管理数据信息安全工作示意图

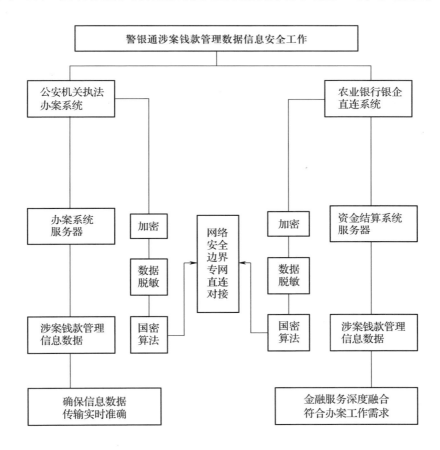

第二部分

案 例 评 析

一、行政收缴案例

涉案人员王某驾驶助动车非法运输 1 个液化气钢瓶，被公安机关办案民警查获。公安机关对王某作出了行政拘留的行政处罚，并收缴了王某的液化气钢瓶。

案例评析

根据《中华人民共和国治安管理处罚法》第十一条规定："办理治安案件所查获的毒品、淫秽物品等违禁品，赌具、赌资，吸食、注射毒品的用具以及直接用于实施违反治安管理行为的本人所有的工具，应当收缴，按照规定处理。"上述案件中，液化气钢瓶非用于非法运输的作案工具（交通工具），也不符合应当收缴的条件。此外，根据合理行政基本原则，应当考虑行政处罚的适当性，避免采用损害当事人权益的方式实现行政目的。

二、行政追缴案例

李某和邻居沈某因邻里纠纷发生冲突，李某拿起邻居汪某放在家门口的拖把对沈某进行殴打，致使沈某受轻微伤。办案民警对拖把进行了证据保全，认定其为作案工具。该案中，办案部门对李某作出了行政处罚，并对该拖把作出了追缴的强制措施决定。

案例评析

根据《中华人民共和国治安管理处罚法》第十一条规定："办理治安案件所查获的毒品、淫秽物品等违禁品，赌具、赌资、吸食、注射毒品的用具以及直接用于实施违反治安管理行为的本人所有的工具，应当收缴，按照规定处理。"首先，该案中的拖把只是李某实施违法行为时临时起意所用的属于他人所有的生活物品，用于对沈某实施伤害行为。该物品并非李某所有，也非专门用于实施违法行为用途的作案工具，而有其本身的使用价值，所以不能对该拖把作出收缴的处理决定。其次，追缴的处理决定应当应用于对当事人违法所得的情形，而该案中李某对拖把并无盗窃的意愿，无占有的主观意愿，只是临时使用拖把实施殴打他人的违法行为，故也非李某的违法所得，所以也不宜应用追缴的行政强制措施。

三、行政没收案例

某卖淫嫖娼行政案件中，公安机关办案民警对涉案人员作出了行政拘留的行政处罚，同时对其卖淫的违法所得又作出了没收其违法所得的行政处罚。

案例评析

行政拘留和行政没收都属于行政处罚。根据《中华人民共和国治安管理处罚法》第六十六条规定："卖淫、嫖娼的，处十日以上十五日以下拘留，可以并处五千元以下罚款；情节较轻的，处五日以下拘留或者五百元以下罚款。"根据该条内容，公安机关可以对当事人作出行政拘留处罚，并处罚款，但该条款并无没收违法所得的规定。根据合法行政原则，执法机关不得擅自作出其他行政处罚。

四、刑事调取案例

某刑事案件中，涉案人员张某盗窃了被害人的名牌手表，随后，张某将盗窃的手表存放于父母家中。公安机关办案民警至涉案人员张某父母王某家处调取证据，办案民警对涉案人员张某盗窃的手表开具了调取清单，并由其父母签名。

案例评析

调取的法律依据是《中华人民共和国刑事诉讼法》（以下简称：《刑事诉讼法》）第五十四条："人民法院、人民检察院和公安机关有权向有关单位和个人收集、调取证据。有关单位和个人应当如实提供证据。"调取的法律依据是针对证据的种类及来源作出规范和调整，属于任意性侦查措施，并非强制性侦查措施，不带有强制性；且依据《刑事诉讼法》第一百四十五条和二百四十五条，在这两条内容中，均无对于适用调取情形的返还依据。同时，对于扣押的工作，为保障当事人合法权益，根据《刑事诉讼法》第一百四十一条，办案民警应当对赃物开具扣押清单、制作扣押笔录、全程录音录像等，确保对证据合法性和取得的规范性，而对调取工作并无此要求。

五、刑事没收案例

某假冒注册商标案件的刑事案件中，法院未对涉案财物作出依法判决。公安机关办案民警对涉案财物依据《中华人民共和国刑法》第六十四条提出没收的处理意见，拍卖涉案财物。

案例评析

没收是《中华人民共和国刑法》规定的财产罚，应当依据刑事诉讼程序由人民法院依法对当事人的涉案财物作出判决。该案法院未对涉案财物作出判决，应当由法院依法裁定、重审或启动再审程序对涉案财物作出处理，而非由公安机关在无法律依据的条件下对物品提出处理意见。此外，假冒注册商标物品属于侵犯注册商标专用权的物品，不得在正常的经济市场进行拍卖、流通，应当予以销毁。刑事案件的没收是针对犯罪嫌疑人、被告人逃匿、死亡案件违法所得及其他涉案财产采取强制性处理的特别程序。上述案件不符合该特别程序的应用条件，也不符合《中华人民共和国刑事诉讼法》规定的涉案财物处置要求。

六、胡某进强奸罪刑事没收案

胡某进和妻子赵某某与受害人王某某系朋友关系，2021年1月31日18时8分，胡某进打电话问王某某在哪里，王某某告知其在家里，18时22分胡某进打电话让王某某出来，之后王某某上了胡某进所有的贵E×轿车，胡某进对其意图实施强奸。遭到王某某抵抗后，胡某进放弃强奸，将车开到宏胜汽车养护中心门口路边停车时，王某某便打开车门跑到"好声音"KTV找胡某进妻子赵某某并将事情告诉赵某某，赵某某打电话给胡某进后，胡某进到"好声音"KTV接走王某某和赵某某，二人将王某某送回家。

贵州省晴隆县人民检察院指控原审被告人胡某进犯强奸罪，晴隆县人民法院（以下简称晴隆法院）于2021年8月26日作出如下判决：1.被告人胡某进犯强奸罪，判处有期徒刑10个月。2.随案移送供犯罪所用白色起亚K3（贵E×）轿车一辆、车钥匙一把、行驶证一本，予以没收。

宣判后，原审被告人胡某进不服，上诉至黔西南布依族苗族自治州中级人民法院（以下简称黔西南中院）。胡某进提出其"主动投案，如实供述犯罪事实，系自首，有犯罪中止情节，量刑过重及贵E×车辆未过户，不是犯罪工具，不应被没收"。辩护人以"被告人在主动中止犯罪后，有自首、坦白、自愿认罪悔罪等法定从轻、减轻处罚情节，犯罪没有造成任何伤害后果，应在6个月内处罚。所驾驶车辆是家庭用车，案发当天不是以该车实施犯罪为目的，该车不应认定为犯罪工具"的意见为胡某进辩护。

黔西南中院认为，胡某进违背妇女意志，强行与妇女发生性关系，其行为已构成强奸罪。在实施强奸犯罪过程中，胡某进主动放开受害人，其行为构成犯罪中止。胡某进到案后如实供述犯罪事实，其行为构成自首，一审法院根据其犯罪事实、性质、情节及社会危害程度，已依法对其减轻处罚，量刑适当。因此对其上诉所提"主动投案，如实供述犯罪事实，系自首，有犯罪中止情节，量刑过重"的上诉理由及辩护人所提"犯罪没有造成任何伤害后果，应在6个月内处罚"的辩护意见不予采纳。

关于胡某进所提"贵E×车辆未过户，不是犯罪工具，不应被没收"的上诉理由及辩护人所提被告人"所驾驶车辆是家庭用车，案发当天不是以该车实施犯罪为目的，不应认定为犯罪工具"的辩护意见，经查，该车辆系胡某进之前车辆被回某燕撞坏后，由回某燕个人购买同款新车进行赔偿，实际权利人为胡某进。对于该车是否属于犯罪工具应予以没收，虽然胡某进系在该车内对被害人王某某实施了强奸犯罪，但根据被害人陈述及胡某进的供述，该车并非为实施强奸犯罪而事前准备，平时主要用途为家庭生活，不应认定为犯罪工具。据此，黔西南中院对胡某进所提该上诉理由及辩护人所提该辩护意见予以采纳。晴隆法院对该车予以没收不当，黔西南中院予以纠正。

综上，黔西南中院在维持晴隆县法院判决主文第一项，即被告人胡某进犯强奸罪，判处有期徒刑 10 个月的基础上，撤销了没收涉案财物的判决，把随案移送白色起亚 K3（贵 E×）轿车一辆、车钥匙一把、行驶证一本，发还胡某进。

案例评析

本案系涉案财物认定错误的典型案例。涉及公检法在办案过程中的核心问题之一，即判断何为"涉案"财物的标准。

本案中，胡某进因犯强奸罪被法院依法判处有期徒刑。由于其意图实施强奸的地点是在自家汽车内，因而公安机关将胡某进的私家车白色起亚 K3 作为涉案财物没收，并经由公安、检察院、法院等不同机关的法律程序，由晴隆法院判决没收涉案财物。黔西南中院虽然维持了强奸罪的判决，但撤销了一审法院没收汽车的判决。质言之，黔西南中院对涉案财物的认定与一审法院存在相反的意见。

对于该车是否属于犯罪工具应予以没收，晴隆法院认为，胡某进系在车内实施犯罪，且该车的所有人是胡某进本人；黔西南中院认为，虽然胡某进系在该车内对被害人王某某实施了强奸犯罪，但根据被害人陈述及胡某进的供述，该车并非为实施强奸犯罪而事前准备，平时主要用途为家庭生活，不应认定为犯罪工具。

所谓涉案财物，是指公安机关、国安机关、海关、检察院、法院等单位在办理行政或者刑事案件中依法实施查封、扣押、冻结等强制措施，获取的可以证明案件违法犯罪行为发生、违法犯罪行为情节轻重的物品和文件和款项，包括：

（一）违法犯罪所得及其孳息；

（二）用于实施违法犯罪行为的工具；

（三）非法持有的淫秽物品、毒品等违禁品；

（四）其他可以证明违法犯罪行为发生、违法犯罪行为情节轻重的物品和文件。

在办案中，办案机关对于涉案财物的认定范围，不宜随意扩大，否则可能侵犯当事人合法权益。本案中，一审法院将车辆纳入涉案财物范畴，认为该车属于"用于实施违法犯罪的工具"，就是扩大范围的表现。胡某进的车辆是其意欲实施强奸行为的地点，并不意味着车辆是强奸犯罪的工具。该车不是为实施强奸犯罪而事前准备，也没有实施犯罪的工具价值，而只是发生行为的场所，即使强奸罪成立，也不应对该合法财产予以没收。

七、李某芝案外人执行异议案

2021年1月12日，湖南省娄底市中级人民法院（以下简称娄底中院）在执行被执行人彭某、胡某龙、彭某林刑事裁判涉财产部分一案中，作出（2021）湘 13 执恢 4 号执行裁定，对登记在李立明名下位于某处 15 套房产予以拍卖。案外人李某芝是胡某龙的妻子，不服娄底中院裁定，提出执行异议。

胡某龙因涉刑事犯罪，湖南高级人民法院于 2018 年 12 月 12 日作出（2016）湘刑终 358 号刑事判决，已发生法律效力。胡某龙等人刑事裁判涉财产部分应追缴赃款和财产刑为，1. 彭某扣押在案的赃款 1 957.51 万元、胡某龙扣押在案的赃款 1 646.21 万元及彭某、胡某龙扣押在案的共同赃款 16 480.8 万元，依法予以没收，上缴国库，不足部分继续追缴，予以没收；彭某林扣押在案的赃款 565 万元依法予以没收，上缴国库，不足部分继续追缴，予以没收。2. 没收彭某个人全部财产、没收胡某龙个人全部财产。3. 处彭某林罚金 300 万元。该案以案涉财产对案涉 15 套房产进行了查封，且为第一顺位查封。

作为案外人，李某芝异议称，案发后娄底市人民检察院扣押了彭某、胡某龙共有赃款 16 480.8 万元，其中胡某龙有一半份额即 8 240.4 万元，另扣押胡某龙赃款 1 646.21 万元，共计扣押胡某龙的赃款 9 886.61 万元。根据判决书记载，胡某龙实得赃款应为受贿赃款 7 537.9 万元、贪污赃款 1 130 万元，合计 8 667.9 万元。也就是说，检察机关多扣押了胡某龙 1 218.71 万元，这笔多扣押的款项应认定为胡某龙的合法财产，应当发还属于李某芝的一半份额 609.355 万元。并且，娄底中院（2021）湘 13 执恢 4 号执行裁定拍卖的案涉 15 套房产属于李某芝与胡某龙夫妻共同财产。因此，请求中止拍卖程序，或将拍卖所得一半份额发还李某芝。此外，胡某龙应当承担的抚养家庭成员的费用，请求从胡某龙个人财产中提留小孩的抚养和教育费用 80 万—100 万元，酌情提留胡某龙父母、岳父母的赡养费及以后的生活费用。

　　娄底中院认为，被执行人扣押在案的赃款，根据生效刑事判决认定，应予以没收并上缴国库，因此，李某芝提出"检察机关多扣押了胡某龙 1 218.71 万元，这笔多扣押的款项应当认定为胡某龙的合法财产"的意见与生效刑事判决认定不符，该院不予采纳。（案外人李某芝提出的该意见系对生效刑事判决不服，可另行通过审判监督程序主张处理）娄底中院裁定拍卖的 15 套房产是涉案被查封的财产，生效刑事判决虽然没有将其作为胡某龙犯罪的赃款赃物认定，但判项要求没收胡某龙个人全部财产，且该房产也没有登记在胡某龙与李某芝夫妻任何一方名下，故李某芝提出的主张依据不足，娄底中院不予采纳。案外人李某芝还提出，胡某龙应当承担的抚养赡养家庭成员的费用，请求从胡某龙个人财产中提留给李某芝。因李某芝没有提供其符合法定条件的充分依据，故对李某芝提出的该请求，娄底中院不予支持，因而裁定驳回案外人李某芝的异议请求。

　　李某芝不服娄底中院裁定，向湖南高级人民法院申请复议。湖南高级人民法院驳回了复议请求，维持娄底中院（2021）湘 13 执异 15 号执行裁定。

　　李某芝仍然不服湖南高级人民法院的裁定，向最高人民法院申诉，请求最高人民法院撤销并改正湖南高级人民法院执行裁定，支持李某芝对案涉 15 套房产享有一半的份额，并责令娄底中院将拍卖所得款项一半发还给李某芝。

　　最高人民法院对李某芝其中两项请求，观点与湖南高级人民法院、娄底中院一致。但是，最高人民法院认为李某芝的另一项请求，即娄底中院在处置案涉 15 套房产时应否为申诉人保留一半的份额，应该是本案的诉讼焦点。本案中，15 套房产系已经查封的涉案财物，但是娄底中院刑事审判部门未在判决书中明确这些财物的处理方式。

如案涉 15 套房产属于被执行人合法财产，则应当就其是否属于申诉人与被执行人的夫妻共同财产、应否为申诉人保留相应份额等问题依法进行实质审查。综上，最高人民法院裁定撤销湖南省高级人民法院（2021）湘执复 85 号执行裁定；撤销湖南省娄底市中级人民法院（2021）湘 13 执异 15 号执行裁定；指令本案由湖南省娄底市中级人民法院重新审查。

案例评析

本案是涉案财物处置的案外人异议，案外人李某芝对涉案财物的处置有异议，介入原刑事案件执行程序。本案经历娄底中院、湖南高级人民法院、最高人民法院三级法院裁定，最终由最高院改判，具有较强指导意义。

李某芝是胡某龙的妻子，胡某龙因涉刑事犯罪，湖南省高级人民法院于 2018 年 12 月 12 日作出（2016）湘刑终 358 号刑事判决，已发生法律效力，涉及财产执行部分由娄底中院执行。对胡某龙的相关涉案财产，李某芝提出了三项请求：

第一，检察机关多扣押了胡某龙 1 218.71 万元，这笔多扣押的款项应当认定为胡某龙的合法财产。（案外人李某芝提出的该意见系对生效刑事判决不服，可另行通过审判监督程序主张处理）

第二，娄底中院裁定拍卖的案涉 15 套房产为夫妻共同财产，应当为其保留一半份额。

第三，胡某龙应当承担的抚养家庭成员的费用，请求从胡某龙个人财产中提留小孩的抚养费和教育费用并酌情提留胡某龙父母、岳父母的赡养费。

最高人民法院推翻湖南两级法院的裁定是基于李某芝的第二项诉求，即娄底中院在处置案涉 15 套房产时，应否为申诉人保留一半的份额。主要事实及理由为：

本案中，15 套房产系已经查封的涉案财物，但是娄底中院刑事审判部门未在判决书中明确这些财物的处理方式。案涉 15 套房产属于赃款赃物，还是被告人胡某龙的合法财产不明确。娄底中院在异议审查过程中，应当就此书面征询刑事审判部门的意见，由刑事审判部门依法予以明确。但是，娄底中院未书面征询刑事审判部门的意见，径行没收胡某龙个人全部财产。故而认定娄底中院处置案涉 15 套房产并无不当，属于认定事实不清，本案应由娄底中院重新审查。在重新审查过程中，娄底中院执行异议审查部门应当就案涉 15 套房产是否属于被执行人的合法财产书面征询刑事审判部门意见。如案涉 15 套房产属于被执行人合法财产，则应当就其是否属于申诉人与被执行人的夫妻共同财产、应否为申诉人保留相应份额等问题依法进行实质审查。

综上，最高人民法院推翻了两级法院的判决。依据《最高人民法院关于适用〈中华人民共和国刑事诉讼法〉的解释》（2013 年施行）第三百六十五条的规定"对查封、扣押、冻结的财物及其孳息，应当在判决书中写明名称、金额、数量、存放地点及其处理方式等。涉案财物较多，不宜在判决主文中详细列明的，可以附清单"。《最高人民法院关于刑事裁判涉财产部分执行的若干规定》第六条亦规定："刑事裁判涉财产部分的裁判内容，应当明确、具体。涉案财物或者被害人人数较多，不宜在判决主文中详细列明的，可以概括叙明并另附清单。"生效判决未认定案涉 15 套房产为赃款、赃物及孳息，也未认定案涉 15 套房产购房款为赃款赃物及孳息。依照《最高人民法院关于刑事裁判涉财产部分执行的若干规定》第十四条的规定，湖南两级法院在异议、复议审查程序中，应当对案涉房产是否属于夫妻共同财产进行实质审查。在涉案财物的处置存在异议时，如不对其权属关系进行实质性审查，会造成认定事实不清，且由于申诉人已无其他救济途径，可能无法保障其合法权益。

八、曾某荣烟花爆竹收缴行政诉讼案

2019 年 6 月 23 日 19 时左右，当事人曾某荣按照事前与一自称系邵东盛航烟花爆竹批发公司"赵姓"（实为金某某）业务员的约定，运送一车烟花爆竹到达湖南省邵东黄陂桥乡铁路桥下，金某某开了盛航烟花公司的一辆小型货车前来接货。金某某要求在路边直接将烟花爆竹卸到自己车上，曾某荣未同意，就由金某某独自开送货车去卸货，之后曾某荣见金某某迟迟未返回又联系不上，曾某荣向派出所报案被诈骗。盛航烟花公司见金某某未返回，进行了举报。金某某把装有烟花的车放在路边，湖南省邵东市公安局治安大队民警把车开走了。邵东市公安局未对盛航烟花公司、金某某作出任何处理，决定对曾某荣行政拘留 7 日，并收缴曾某荣的 446 件烟花爆竹。曾某荣认为盛航烟花公司与公安局存在合伙钓鱼执法，邵东市公安局的处罚决定和邵阳市公安局的复议决定认定的事实与实际不符、裁决结果与法律相悖，于是向湖南省邵阳市北塔区人民法院提起行政诉讼。

行政处罚机关邵东市公安局认为，1. 处罚决定认定曾某荣的违法事实清楚，证据确实、充分。2019 年 6 月 23 日 20 时许，曾某荣驾驶一辆装有烟花爆竹的厢式货车（湘 K×）从浏阳到邵东城区为他人配送烟花爆竹，后在该地段被查获，当场扣押烟花爆竹446件。曾某荣未办理烟花爆竹道路运输许可证，系非法运输烟花爆竹。2.处罚决定合法、得当。2019年6月24日，该局以非法运输危险物质定性，依据《中华人民共和国烟花爆竹安全管理条例》第三十六条，适用《中华人民共和国治安管理处罚法》第三十条，决定对曾某荣行政拘留七日。

复议机关邵阳市公安局认为，曾某荣无从事危险货物运输的资格，驾驶的车辆无危险货物道路运输证明，违反了国务院《中华人民共和国烟花爆竹安全管理条例》中关于运输安全的规定，其行为具有治安管理违法性，依法应当予以行政处罚，决定维持邵东市公安局作出的公安行政处罚。

一审法院认为，曾某荣自浏阳市经高速公路向邵东市运输烟花爆竹，未向公安部门申请并取得《中华人民共和国烟花爆竹道路运输许可证》，违反《中华人民共和国烟花爆竹安全管理条例》第二十三条关于"经由道路运输烟花爆竹的，托运人应当向到达地县级人民政府公安部门提出申请"的规定，违法事实存在，邵东市公安局对曾某荣的行政处罚适当，邵阳市公安局的行政复议程序合法。不予支持曾某荣关于撤销邵东市公安局邵东公（治）决字〔2019〕第××号《公安行政处罚决定书》和邵阳市公安局邵公复决字〔2019〕××号《行政复议决定书》的诉讼请求。判决驳回曾某荣的诉讼请求。

当事人曾某荣不服，向湖南省邵阳市中级人民法院提出上诉。经该院审理判决：1.撤销湖南省邵阳市北塔区人民法院（2019）湘0511行初××号《行政判决书》；2.撤销被上诉人邵东市公安局邵东公（治）决字〔2019〕第××号《公安行政处罚决定书》；3.撤销被上诉人邵阳市公安局邵公复决字〔2019〕××号《行政复议决定书》。

案例评析

本案仅对邵东市公安局决定对涉案烟花爆竹附加予以收缴，适用法律是否正确进行评价。邵东市公安局行政处罚决定书主文并未载明对涉案烟花爆竹的处理内容，但以附件形式对涉案烟花爆竹予以收缴。上诉人曾某荣就此上诉主张涉案烟花爆竹系合法生产，不属于非法财物，收缴缺乏法律依据。据行政处罚决定书所附《收缴物品清单》，邵东市公安局收缴涉案烟花爆竹适用的是《中华人民共和国治安管理处罚法》第十一条第一款。该条款原文规定为："办理治安案件所查获的毒品、淫秽物品等违禁品，赌具、赌资，吸食、注射毒品的用具以及直接用于实施违反治安管理行为的本人所有的工具，应当收缴，按照规定处理。"从上述文义上不难理解，公安机关在办理治安行政案件中收缴的财物限于违禁品、用具、工具三类；根据该条文对违禁品的列举，这里规定的违禁品应当理解为"法律禁止制造、买卖、储存、运输的物品"。烟花爆竹属于特许生产、运输、经营的民用商品，显然与毒品、淫秽物品不可等同，依法应当不在治安行政处罚随案收缴之列；对非法运输的烟花爆竹，公安机关应当适用前述国务院《中华人民共和国烟花爆竹安全管理条例》第三十六条第二款的规定予以没收。邵东市公安局用《中华人民共和国治安管理处罚法》第十一条第一款的规定对涉案烟花爆竹予以收缴，属于适用法律错误。同时应当指出，根据《中华人民共和国行政处罚法》第八条、《中华人民共和国治安管理处罚法》第十条的规定，收缴不属于法定的行政处罚种类，不能单独作为行政处罚适用，公安机关办理治安行政处罚案件需要收缴涉案财物的，可以依照公安部《公安机关办理行政案件程序规定》第一百七十五条、第一百九十三条、第一百九十四条的规定，在作出行政处罚决定时对查获的涉案物品一并作出处理，并在行政处罚决定书中直接载明收缴涉案物品情况。就收缴适用技术而言，邵东市公安局未将收缴财物在处罚决定主文中载明，仅以附清单形式实施收缴，既不符合现行法律规定，也不可取。

综上，邵东市公安局作出的邵东公（治）决字〔2019〕第××号《公安行政处罚决定书》，认定上诉人曾某荣非法运输烟花爆竹的基本事实成立，附加收缴涉案烟花爆竹适用法律错误。

九、李某琼、熊某春刑事执行监督执行案

北京市第二中级人民法院（以下简称北京二中院）关于熊某春犯合同诈骗罪一案作出的刑事判决已发生法律效力，进入执行阶段。在执行过程中，北京二中院将涉案查封、冻结在李某琼名下位于安徽省蚌埠市荣盛香堤荣府一处房屋（以下简称涉案房屋）作价753 660元，交付北京海港投资发展有限公司抵偿被执行人熊某春的部分违法所得。此时，案外人李某琼以其系涉案房屋所有权人为由提出执行异议。

李某琼提出以下请求：第一，撤销北京二中院执行裁定书相关条款；第二，将涉案房屋执行回转给原所有权人李某琼，由李某琼将购房款中熊某春支付的50万元作为其追缴款项执行。理由如下：1. 李某琼与涉案房屋房产公司于2011年3月30日签订了《预售商品房买卖合同》，单价每平方米5 472.70元，总价款为782 161元。李某琼支付282 161元，熊某春代为支付50万元，因此，李某琼应当是涉案房屋的所有权人；2. 法院在执行程序中应当联系并告知案外人配合执行，由案外人将熊某春的50万元作为追缴款项交付给法

院；3.（2012）二中刑初字第 2277 号刑事判决第三项内容为："在案冻结李某琼名下的蚌埠市荣盛香堤荣府房屋一套予以变卖，变价款偿还相关权利人后并入追缴项执行。"李某琼对判决内容有异议，理由是该刑事判决主文第三项对相关权利人没有明确，应当明确案外人李某琼为相关权利人。

北京二中院认为，本案依据生效刑事判决对涉案房屋采取相应执行措施，符合法律规定。李某琼所提异议请求，实质是对刑事判决结果存在异议，应当通过其他法律途径解决。因此，驳回案外人李某琼的异议请求。

李某琼不服北京二中院裁定，向北京市高级人民法院申请复议。李某琼认为北京二中院的执行裁定，在事实认定、法律适用上均存在错误。理由是：（一）执行内容有误。该案件是北京二中院刑事审判庭依职权移送立案执行的。原刑事判决的表述是变价款偿还相关权利人后并入追缴项执行，而执行裁定的内容则是"将涉案查封、冻结在李某琼名下的位于安徽省蚌埠市荣盛香堤荣府房屋作价人民币七十五万二千六百六十元，交付受害人北京海港投资发展有限公司抵偿被执行人熊某春的部分违法所得"。换言之，北京二中院的判决是变卖房屋，将变价款偿还相关权利人后并入追缴项，但北京二中院的裁定却是将房屋直接作价交付北京海港投资发展有限公司，忽视了相关权利人。北京二中院执行裁定与刑事判决关于李某琼名下房屋的处置方式存在重大差异。（二）北京二中院没有尽到联系义务。第一，李某琼长期住在安徽省凤阳县，购房合同上有其手机号，该号码仍在使用。但北京二中院在协助执行通知书中却称，因目前李某琼无法找到，令蚌埠市房地产交易中心协助将李某琼名下的房屋过户到北京海港投资发展有限公司名下。李某琼认为，北京二中院根本未联系过她，便称无法找到，既侵犯了自己的房屋所有权，也侵犯了其优先购买权。第二，本案相关权利人应当为李某琼。不论是刑事判决还是执行裁定，均认定涉案房屋在李某琼名下，购房合同、购房发票均载明为李某琼，所有权应当属于李某琼。因为熊某春支付50万元（合同价为782 161元），该50万元系赃款。李某琼表示，北京二中院只要联系她，她会完全配合执行、变卖、调解工作。该情况证实北京二中院执行工作不细致，主观上怕麻烦，遂抵债了事，造成案结事未了。第三，北京二中院执行裁定认为，"案外人所提异议请求，实质是对刑事判决结果存在异议，应当通过其他法律途径解决"。李某琼认为该认定显系不当，北京二中院应当将执行案件退回刑事审判庭。第四，李某琼认为寻求其他法律途径十分困难，因此，北京二中院应当将异议材料移送刑事审判庭通过裁定补正。综上，李某琼复议请求撤销北京二中院行裁定，将涉案房屋执行回转给李某琼；由李某琼支付所购涉案房屋房款中熊某春代为支付的50万元作为追缴款项执行。

北京高级人民法院认为，人民法院应当严格按照生效法律文书确定的内容执行，案外第三人对生效法律文书确定的内容有异议的，可依法通过其他程序解决。本案中，将李某琼名下的涉案房屋进行变价，将变价款偿还相关权利人后并入追缴项执行，是生效刑事裁判确定的内容。李某琼主张其对涉案房屋享有所有权，实质上是对生效刑事裁判的内容提出异议，不属于刑事裁判涉财产部分执行中案外人异议的审查范围，应当从程序上予以驳回。李某琼所提执行措施及执行方法错误等复议申请理由，不属于案外人异议的审查范围，不予处理。综上，北京高级人民法院驳回李某琼的复议申请。

李某琼不服北京高级人民法院的执行裁定，向最高人民法院申诉。除向北京高级人民法院提出的事实与理由之外，又增加了一项理由：根据《最高人民法院关于人民法院办理执行异议和复议案件若干问题的规定》第五条规定："有下列情形之一的，当事人以外的公民、法人和其他组织，可以作为利害关系人提出执行行为异议：……（五）认为其他合法权益受到人民法院违法执行行为侵害的。"及第七条第一款："当事人、利害关系人认为执行过程中或者执行保全、先予执行裁定过程中的下列行为违法提出异议的，人民法院应当依照民事诉讼法第二百二十五条规定进行审查：……（三）人民法院作出的侵害当事人、利害关系人合法权益的其他行为。"根据司法解释的规定，李某琼认为其作为利害关系人提出执行行为异议，法院应当受理而北京高级人民法院却直接从程序上驳回显系错误。

最高人民法院认为，本案的争议焦点是：李某琼的异议是刑事判决中涉案财物是否属于赃款、赃物。要判断这个问题，首先要审查清楚刑事判决对涉案财物是否属于赃款、赃物的具体认定。作为本案执行依据的刑事判决，与本案争议相关的主文为"在案冻结李某琼名下的蚌埠市荣盛香堤荣府房屋一套予以变卖，变价款偿还相关权利人后并入追缴项执行"。该判决没有明确案涉房屋的相关权利人是谁，相关权利人的具体权利是多少，应当将多少变价款偿还相关权利人。在刑事判决书的查明事实部分，亦未明确熊某春用于购买案涉房屋的案款数额具体多少，是否为全款。因此，刑事判决对案涉房屋在多大比例范围内属于赃款、赃物没有予以明确认定，在上述三项执行内容中，第二项和第三项执行内容均不具体明确。对此，执行法院执行机构应该依照执行依据不明的相关处理规定，对执行依据确定案涉房屋的相关权利人是谁，及其对案涉房屋享有的具体权利是多少进行核查。此外，李某琼主张其就是案涉房屋的相关权利人，案涉房屋变价款中的 50 万元属于赃款，剩余部分归自己所有。执行法院应在核查清楚上述问题后，对李某琼的主张分别处理。北京二中院和北京高级人民法院在没有核查清楚执行依据确定的案涉房屋相关权利人是谁及其具体权利是多少的情况下，就认定李某琼的主张有误，并从程序上径行驳回李某琼的异议，系认定基本事实不清，适用法律错误，依法应予纠正。

综上，最高人民法院裁定撤销北京高级人民法院和北京二中院的执行裁定，并裁定本案由北京市第二中级人民法院重新审查处理。

案例分析

本案系涉案财物执行过程中案外人对涉案财物认定和处置提出异议的情况。申诉人李某琼认为刑事判决中对涉案财物是否属于赃款、赃物认定有异议，应当重新认定。经历北京二中院、北京高级人民法院裁定驳回，后经最高人民法院改判，指令重新审查处理，对涉案财物的认定、处置具有较强的指导意义。

最高人民法院认为，本案的争议焦点为：李某琼的异议是刑事判决中涉案财物是否属于赃款赃物。根据《最高人民法院关于刑事涉财产部分执行若干规定》第十五条规定："执行过程中，案外人或被害人认为刑事裁判中对涉案财物是否属于赃款赃物认定错误或者应予认定而未认定，向执行法院提出书面异议，可以通过裁定补正的，执行机构应当将异议材料移送刑事审判部门处理；无法通过裁定补正的，应当告知异议人通过审判监督程序处理。"《最高人民法院关于适用〈中华人民共和国民事诉讼法〉的解释》第四百六十三条第一款规定："当事人申请人民法院执行的生效法律文书应当具备下列条件：

（一）权利义务主体明确；（二）给付内容明确。"根据上述规定，权利义务主体明确和给付内容明确，是执行依据的必备条件。

李某琼主张其对刑事判决并无异议，认为执行法院执行行为违反了刑事判决，属于违法行为。要判断案外人的异议，首先要审查清楚刑事判决对涉案财物是否属于赃款赃物的具体认定。作为本案执行依据的刑事判决，相关主文为"在案冻结李某琼名下的蚌埠市荣盛香堤荣府房屋一套予以变卖，变价款偿还相关权利人后并入追缴项执行"。该判决确定了三项执行内容：一是将案涉房屋变价；二是将变价款偿还相关权利人；三是对剩余案款予以追缴。但是，该判决没有明确案涉房屋的相关权利人是谁，相关权利人的具体权利是多少，应当将多少变价款偿还相关权利人。在刑事判决书的查明事实部分，亦未明确熊某春用于购买案涉房屋的案款数额具体多少，是否为全款。因此，刑事判决对案涉房屋在多大比例范围内属于赃款赃物没有予以明确认定，在上述三项执行内容中，第二项和第三项的执行内容均不具体明确。

北京高级人民法院指出的"人民法院应当严格按照生效法律文书确定的内容执行，案外第三人对生效法律文书确定的内容有异议的，可依法通过其他程序解决"，固然有其道理，但在判决内容不明确的情况下，执行法院执行机构应该依照执行依据不明的相关处理规定，对执行依据确定案涉房屋的相关权利人是谁及其对案涉房屋享有的具体权利是多少进行核查。关于北京二中院和北京高级人民法院认为的案外人所提异议请求，实质是对刑事判决结果存在异议，应当通过其他法律途径解决的观点，笔者认为，首先，"刑事裁判涉财产部分的裁判内容应当明确、具体"，对于涉案房屋资金数额及相关权利人等情况的不明确、不具体，导致无法强制执行。其次，对于法院审理熊某春的刑事案件，李某琼无权参与，无法改变判决结果。因此，法院的涉案财物处置方式对权利人李某琼合法权益的保护是欠缺的。执行法院应在核查清楚上述问题后，对李某琼的主张分别处理。执行法院核查清楚后，发现执行依据确定的案涉房屋相关权利人及其具体权利，与李某琼的主张存在矛盾的，应当按照核查清楚后的内容执行，保护相关权利人的合法权益，并对李某琼主张中与执行依据内容不一致的部分，依据《最高人民法院关于刑事涉财产部分执行若干规定》第十五条规定依法处理；核查清楚后发现执行依据确定的案涉房屋相关权利人及其具体权利，与李某琼的主张一致的，应当按照核查清楚后的内容执行，并保护李某琼的合法权益。

十、冯某华刑事特别程序没收违法所得案例

冯某华，曾任上海市普陀区桃浦镇党委副书记、调研员、上海市新杨工业园区经济发展（集团）有限公司董事长、上海市新杨工业园区管理委员会主任，涉嫌犯贪污、受贿、挪用公款罪，于2012年7月22日外逃，2018年被中央追逃办列为50名"公告曝光对象"之一，2019年国际刑警组织对其发布红色通报。

2023年2月24日，上海市第二中级人民法院对"红通人员"冯某华违法所得没收一案公开宣判，裁定没收属于冯某华使用贪污、受贿、挪用公款犯罪所得购买的上海钢博会实业发展有限公司名下，位于上海市宝山区业绩路8号地块的土地使用权、建造的地上厂房及收取的租金等收入4742万余元及孳息。冯某华案时间跨度之长、涉案人员之众、关联企业之多、调查取证之复杂实属罕见。由于冯某华逃匿境外，被通缉一年后未到案，为了尽快追缴赃款、还利于民，上海

市监察机关经集体审议，出具《没收违法所得意见书》，提请检察机关向人民法院依法提出没收违法所得的申请。

案例评析

违法所得没收程序指对于贪污贿赂犯罪、恐怖活动犯罪等重大犯罪案件，在因犯罪嫌疑人、被告人死亡或者逃匿导致定罪没收程序遇到障碍时，可在不定罪情况下依法追缴其违法所得及其他涉案财产的刑事程序。这项法律制度是《中华人民共和国刑事诉讼法》规定的特别程序，主要是为追逃追赃工作设立，有助于最大程度挽回国家损失，切断外逃腐败分子资金链。

这项程序的运用，一方面破解了涉贪腐犯罪的嫌疑人已经逃至境外，因行为人缺席无法对其非法资产进行法律处置的难题；另一方面涉及违法所得或者其他涉案财产在境外，受理没收违法所得申请案件的人民法院经审理裁定没收的，也能够通过国际刑事司法协助程序提出请求予以追缴。可以说，该程序较好地提升了我国反腐败国际追逃追赃工作的成效。本案作为上海首例外逃人员违法所得没收案，它的成功实践不仅有效切断了外逃人员"营养源"，也体现了追逃追赃规范化、法治化、正规化水平不断提升。

全面从严治党永远吹冲锋号，追逃追赃一刻不停歇。二十届中央纪委二次全会强调，深化反腐败国际合作，有逃必追、一追到底，让已经外逃的无处藏身，让企图外逃的丢掉幻想。当反腐败的"天网"撒向全球，腐败分子外逃避罪的企图终将彻底破灭。

第三部分

理 论 研 讨

一、刑事诉讼涉案财物管理工作体系建设初探
——以上海市公安局浦东分局为例

朱雪珍 奚敏敏

摘要： 近年来，全国各地公安机关在涉案财物管理工作方面进行了大量有益的探索，取得了很多成功经验，但是也面临诸多问题。结合新刑事诉讼法司法解释精神，深入推进刑事诉讼涉案财物管理工作体系建设的对策主要有：建立分级共管工作机制，降低司法运行成本；统一建设标准、工作流程和保管要求，打造分储式和集约化的共管中心；对涉案财物执法工作加大监督力度，明确涉案财物处置结果等。

关键词： 刑事诉讼；执法规范；警务保障；涉案财物管理

为贯彻落实习近平总书记提出"浦东要在改革系统集成协同高效上率先试、出经验"的指示精神，进一步加强公安机关执法规范建设工作，维护公民、法人和其他组织的合法权益，规范推进公安机关涉案财物管理工作，上海市公安局浦东分局（以下简称"浦东分局"）积极推进司法体制改革保障工作，为基层执法办案工作提供坚实警务保障。从 2009 年底起，浦东分局努力理顺管理机制，加强制度建设，以"执法业务需求引领警务保障工作"为导向，实现由"被动式保管"模式转变为"主动式监管"模式，有效提升全局涉案财物管理工作水平。本文试从浦东分局实践出发，结合相关立法精神，就推动公安机关涉案财物管理工作作一些分析思考。

（一）基层公安机关刑事诉讼涉案财物管理工作实践与探索

近年来，全国各地公安机关在涉案财物管理工作方面进行了大

量有益的探索，取得了很多成功经验。为规范涉案财物管理工作，浦东分局也在不断探索和创新工作机制。上海市浦东新区地域面积1210平方公里，占上海市19.1%。浦东分局现有在职警力7000多人，管辖区域呈城市、城郊、农村和开发区等多元化地域形态，有较多地标性部位和建筑，社会治安状况相对复杂。针对浦东新区地域广、案件多等客观情况，为杜绝办案民警在涉案财物执法、管理、处理等工作环节发生违纪、违法等问题，抓好刑事诉讼涉案财物的源头管理工作，浦东分局主要从模式、制度、机制三个方面开展工作。

1. 强化理念创新，探索建立"办管分离、集中管理"的工作模式

2009 年，在上海市公安局警务保障部的指导下，围绕涉案财物"办管分离"的原则，明确了分局警务保障部门为涉案财物主管部门，纪检、监察、督察、法制、审计等部门依照各自分工，履行监督、查处及审计等职能，进一步理顺了涉案财物管理工作体制，符合公安部《公安机关涉案财物管理若干规定》（以下简称《公安机关涉案财物管理规定》）中关于指定一部门作为涉案财物管理部门的工作要求。一是明确各部门工作职责，理顺工作机制。纪检、监察部门负责涉案财物执法、管理违纪工作的查处，公安督察部门负责涉案财物管理工作的督察检查工作，法制部门负责涉案财物执法工作中的获取（查封、扣押、冻结）和处理（收缴、追缴、没收等处理决定）的把关审核，审计部门负责涉案财物执法、保管、处理、处置（拍卖、变卖、销毁等工作）的全周期、全过程审计监督。各部门各司其职，各负其责。二是结合实践业务工作需求设计管理模式。按照《公安机关涉案财物管理规定》第二十条规定"办案人员依法提取涉案财物后，应当在二十四小时以内按照规定将其移交涉案财物管理部门或者本部门的

涉案财物管理人员，并办理移交手续"的硬性规定和实务性操作的可行性，研究建立了"两级集中管理模式"，将警务保障工作前置，嵌入执法办案每个环节。在各级办案部门设置涉案财物管理人员，并对价值较低、可以在短期内作出处理决定的涉案财物，规定由下属各办案部门设立专用保管室（柜）进行保管；对涉案款项及长期无法作出处理决定的涉案财物，由警保部门设立专门账户和总保管室实行集中统一管理，充分盘活有限的保管资源，打造两级分储共管工作机制，有效杜绝了涉案财物丢失、私分、挪用、调换、损毁等问题的发生。

2. 健全制度规范，建立覆盖"关键环节、突出问题"的管控防线

2010 年，浦东分局着手研究制定了《上海市公安局浦东分局涉案财物管理工作规定实施细则》《浦东分局执法质量涉案财物管理工作考核方案》等一系列规章制度，强化对涉案财物管理关键环节、突出问题的制度约束。如涉案款项管理，根据《公安机关涉案财物管理若干规定》，设立钱款专户，要求办案民警必须交至财务部门设立的专户储存（分别设置涉案钱款和取保候审金财务专户）。浦东分局警保、督察、法制、审计等部门定期采取翻案卷、查台账、核实物等方式，对全局涉案财物管理进行全面检查，全程督导整改，使涉案财物管理中存在的"有押无案""保而不全"等问题得以解决。根据《公安机关涉案财物管理若干规定》第十条中关于"公安机关应当建立涉案财物集中管理信息系统，对涉案财物信息进行实时、全程录入和管理，并与执法办案信息系统关联"的要求，浦东分局研发公检法涉案财物共管信息系统，自动关联办案系统，避免涉案财物信息多次采集问题，实现涉案财物图像数据自动采传功能、无纸化台账登记，逐案

建立涉案财物管理台账，实现具备信息溯源多网络、多部门共享等功能。在此基础上，浦东分局初步建立"共管中心－特殊物品专业管理场所－办案部门涉案财物专管室"三级管理架构，建立远程监控网络。

3. 创新管理体系，试点推进"人工智能、信息共享"的共管机制

为贯彻落实中共中央办公厅、国务院办公厅 2015 年下发的《关于进一步规范刑事诉讼涉案财物处置工作的意见》（以下简称《刑事诉讼涉案财物处置意见》）精神和要求，2018 年，在上海市浦东新区区委政法委的领导下，以司法体制改革工作为契机，浦东分局会同浦东新区人民检察院、浦东新区人民法院以执法规范化建设为契机，全面加强涉案财物管理工作，建立区级的公检法涉案财物共管体系和工作机制试点。浦东分局利用上海智慧公安建设的契机，打造智能化管理场所，应用机器人仓储管理、激光定位导航无人自控叉车、物联网 EAS 射频防盗系统等先进信息技术，对涉案财物的出入库预报警、全过程动态跟踪，实现自动化操作。创设可视化庭审示证视频室，通过高清视频和实时语音通话，实现庭审远程辨认功能。在疫情防控期间，节省了司法干警在法院、涉案财物管理场所之间的往返交通时间，也避免了人员多次接触涉案财物的安全隐患。

2018 年 5 月 30 日以来，纳入浦东新区公检法涉案财物共管系统数据共 80 000 多条，其中涉及公安行政、刑事案件 19 000 余起，涉及涉案财物 60 000 多条数据；涉及检察机关刑事案件 9 000 余起，涉及涉案财物 13 000 多条数据；涉及法院刑事案件 1 700 余起，涉及涉案财物 8 000 多条数据。该项工作得到上海市领导的充分肯定。

（二）基层公安机关刑事诉讼涉案财物管理工作面临的主要问题及成因分析

各地基层公安机关在推进涉案财物管理工作中，取得了大量成功经验，但是，笔者也发现一些问题，迫切需要研究解决。

1. 公安机关少数执法办案部门依法依规获取、管理、处理涉案财物尚不够规范，内部监管工作有待加强

少数办案部门干警在执法工作中仍存在着"重案轻物、重人轻物"的思想，对涉案财物管理工作重要性认识不够，往往忽略涉案财物的处理结果。主要原因有以下几个方面。一是前端执法水平有待提升。执法工作中存在着"扣押过度"或者"扣而不证"等情况，涉案财物范围过度扩大或者扣押的涉案财物与案件无直接关联，"进口过大"导致扣押的与案件无关的财物过多。此外，由于我国法律、法规等渊源的复杂性，涉案财物的法律文书种类繁多，基层民警缺少较为规范、系统培训，极易发生涉案财物执法差错情况。二是内部管理意识有待增强，涉案财物违规情况时有发生。办案民警移交、处理涉案财物不及时、专管员未按规定及时进行内部督查等，一定程度上影响了涉案财物管理工作的整体成效，导致保管资源的"空间狭小"。三是后端执法处理结果有待规范。个别民警对涉案物品尚未依法作出处理决定就直接送交警务保障部门进行后续处置（拍卖、变卖、销毁），致使涉案财物的"出口模糊"。

2. 公安机关的涉案财物在刑事诉讼实物移送渠道中存在一定障碍，相关监督工作力度有待加大

根据《中华人民共和国刑事诉讼法》（以下简称《刑诉法》）的有关规定，公安机关在侦查终结后，应将涉案财物连同案卷材料一并移送同级人民检察院。但在工作实践中，由于公安机关、检察机关、

法院的工作人员对不宜随案移送物品的观点不统一或者以无存放场地为由，检察机关往往仅接收公安机关随案移送的相关法律手续（单据），拒收涉案财物实物。《人民检察院刑事诉讼规则》（以下简称《高检规则》）第一百五十七条规定：检察院案管部门应当接收案卷材料，并立即审查移送的款项或者物品与移送清单是否相符。《刑诉法》第二百四十五条第一款，规定公安机关、检察机关和法院对于涉案财物应当妥善保管、随案移送，要求三家单位对于涉案财物移送互有衔接、相互监督、相互制约，一起承担审查、保管责任，同时也赋予三家单位各自相应的检验、鉴定和处理权力。如果涉案财物不移送或者仅靠单据移送，表面上检察机关和法院是简化了程序，节省了人力、物力，但实际上弱化了两家单位原有的法律职责，使得法律原本平衡的权力配置发生倾斜，相互的监督和制约作用难以体现。

3. 公安机关的执法工作缺少法律支撑，影响司法公平公正

有些涉案财物由于检察机关未随案接收，致使法院在审判过程中也无法予以审查并作出判决处理。如某办案部门侦办的一起盗窃案中，法院对被告人作出了判决，却未对公安机关扣押的作案工具作出没收或销毁的判决，致使公安机关在最终处理涉案财物时缺乏法律依据，处于两难境地。《最高人民法院关于适用〈中华人民共和国刑事诉讼法〉的解释》（以下简称《新刑诉法解释》）第二百七十九条规定："法庭审理过程中，应当对查封、扣押、冻结财物及其孳息的权属、来源等情况，是否属于违法所得或者依法应当追缴的其他涉案财物进行调查，由公诉人说明情况、出示证据、提出处理建议，并听取被告人、辩护人等诉讼参与人的意见。"涉案财物的处理缺少法院判决的支持，不仅会造成公安机关对涉案财物处理的随意性，甚至可能会引起国家赔偿的诉讼风险以及对民警执法过错的责任追究，更无法

保证当事人的合法救济权利。此外，公安机关处置刑事诉讼涉案财物的主体资格缺乏法律支撑。《新刑诉法解释》第四百四十七条规定，"随案移送的或者人民法院查封、扣押的财物及其孳息，由第一审人民法院在判决生效后负责处理"，该条款明确了刑事诉讼涉案财物处置主体应为人民法院。

（三）深入推进刑事诉讼涉案财物管理工作体系建设的对策思考

在涉案财物处理过程中，公安机关如果不及时移送涉案财物，就可能出现涉案财物长期滞留、积压的情况，导致法院判决后无法处理。涉案财物移送涉及部门多、环节多、时间长、风险大，相关信息不透明等情况，容易导致暗箱操作甚至司法腐败。根据《新刑诉法解释》和《刑事诉讼涉案财物处置意见》相关要求，应当"探索建立跨部门的地方涉案财物集中管理信息平台"。"公安机关、人民检察院和人民法院查封、扣押、冻结、处理涉案财物，应当依照相关规定将财物清单及时录入信息平台，实现信息共享，确保涉案财物管理规范、移送顺畅、处置及时。建立涉案财物集中管理的信息平台，完善涉案财物处置信息公开机制，有利于提高效率、节约成本、降低风险，也有利于进一步提升司法公信力和透明度。"跨部门的公检法涉案财物管理体系涉及面广、工作量大、业务性强，是一项较为复杂的系统性工程，涉及多方面的工作要求。一是法律法规应用方面，涉及对涉案财物的获取和处理范围、各主体的法律责任等。二是内部工作机制方面，涉及公检法各单位不同刑事诉讼阶段、不同部门的内外交接流程的梳理。三是场所建设方面，涉及管理区域的规划、基建、仓储架构的设计等。四是应用软件研发方面，涉及公检法各单位多层级、多部门、多网络的刑事诉讼、涉案财物管理业务和系统数据共享设计。五是实务管理方面，涉及不同属性、规格、存放条件的物品保管、物流。六是财物的后续处置方面，涉及可流通物品的拍卖、不可流通物品的销毁和涉案钱款（外币）的兑换和相关公检法刑事诉讼各阶段法律业务以及相关环保、拍卖、政府采购等法律工作的指导、协调等多个环节。

笔者结合工作实际，在浦东新区公检法涉案财物共管工作方面进行了多次调研。浦东新区公检法涉案财物共管工作符合刑事诉讼涉案财物交接工作要求。公安机关、人民检察院、人民法院共同派员参与管理工作，降低司法运行成本，相互监督、相互制约，为全市涉案财物共管工作提供了有益经验。为破解刑事诉讼涉案财物处置难题，节省国家财政经费，笔者对影响司法刑事诉讼涉案财物管理工作的成因进行了研究，结合直辖市的刑事诉讼工作实际，对如何构建刑事诉讼涉案财物分级管理体系，提出如下对策与建议：

1. 建立分级共管工作机制，降低司法运行成本

从实际运作来看，随案移送制度要求公、检、法三家均应设立涉案财物的保管机构，各自配置专人、专地、专财，此做法不仅程序运作较为复杂，也耗费了大量的司法成本。但如果实物不移送或单纯单据移送，又大大弱化和限制了检察机关、法院两家的相关法律职能，不利于刑事诉讼的顺利进行。此外，如果各单位分别建设涉案财物共管场所也不利于资源和经费的整合。笔者认为，一方面，可以借鉴目前执法工作实践中较为成熟的看守所制度，根据全市三级刑事诉讼工作机制，由公、检、法三家单位共同委托第三方企业进行管理并依法履行诉讼阶段各自应承担的管理职能和义务，这也符合《刑诉法》的立法原意。另一方面，三家单位对涉案财物实行统一集中保管后，可交由具有国有企业背景、安全护卫资质的第三方企业负责管

理，特别是针对易腐烂变质、危险化学品等特殊物品交由其他组织进行保管，可大大缩短实物移送的运作路径，减少三家单位涉案财物保管风险，明确管理责任。据悉，某市的涉案财物管理中心在市委政法委的领导下，由保安公司统一承担涉案财物共管工作。公检法各单位以政府购买服务方式委托保安公司保管涉案财物，有利于分清责任风险。

2. 统一建设标准、工作流程和保管要求，打造分储式和集约化的共管中心

打造统一标准的涉案财物管理场所，创建统一的指挥、协调管理中心，建立分储式的公检法涉案财物跨部门集中管理场所，确保管理工作得到规范执行。一是管理模式上，建议采取"三家共管、共同委托"的模式。以区为基础单位，结合市属执法办案单位，在本市划分16个场所（黄浦、长宁区等中心城区可在其他区域选址或者委托其他单位建设涉案财物管理场所），专门申请建设管理中心，统一建设标准、工作流程，打造分储式集约化的集中管理模式，根据实际管理情况统一分配保管资源。二是管理主体上，各区可以分别委托几家企业统一管理本辖区内刑事涉案财物，建立多层级、多单位共同参与的"28+20+20+×"共管模式（28是指16个分局+12个市局直属办案单位；20是指16个区人民检察院+3个市人民检察院分院+1个市人民检察院；20是指16个区人民法院+3个市中级人民法院+1个市高级人民法院；×是指：多家专门社会企业）共同执行涉案财物共管规定，承担委托的管理职责与义务，确保保管义务互不替代、制约职能互不越位。由16个涉案财物管理点分别管理全市68家刑事诉讼业务单位的涉案财物，共享保管资源。三是法律责任上，根据《刑事诉讼涉案财物处置意见》精神及相关法律法规，公检法各单位与第三方

专业企业签订委托合同和保管合同，助力推进司法体制改革。四是运作方式上，建议采用"实物静止、单据移送"的方式对涉案财物进行随案移送。在管理系统中对三家单位涉案财物实行集中保管的前提下，可借鉴看守所的换押制度，公检法三家单位对涉案财物采用"实物静止、单据移送"的方式随案移送。公安机关在案件侦查终结移交检察机关审查起诉后，检察机关在接收案卷材料时，通过信息系统对相关涉案财物进行依法审查，待法院审理判决后，由第一审法院负责对涉案财物进行处置，检察机关对刑事诉讼过程中的执法活动和判决、后续处置（拍卖、变卖、回收、销毁）全程进行法律监督，从而保证涉案财物处置的公开、公正。五是系统建设上。为避免重复和多头建设，可以结合市委政法委牵头研发的中央政法委公检法涉案财物信息集中管理平台，参照浦东新区公检法涉案财物共管工作经验和流程升级信息系统应用功能，设计全市共用的公检法三级刑事诉讼涉案财物共管信息系统，并与"上海刑事案件智能辅助办案系统"进行数据互通，实现公检法刑事诉讼涉案财物信息数据全流程、全周期共享，并确保信息数据及时上传中央政法委。六是经费保障上。涉案财物共管工作的经费预算可以由市、区两级财政在年度预算中按比例共同予以保障，切实保障工作顺利实施。

3. 对涉案财物执法工作加大监督力度，明确涉案财物处置结果

《新刑诉法解释》完善了对涉案财物审查、处理、执行的相关规定，要求对定罪量刑和涉案财物处理并重，有利于实现涉案财物全流程、全周期的闭环管理。执法工作是涉案财物的源头，规范执法工作是涉案财物管理工作的基础。规范涉案财物处置工作是保证公正司法、提高司法公信力的重要举措，也是加强人权司法保障的重要措施。一是加大公安内部执法监督力度。笔者建议由市公安局法制部门

牵头，会同经侦、刑侦、治安等部门共同研拟涉案财物执法办案证据取证规格要求，提升执法取证标准，提高办案质量，保证涉案财物的"合法性、客观性、关联性"，减少无关的涉案财物数量和范围，做好涉案财物进口的把控关。二是扩展外部监督范围。《新刑诉法解释》规定在法庭审理过程中，应当对查封、扣押、冻结财物及其孳息的权属、来源等情况，是否属于违法所得或者依法应当追缴的其他涉案财物进行调查，由公诉人说明情况、出示证据、提出处理建议，并听取被告人、辩护人等诉讼参与人的意见；在法庭辩论时，要就涉案财物处理的相关问题进行辩论，完善涉案财物的处理意见。建议由市人民检察院牵头，加强对司法活动的监督，完善执法监督工作，推动对涉案财物执法、判决的法律监督工作，为涉案财物管理工作提供法律保障。三是强化对司法裁判结果的监督力度。《新刑诉法解释》针对个别案件中存在漏判涉案财物的问题，规定在二审期间发现的，可以发回原审法院重审，由原审人民法院依法作出处理；判决生效后发现的，由原审人民法院对涉案财物依法另行处理。建议由市高级人民法院牵头，对涉案财物的判决工作进行依法监督，从判决结果进行倒查监督，确保涉案财物来源去向明晰，逐案结清，把握好涉案财物出口的处置关。

二、上海市浦东新区政法机关刑事诉讼涉案钱款管理机制研究
——一体化管理工作的浅析与探索

上海市浦东新区法学会

刑事诉讼涉案钱款管理关系当事人合法权益保护，关系政法机关公信力，关系司法体制机制改革和全面依法治国大计，中央高度重视。当前刑事诉讼涉案钱款管理工作中的主要问题包括：存在轻视思想、执法方式不规范、管理方式较为守旧、工作流程有待优化、处置不及时、监督有盲区、权利保障不到位等。在浦东新区公检法涉案财物共管工作的基础上，为破解涉案钱款管理难题，浦东新区人民法院和浦东新区公安分局积极探索以"一案一人一账户"为核心的新的管理机制，并取得了有益经验。推进刑事诉讼涉案钱款管理一体化，需要从多方面加以努力，即在刑事司法中树立案件和财物并重的观念，探索建立刑事诉讼涉案钱款一体化管理信息平台，融合金融机构的资源优势，将监督管理环节前移，加强对涉案钱款的权属甄别，强化对涉案钱款的依法判决和及时处置工作，加强刑事诉讼涉案钱款处理理论和实践研究。

为了有效解决目前刑事诉讼涉案财物管理中存在的问题，2018年5月，在浦东新区区委政法委的牵头下，试点建立公检法三方涉案财物共管机制，搭建了"分派驻、共担责"的公检法涉案财物共管工作，打造了"智能化、规范化"的公检法涉案财物共管中心，建设了"一体化、全过程"的公检法涉案财物共管系统。浦东新区公检法涉案财物共管中心运行至今，中央政法委、中央电视台政法专项工作宣传会议摄录组也做了专题采访和取景，已接待国务院财政部行政政法

司、公安部，北京、浙江、江苏、安徽、山西、贵州、云南、广西、宁夏等外省市和本市其他各区政法委、公安、检察院、法院各部门50批次的调研考察，参观人数500余人次。《人民公安报》专刊对此工作进行了报道，此项工作得到了上海市领导的高度赞扬和肯定。虽然浦东新区公检法涉案财物共管工作取得了一些工作成效，但仍在不断完善相关工作内容，积极推进司法体制改革工作。尤其是涉及公检法的财务部门、涉案钱款专用账户的金融机构等跨行业、跨部门的涉案钱款管理工作，由于财务制度、金融机构实务工作的专业性与司法刑事诉讼法治要求存在一定距离，因此其更是实务工作中亟待提升和优化的工作内容。

刑事诉讼涉案钱款管理是涉案财物处置工作的重要组成部分，由于财务部门、金融机构的工作专业性、特殊性，目前仍然是刑事司法实践中的薄弱环节，不能满足政法工作高质量发展要求，不能满足人民群众对公平正义的期待和要求。如何在现行法治框架内规范和创新刑事诉讼涉案钱款管理，是一个重要的实践和理论课题。课题组坚持以习近平法治思想为指导，坚持问题导向，坚持从实际出发，书面征求各政法单位意见，召开公检法相关业务部门负责同志和农业银行上海分行负责同志座谈会，广泛听取意见建议，在此基础上梳理总结刑事诉讼涉案钱款管理工作存在的问题及其成因，提出相应的对策建议，形成调研报告。

（一）背景和问题

1. 为什么要规范和创新刑事诉讼涉案钱款管理工作

（1）中央部署要求

涉案钱款是涉案财物的组成部分。党的十八届三中全会明确提出要"规范查封、扣押、冻结、处理涉案财物的司法程序",党的十八届四中全会强调要"进一步规范查封、扣押、冻结、处理涉案财物的司法程序"。随后最高人民法院、最高人民检察院、公安部先后出台《关于刑事裁判涉财产部分执行的若干规定》《人民检察院刑事诉讼涉案财物管理规定》《公安机关涉案财物管理若干规定》等具体的司法解释和内部规范性文件。2015年中共中央办公厅、国务院办公厅印发《关于进一步规范刑事诉讼涉案财物处置工作的意见》,着重明确政策或者政策取向,要求坚持公正与效率相统一、改革创新与于法有据相统一、保障当事人合法权益与适应司法办案需要相统一的原则,健全处置涉案财物的程序、制度和机制。目前,涉案物品处置已经有了长足进步,但是涉案钱款处置仍是比较突出的薄弱环节。

（2）人民群众期待

推进全面依法治国,根本目的是依法保障人民权益。随着司法改革和全面依法治国的深入推进,人民群众法治观念越来越强,对公平、正义、民主、法治的要求日益增长。但是,刑事司法实践中"重案件处理,轻财产处理""重人身权利,轻财产权利"的问题仍然比较突出,这些不能适应人民群众的新期待、新要求。一些案件中,即使犯罪人受到刑罚制裁,但是由于未能依法追缴、没收犯罪人违法所得,极易引发被害人和社会公众不满。一些案件中涉案钱款（财物）被不当处置,当事人合法财产权益受到侵害。司法不公、贪赃枉法的一些突出问题就发生在刑事诉讼涉案财物处置的过程中,社会反映十分强烈。因此,应当坚持以人民为中心,规范和完善刑事诉讼涉案钱款处置工作,确保打击犯罪与保障人权的有机统一,更好地实现司法正义,增强司法公信力。

（3）政法实践需要

一是解决刑事司法实践问题的需要。虽然我国刑法、刑事诉讼法对涉案钱款（财物）处置都有规定，也出台了不少司法解释和规范性文件，但目前涉案钱款（财物）处置工作中仍存在不少问题，严重损害当事人合法权益，严重影响司法公信力。同时，制度供给也存在滞后和短缺的问题，难以适应刑事司法实践中涉案钱款处置的需要，不利于刑罚权的实现。比如，近年多发的涉众型经济犯罪案件中，追缴追赃的对象和范围如何确定？网贷平台中的真实借款人未归还欠款如何追缴？由司法机关直接查扣冻，还是由平台或者集资参与人提起诉讼？实践中亟待解决的这些问题，目前尚没有明确的制度规定和成熟的实践做法。二是总结刑事司法实践经验的需要。近年来，浦东新区政法机关先行先试，借助信息化手段，发挥政法机关和银行的合力，探索创新刑事诉讼涉案钱款管理工作新模式、新机制，取得了一些成绩，形成了一些共识，需要及时加以总结。这对于深化司法改革、优化法治化营商环境、推动上海数字化转型也具有重要意义。

2. 问题界定与调研思路

本课题贯彻落实习近平法治思想，着眼司法改革和全面依法治国大趋势，立足浦东新区刑事司法工作实际，旨在厘清刑事诉讼中涉案钱款管理工作中的问题和症结，融合农业银行上海分行的金融服务优势，优化财务部门工作流程，力求把中央要求、群众期盼、实践需要和新鲜经验结合起来，探讨涉案钱款一体化管理的必要性、可能性及其制度设计，为破解涉案钱款管理难题寻找可能的方案，并提出对策建议，以规范内部管理工作为契机，提升执法规范化水平。因此，本课题聚焦刑事诉讼中的涉案钱款，不涉及涉案物品；重点关注有必要一体化管理的涉案钱款，即需要在不同政法单位之间流转的涉案钱款，各单位内部的涉案钱款处理不做重点考察。

（二）浦东政法机关刑事诉讼涉案钱款管理工作现状

1. 浦东公安分局涉案钱款管理工作现状

浦东公安分局自 2009 年以来，以公安机关执法规范化建设工作为契机，规范涉案财物管理工作，研拟《上海市公安局浦东分局涉案财物管理工作规定实施细则》《上海市公安局浦东分局执法质量考核检查方案》等内部规范性文件，强化内部管理工作。警务保障、审计、督察、法制等部门联合开展涉案财物管理的督查工作，特别规范内部涉案钱款管理工作，杜绝涉案钱款挪用、贪污、坐支等情况发生。浦东公安分局涉案钱款管理包括内部和外部两类管理流程。内部管理流程主要涉及公安内部办案部门（民警）、财务部门、监督部门（法制、审计等）等主体之间的业务关系。外部管理流程主要是公安分局与新区检察院之间的移转。一是由于公安分局与检察院的财务部门间的交接流程烦琐，缺少信息沟通渠道，造成办案民警因涉案钱款交接工作，需在公安分局与检察院之间来回奔波和协调。二是由于财务部门的工作专业性，执法监督部门较难以结合案件情况进行专项专户检查，检查工作往往存在事后监督等情况。

2. 浦东新区人民检察院涉案钱款管理工作现状

由检察院的法律地位所决定，检察院在涉案钱款管理工作中处于承上启下的位置：公安机关扣押涉案钱款后，移送起诉时随案移送检察院，检察院提起公诉时再随案移送法院。

涉案钱款接收工作由检察院财务科负责，目前有三种途径。一是公安承办民警将涉案钱款信息交由公安财务部门，在公安财务开具相关单据后承办民警将单据交至检察院财务科，财务科开具行政事业单位资金往来结算票据及涉案钱款内部流转单据，交由检察六部，到此案款接收程序结束；二是承办人将检察院接收涉案钱款账号转达至嫌疑人、一分院或市公安局，由对方转账至该案账号，财务人员在网银中查询到进账记录后，开具行政事业单位资金往来结算票据及涉案钱款内部流转单据，并交由检察六部，到此涉案钱款接收程序结束；三是法院审判结束后，认定的涉案钱款金额少于先前检察院的移交金额，法院财务将差额直接退回检察院涉案钱款账户或公安部门账户。检察院对涉案钱款管理工作只能履行"保"的工作职责，无法对案件中的涉案钱款情况进行审核、审查。

3. 浦东新区人民法院涉案钱款管理工作现状

浦东新区人民法院根据上海市高级人民法院的涉案钱款有关规定和代管款"一案一人一账号"管理机制，规范诉讼费、代管款、罚没款等日常操作流程，明确了案款发还审核签字规范与案款发还规范，严格管控扣划户和拍卖户。

涉案钱款的执行是法院关心的重点、难点问题。刑事诉讼涉案钱款执行具体分为"存款账户扣划""非银行协助单位对涉案钱款的执行"与"公安扣押款项的执行"三种类型。（1）存款账户的扣划（包括对被执行人名下的账户扣划，以及对案外人账户的扣划）。此种方式分为线上扣划和线下扣划两种。线上扣划通过最高人民法院的总对总系统对被执行人名下账户进行扣划。但若该账户已被其他有权机关冻结，则该执行结果转为轮候冻结状态，无法扣划，仅当该有权机关解冻后，方可顺利扣划。线下扣划主要针对无法线上扣划的账户以及案外人账户，需要刑事审判庭提前确认涉案账户的银行具体开户网点、相关冻结案号、需冻结（扣划）之金额以及对涉案账户后续的执行措施。当前实际工作中以线下扣划为主。（2）非银行协助单位对涉案钱款的执行。这种执行采取线下办理方式，要求与协助单位必须做好前期沟通，协助单位联系方式的查明尤为重要。（3）公安扣押款项的执行。此种执行针对的是公安已经扣押的钱款，通过线下办理。目前包括两种方式，一种方式是公安要求被告人将退赔款存入指定银行账户，此种情况法院需到该指定银行账户现场扣划；另一种方式是公安将现金交接给法院。在此类管理工作中，仍可能存在其他法院或其他机构移送的不明涉案钱款，对财务工作的涉案钱款信息溯源工作存在一定影响。

（三）刑事诉讼涉案钱款管理工作中存在的问题及其原因

1. 存在轻视的主观思想

第一，公安刑事办案部门普遍存在重打击犯罪、轻钱款处理的观念，对刑事诉讼涉案钱款的权属、证据规格以及处理环节不够重视。比如有的案件，侦查机关查扣的涉案财产、合法财产与非法财产，被告人的财产与案外人的财产交织叠加，而证据方面只有查扣清单和相关文书，并无证明财产权属的实质性证据，导致涉案财产部分的举证、质证成为走过场，从而只能证明公安机关查扣了这些财产，却证明不了这些财产就是应当追缴、返还的违法所得，更无法在判决中做出明确处理。

第二，检察机关对于公安移送的涉案钱款，一般只做程序性审查，主要是根据扣押清单等进行书面审查，以确认其与案件的关联性，缺少对公安强制措施适用范围、适用条件以及涉案钱款权属情况的实质性审查；在法庭审理中，公诉部门也主要围绕案件定罪与求刑，对于查封、扣押的钱款的举证、质证均稍显薄弱。

第三，法院审理侧重对人的处理，对人的行为定罪量刑，对被告人财产状况审查不够充分，对涉案钱款审查较少，存在漏判、空判情况。

2. 执法方式不规范

第一，办案单位获取涉案钱款不规范。个别办案部门存在执法误区，采取不规范的执法方式获取涉案钱款，以接受证据的方式变相扣押，或以调取措施替代扣押措施，未履行法定告知义务或保全流程，以简单执法方式替代强制措施流程。第二，办案单位违规收取退赔款。个别办案单位为追求追赃率，违规收取当事人的退赔款，例如交通肇事罪当事人的赔偿款。第三，办案单位以扣押替代冻结措施。个别办案单位在工作中违规要求当事人将违法所得以划账的方式缴纳退赔款，违反办案程序规定。第四，查封、扣押、冻结的钱款权属不清，范围失当。查扣冻钱款权属不清是实务部门反映较为突出的一个问题，有的涉及利害关系人权益，有的存在轮候查封，有的还涉及民事债权债务，法律关系复杂，难以在短时间内一并查清。比如非法集资案件中，大多数非法集资案件被告人将集资款用于投资、职业、经营等途径，涉及刑民交叉、利益关系人投资等问题，集资款的流向比较复杂。范围失当既有范围过窄的问题，特别是在涉众型经济犯罪中，查扣冻涉案钱款范围过窄，一定程度上影响追赃效果；又有范围过宽的问题，易引发后续民事纠纷，致使刑事审判结束后被查封之财产无法有效执行。

3. 管理方式较为守旧

第一，相关业务主要采用传统人工方式，效率低，且较易出差错。比如，涉案钱款缴纳信息登记采用纸质单据填写方式，以致难以及时发现和纠正信息填写不完整、不规范的问题，进而无法通过财务数据关联案件、涉案人员和办案单位；涉案人员家属代为缴纳的，则缴款信息无法与案件和嫌疑人匹配（无法追溯缴款来源）。涉案钱款到账情况，需要办案民警往返银行人工查询，耗费不必要的人力和财力。涉案钱款冻结情况，采用人工记录提醒方式，容易发生漏冻情况。

第二，相关业务主要采用线下办理的方式。突出的有两类：一是公安机关与检察机关之间涉案钱款的流转，除了少量案款通过涉案财物共管平台在审查起诉阶段流转至检察机关，大部分钱款主要采用线下书面流转的方式。实践中，采取这种方式办理的案件依赖于办案人的个人记忆，涉案款物有时容易被遗忘，且因未能与案件同步移送，影响涉案款物的及时处理。同时，有时由于出现网络、系统等问题，导致开票失败，公安民警需多次往返检察机关办理手续，亦影响办案效率。二是法院涉案钱款执行主要依靠线下办理。

即使是"存款账户扣划"执行方式中，由于线上扣划存在"刑事案件涉及案外人账户较多""最高人民法院总对总系统无法查询案外人账户情况""有权机关在先扣划"等阻碍，实践中也是以线下扣划为主。线下扣划又因多涉及外地账户，需委托外地法院配合，但若冻结案号有误、冻结账户与银行网点不明，极易导致外地法院无法配合扣划。

第三，各单位内部业务流转环节多，程序复杂。前述关于涉案钱款管理工作现状的描述已经能够反映各政法单位内部业务流程之复杂，此处再以审查起诉环节的退赃为例加以说明。审查起诉案件的退赃程序是：承办人将单位收款账号通知到犯罪嫌疑人，在该账号收到钱款后，先由承办人到财务科获取收款凭证，再至案管部门录入案件系统，承办人最后开具扣押决定书和扣押清单，列明扣押来源和金额。由于流程复杂，加之检察院办案部门与财务部门办公地点相距较远，大大影响退赃效率和办案效率。

4. 工作流程有待优化

第一，各单位内部不同部门之间信息不对称。一是办案部门（承办人）、财务部门、涉案财物管理部门（案管部门）之间信息不对称。比如检察院案款接收过程中（以嫌疑人移交为典型），院内承办人有时并不会及时告知财务科相关案款的嫌疑人以及金额，案款到账后，财务科无法和检察院案管部门核对，也无法开具案款内部流转单据，导致月末对账困难；也有部分承办人只有在案款需要移交时，才会联系财务开具单据。二是办案系统、财务系统、涉案财物管理系统之间因使用不同网络（互联网、公安网、感知网），数据不能在系统间自动关联转换。通过人工方式关联比对，不仅影响核对效率，也影响相关数据精确性。三是财务系统功能受限，相关财务数据无法完整体现涉案钱款与案件编号、办案单位等信息。

第二，各单位之间不同办案阶段信息不对称。一是款物分离管理（赃证物两条线管理），导致不同阶段办案机关信息不对称，流转过程中可能遗漏或延迟交付流转单，或者已被扣押钱款未列入流转单。比如，公安机关一般不将涉案钱款与案卷同时移送，赃款单比案卷晚3—5日甚至更长，有的速裁程序案件已提起公诉，检察院案件承办人还未收到赃款单。二是公检法各自使用不同的办案系统，案件命名和编号方式不同，影响流转对接效率。公安多以被害人姓名命名案件，检察院则以犯罪嫌疑人姓名命名案件，检察院在接收案款时难以迅速将公安移交的案款与在办案件正确对应，增加了时间成本和操作失误的可能性。同样，法院财务退回案款时，通常附言为法院案件号，并无嫌疑人信息，而检察院案件号与法院也不相同，亦需要人工核对案件嫌疑人信息后，才能交由相关承办人处理。三是法院判决信息未能及时到达公安，影响涉案钱款及时处置。

5. 处置不及时

公安机关存在涉案钱款长期挂账未处理的现象，这是当前涉案钱款管理工作中的一个突出问题。公安分局财务数据显示，长期挂账账龄有 1—3 年的，也有极少数账龄 3 年以上的。其主要成因有：（1）未及时通知当事人。主要是由于相关承办人员责任意识不强，涉案钱款到期后未及时通知被取保候审人、保证金交纳人或暂扣款暂扣对象，未及时依法有效处理。（2）无法联系当事人或当事人已死亡。如有的涉案人员处于服刑状态，有的当事人已死亡，有的案件长时间搁置，已经没有当事人联系方式等，造成无法发还涉案钱款。也有的情况是经办人在缴纳涉案钱款过程中，银行缴纳单填写不当，财务部门无法确认该笔涉案钱款是哪个单位缴纳。长久挂账后，财务部门找不到对应登记的信息，无法催促处理。（3）已通知当事人，但当事人无法及时领取。（4）已通知当事人，但当事人拒绝领取或放弃领取。（5）未结案。部分案款所涉案件处于移送检察院、法院诉讼阶段，检察院沿用公安取保候审保证金，暂扣款等，或者需要等待法院作出生效裁判后作出相应处理，导致此类案款留存于公安扣款账户中。（6）未判决。即法院判决书没有明确如何处理涉案钱款，以致没有相关单位牵头负责处理涉案钱款。（7）未取得判决书。即法院已判决，但案卷尚未退回办案单位，以致无法及时取得涉案钱款处置依据。（8）未查找到实际承办民警。待清理保证金及暂扣款所涉案件大多为陈年旧案，由于承办民警轮岗调离、辞职、退休等流动较快，以及密钥脱手等原因，网办中承办民警与实际承办民警不一致，经多方查询仍无法查找到实际承办民警。（9）未查找到关联案件，来源不明。办案单位对需清理明细中所列款项逐笔清理后，仍有极少数款项未关联到相关案件，以致无法清理。（10）其他情况。如个别单位以实物形式扣押或暂存的涉案钱款和无主款，财务部门无法掌握，可能造成相关款项处理的遗漏。

法院在涉案钱款处理方面的问题，一是存在漏判、空判情况。按照法律规定，可能判处被告人财产刑、责令退赔的，刑事审判部门应当对被告人的财产状况进行调查。但实际情况是通常未能对被告人财产状况充分审查，未能在判决中对涉案钱款作出明确处理。这既有法院"重人轻物"的原因，也有公安侦查、检察公诉没有提供足够实质证据的原因。二是存在发还滞后情况。按照法律规定，法院应在案件判决后，从扣押钱款中扣除犯罪数额及罚金，将余下的钱款及时通过法定程序发还被告人。但是实际情况是法院的发还并不及时。此外也存在当事人拒绝领取的情形。如在一些刑事案件中，被告人为了减轻处罚，将赔偿款交到法院，但被害人对赔偿金额不予认可，拒不领取，导致涉案款无法及时处理。

6. 监督有盲区

第一，监督覆盖不全。涉案钱款的缴纳、执行、处置缺乏相应的法律执法监督。个别单位和办案人员未能及时督促嫌疑人缴纳罚款，较易造成国家非税收收入受损，亦存在渎职和司法腐败风险。个别单位以实物形式扣押或暂存的涉案钱款和无主款，分局财务无法掌握，在实际管理中存在缺失。第二，监督主体局限。涉案钱款由财务部门监管，而一般执法监督部门不熟悉财务业务，经验不足，无法对财务部门的钱款管理工作进行监管，往往事后才能发现问题。第三，监督手段有限。监督部门缺少相应的监督措施，特别是缺乏信息化和科技手段支撑。比如检察院监督财产刑执行的手段过于落后，完全依托法院，对罪犯真实履行能力难以判断，限制了监督工作纵深发展。

第四，监督模式滞后。多数是事后监督、被动监督，事前监督、常态化监督不够，预防和及时发现、纠正问题作用不明显。

7. 权利保障不到位

当事人权利保障不到位，主要表现在，一是涉案钱款到期后，办案机关未能及时通知或者退还被取保候审人、保证金交纳人或暂扣款暂扣对象。二是虽然被告被判处刑罚，但被害人损失的钱款未能追回，被害人对此反映较为强烈。三是法院判决后，依法应当发还当事人的钱款，未能及时发还。加之程序上法院并不是直接发还给当事人，仍要先退还检察机关，由检察机关退还公安，再由公安发还当事人，各环节相加耗时耗力，消耗司法资源的同时，也严重影响当事人取回钱款的时效，侵害其合法权益。四是在押人员对涉案钱款去向不了解，对相关流程不清楚。实践中，有大量在押人员向执检部门提出了解其涉案财物的去向或欲取回的申请。由于在押人员对涉案财物的处置过程不清楚且部分涉案财物的流转时间过长，容易导致滞留，产生大量的此类控告案件。此外，案外人权利保障也存在不到位的情况，比如有的案件中涉案钱款查扣涉嫌侵害案外人合法权利，案外人难以了解或查询相关款项去向等。

（四）浦东新区对刑事诉讼涉案钱款管理新机制的探索

为破解涉案钱款管理难题，浦东新区人民法院于 2019 年开发应用"e 号通"代管款管理系统，实行"一案一人一账户"管理机制，浦东公安分局 2021 年开发应用"警银通"涉案钱款管理系统，亦实行"一案一人一账户"管理机制。

1. 浦东新区人民法院"e 号通"代管款管理系统

（1）"e 号通"代管款管理系统"一案一人一账号"的含义

"e 号通"代管款管理系统"一案一人一账号"的管理目标是当

事人在同一法院因同一纠纷进行诉讼执行过程中，通过为其分配一个固定的、独立使用的代管款资金账户，以方便法院对其缴纳的代管款资金统一管理、监督和处理。其中，"一案"指一案件而非一案号。即在同一法院因同一纠纷进行诉讼行为而产生的相关案件，也就是同一诉讼的审判、执行、申诉等不同阶段的同一案件，基层法院可能会涉及一审、执行、执恢、申诉、再初、再重等字号的案件，高中院除基层法院涉及的字号外，还会涉及二审相关字号的案件。"一人"指同一案件中的一个当事人，既可以是公民自然人，又可以是公司组织。"一账号"指一个独立的、贯穿整个诉讼执行过程中的银行专属账号，用于当事人处理因案件所产生的除诉讼费以外的代管款资金。

（2）"e号通"代管款管理系统中的业务角色

在业务实施过程中，"e号通"系统涉及承办法官、当事人、法院财务、财务系统、代管款系统和银行系统六个角色和业务系统。（1）案件的承办法官是案件审理执行过程中，当事人代管款资金的缴纳、发还处理等业务的发起人。（2）案件当事人，依据案件承办法官开具的《代管款缴纳通知》，足额缴纳代管款资金至法院财务部门，或者法院指定的银行资金划入账户。（3）法院财务管理案件审理过程中发生的代管款，根据案件承办法官开具的《代管款缴纳通知》，核实应缴款项入账后开具收据；根据承办法官开具的《代管款处理通知》，核实后完成发还等处理事项。（4）法院财务人员，通过财务系统核实代管款来款的入账并开具收据，核实发还处理请求完成代管款的发还等处理，根据规定完成上缴国库等业务处理。（5）代管款系统是法院审判执行系统中，负责案件代管款管理的子系统，根据财务系统的来款收据和收据的发还处理数据，形成案件的代管款案款明细数据。承办法官在代管款系统中打印缴纳、处理通知书，以及后续的审批手续。（6）银行系统为法院提供"一案一人一账号"专属账号资源，账户产生入款与划付业务后，提供详细的实时信息与对账信息，供法院与之核对。

（3）"e号通"代管款管理系统的账户分配

银行为法院提供一个预先分配的专属账户池。法院在案件的立案阶段为每个被告人按"一案一人一账号"原则，设定"专属账号"并自动嵌入应诉通知书或执行通知书内告知当事人，目前只在刑初（刑事一审案件）、民初（民事一审案件）、民督（申请支付令审查案件）、行初（行政一审案件）、执（首次执行案件）字号案件的立案中自动分配。专属账户按需分配，可以在案件处理的任何阶段进行。因为专属账户是用于当事人向法院划入资金，所以需要缴纳代管款的当事人才需要分配专属账户账号。

（4）"e号通"代管款管理系统的功能和业务流程

目前该系统具有收款、发款、不明款认领解除、代管款处理授权、代管款处理情况表查询打印、审批权限配置查看等功能。其中，收款流程主要包括如下环节：（1）法官开具缴纳通知书，通知当事人缴款；（2）银行到款，向高级人民法院反馈电子对账明细数据；（3）案款到达，法官打印开票通知书；（4）财务开具正式收据。发款方面，系统目前提供"退代管款、退保证金、转诉讼费、转罚没款、转公告费、转执行费、转评估费、转鉴定费、转他案代管款、上缴国库"等10种事由处理案款。

2. 浦东公安分局"警银通"涉案钱款管理系统

浦东公安分局会同中国农业银行（浦东分行），对办案流程和财务需求开展逐项逐环节梳理，积极探索将数字化金融服务融入数字化办案、财务、审计等各个工作环节，定制打造上海公安机关"警银通"涉案钱款一案一人一账户的管理新机制。

（1）主要做法

浦东公安分局与农业银行在前期加速对接、反复建模、不断优化的基础上，于 2021 年 6 月 1 日，在分局挑选部分办案部门试点开展"自动批量开立专设账簿、公众号申请及查询专属账簿、柜面免填单专属缴款、涉案钱款业务优先办理及特色报表"等业务工作，在实践中优化系统，力图寻找最优模式。目前已经形成较为成熟的、经得起考验的运作模式。

一是在涉案资金账户设立环节，实现汇集法律文书清单、案件编号和当事人信息的一案一人一账户的专属模式，确保涉案钱款账案款信息相符，做到逐案建立涉案钱款管理台账。二是在涉案资金缴纳方式环节，支持办案民警或当事人全渠道（支付宝、微信、POS 机刷卡、网银、柜面受理等）进行缴款，扩宽涉案钱款缴款渠道。三是在涉案资金内部管理环节，银行自动将涉案钱款到账信息实时推送公安机关财务、办案等部门，办案民警可根据各类数据条件组合查询条件；财务部门、办案部门可实时下载银行入账凭证，提高工作效率。四是在涉案资金出账流程环节，将银行金融服务深入融合公安机关财务工作，优化财务管理模式，实现办案部门线上申请，财务部门线上审核，改变办案民警来回奔波等情况，实现"涉案钱款出账工作一键通"，为办案部门、财务部门工作减负。

（2）主要成效

"警银通"涉案钱款管理系统的建成和投入运行，推动了涉案财物管理更上一层楼，正在形成全市涉案钱款管理新范例。

一是实现了涉案扣押款、收缴款、保证金等账户管理无纸化、支付全渠道、来源明去向、信息可溯源的工作目标。着重解决涉案钱款在公安机关、银行间的交接难题，简化操作流程，切实为基层办案单位减负增能。

二是改变了传统作业模式，首次实现全市公安机关涉案钱款缴款线上化、数字化、智能化，更是全国公安机关首次引用银行公众号申设对公多级子账户，从源头上规范涉案钱款管理，实现"信息采集、案款关联、自动建账、账款相符"的闭环管理，有效杜绝涉案钱款来源不明、账务不符、私自挪用等情况发生。

三是解决了银行服务与公安业务适配性不高的问题，避免了办案民警因在银行非营业时间无法收取保证金，只能加班看管犯罪嫌疑人的工作困扰；改变了当事人在银行间往返奔波的现状，切实实现便民利民服务；优化了公安机关财务部门工作流程，将银行金融服务环节前移，为财务工作人员减负；强化了公安财务信息、办案信息、银行信息的关联整合。

3. 涉案钱款管理新机制探索的启示

浦东法院"e号通"代管款管理系统和浦东公安分局"警银通"涉案钱款管理系统的创新实践，为破解涉案钱款管理难题探索出有益方向，积累了有益经验。总结借鉴两大系统先行先试的实践经验，对于破解涉案钱款管理难题是必要的，也是可能的。

从实践来看，两大系统的有效运行，有一些共同特点。一是引入信息化手段，通过建立信息化管理平台，改变传统管理方式，提高了管理效率。二是政法机关和银行联动，集成优势明显，业务系统优化升级，更加符合政法机关办案特点和规律，业务功能更加健全，业务对接更加顺畅。三是实行"一案一人一账户"管理机制，推进涉案钱款的统一管理、监督和处理，大大提升了涉案钱款管理的规范化、专业化、科学化水平。四是实现了多方共赢，新的管理系统和管理机制不仅提高了政法机关和机关工作人员的治理效能和公信力，也拓展了银行业务范围，提升了银行服务精细化、专业化水平，同时也便利了当事人，有利于保障当事人的合法权益。

同时，也要看到，两大系统是法院、公安分别与银行合作、各自独立开发，其主要目标是解决法院、公安系统内部的涉案钱款管理难题。破解公安、法院、检察院不同单位之间涉案钱款管理难题，尚需在各自系统基础上进一步探索，推进涉案钱款管理的一体化。

（五）推进刑事诉讼涉案钱款管理一体化

1. 在刑事司法中树立案件和财物并重的观念

观念是行动的先导，推进刑事司法实践，首先要推进刑事司法理念和观念升级。当前的刑事诉讼实践中，"重案轻财、重人轻财"观念根深蒂固，涉案钱款（财物）处置从属于"办案优先"的固有观念，而没有被视为刑罚权实现的重要内容和内在要求，不能适应人民群众日益增长的公平正义、民主法治需求，与贯彻落实习近平法治思想的要求存在一定差距。应当树立"人财（物）并重"观念，把案件办理和涉案钱款处理放到同等重要的位置，把财产权保障和人权保障放到同等重要的位置。

当然也要看到，冰冻三尺非一日之寒。从长远看，要从根本上确立"人财（物）并重"，或者说案件和财物并重的观念，一是要推进制度供给侧结构性改革，在立法上确立财产权保障和人权保障并重的价值观。立法是司法和执法的前提，立法理念影响司法和制度的理念。现行刑事诉讼法在强制措施部分，只规定了拘传、取保候审、监视居住、拘留、逮捕等五种对人的强制措施，而对物的强制措施，如查封、扣押、冻结等则规定在侦查措施中。这种结构安排折射出立法层面亦存在重人轻物、重案轻财的观念，不利于司法和执法观念的转变。二是进一步完善以审判为中心的司法制度，通过在庭审过程中强化对涉案钱款（财物）的法庭调查和质证，倒逼公检法对涉案钱款（财物）问题的重视。学界有人甚至建议建立相对独立的涉案财物庭审程序。

2. 探索建立刑事诉讼涉案钱款一体化管理信息平台

浦东新区人民法院"e 号通"和浦东公安分局"警银通"的实践经验，以及涉案财物共管中心的实践经验启示我们，破解涉案钱款管理难题，可考虑探索建立涉案钱款一体化管理信息平台。在公检法之间打造一条方便快捷、信息互联互通的通道，形成涉案钱款从获取、移送到处理（发还、退还、没收）等的工作闭环。

涉案钱款一体化管理平台的优势和价值是明显的。比如，信息化手段的引入，有利于提高工作效率，比如借助信息技术可以通过案件当事人或关键词等信息迅速实现公检法以不同方式命名的案件之间的关联，大大节省人工比对成本，避免和减少差错发生。信息透明和信息共享，有利于公检法之间、公检法内部不同部门之间的信息对称和闭环管理，促进涉案钱款顺畅流转，也有利于保障当事人的知情权。信息平台推动管理流程再造和管理机制升级，有利于提高执法规范化水平，更好地保障当事人合法权利。信息化手段和信息共享，有利于提高监督效果和监督常态化水平，有利于预防和避免问题的发生，也有利于及时发现问题，比如可以探索在系统中设置预警功能，发生应退未退、长期挂账等情况时触发预警，及时通知相关单位和人员介入处理。

涉案钱款一体化管理平台的建设，也有几个需要深入思考的问题。第一，涉案钱款一体化管理平台与现行法律规定和制度要求是否冲突？我国宪法、刑事诉讼法均规定，人民法院、人民检察院和公安机关办理刑事案件，应当分工负责，互相配合，互相制约，以保证准确有效地执行法律。这就要求涉案钱款一体化管理平台应当符合"分工负责，互相配合，互相制约"的基本原则。中共中央办公厅、国务院办公厅《关于进一步规范刑事诉讼涉案财物处置工作的意见》强调"规范涉案财物保管制度"，明确要求"对扣押款项应当逐案设立明细账，在扣押后立即存入扣押机关唯一合规账户"。这就要求涉案钱款一体化管理平台不得违背"唯一合规账户"的具体要求。因此，在现行制度和政策条件下，涉案钱款一体化管理平台宜定位为信息管理平台，而不宜采用"共管账户"的形式，宜把实现信息同步、信息共享作为核心目标和功能。

第二，如何处理好涉案钱款一体化管理平台与公检法各政法单位现有平台的关系。当前反映较多的一个问题是，各单位均存在多个操作系统，且各系统尚未完全打通，相互独立，如办案系统、财务系统、公检法涉案财物三方共管平台、上海刑事案件智能辅助办案系统等，同一个数据、同一个案件信息需要在不同系统中重复录入、重复操作，不利于工作开展，也增加人力成本和出错概率。因此，应当处理好多个平台之间的关系。一要处理好"条条"与"块块"之间的关系。各单位办案系统以"条条"为主，是全国公安、检察或法院办案系统的一部分，牵一发而动全身。而公检法涉案财物三方共管平台、涉案钱款一体化管理平台以"块块"为主，是以尊重"条条"现状为前提的制度和机制创新。二要加强不同平台的整合，提高平台使用便利性和体验感，减少重复劳动。三要打通平台间数据壁垒，实现不同平台之间的数据兼容和数据关联，提高平台智能化水平。如公安系统在积极探索财务系统、办案系统、涉案财物管理系统的三网（互联网、公安网、感知网）的融合，以期打通系统间数据关联转换的壁垒，使由案到款、由款到人等要素之间的查询更加便捷。

第三，涉案钱款一体化管理平台坚持实事求是，不搞"一刀切"。涉案钱款信息原则上都要进入平台，但是也有例外情况。典型的如涉案外币，依据法律规定，浦东新区政法单位均无法开立外币账户，因此相关案件中涉案外币只能通过实物管理和流转的方式来处理。

3. 加强对涉案钱款的权属甄别

涉案钱款的权属甄别是刑事案件对物之诉的起点和基础。查清涉案钱款权属，关系到刑事诉讼程序质量地顺利推进，关系到涉案钱款能否得到及时处理、判决能否执行到位，关系到惩罚犯罪、保护人权目标的实现，影响司法公信力和权威性。第一，提高公安法治意识和涉案钱款执法工作水平，加强公安内部业务指导、培训和监督。涉案钱款获取、移送和处理等工作实践暴露出部分执法人员存在法治意识不强、法条理解有误、法律适用不准确等问题，应当有针对性地加强业务培训和指导，通过上门授课、制发工作提示、制作微课程、点对点解答个案、典型案例通报等多种形式提高办案人员涉案钱款工作的法治化水平，对涉案钱款及时甄别，准确实施查封、扣押、冻结等强制措施，以便于公诉机关在庭审中及时发表处理意见，并列入判决结论，确保涉案财物得到及时处理。同时加强监督，及时纠偏。第二，检察院应加强对公安机关侦查活动的指导和监督。通过指引公安机关补充侦查，引导公安及时查封、扣押违法所得，注重搜集与案件有关联性的证据。对于应当扣押、追缴但公安机关未处理的，应当及时指引公安机关进一步取证。第三，检察院应加强对涉案钱款的实质性审查。除了程序性审查，检察机关还应当审查公安机关扣押钱款的来源、金额是否合理，与本案其他证据是否矛盾。第四，加强公检法之间的沟通协调和互相配合。由于办案职能与诉讼环节不同，公检法对于涉案钱款的认定标准存在一定的偏差，应当总结办案经验，加强沟通协调，提高涉案钱款权属认定和甄别质量。

4. 强化对涉案钱款的依法判决和及时处置

《最高人民法院关于适用〈中华人民共和国刑事诉讼法〉的解释》（法释〔2021〕1号）适应强化产权司法保护的要求，充实完善对涉案财物审查、处理、执行的相关规定，要求对定罪量刑和涉案财物处理并重。规定在立案审查阶段，要审查涉案财物是否随案移送并列明权属情况，是否有证明相关财物系违法所得或者应当依法追缴的其他涉案财物的证据材料；在庭前会议中，可以就涉案财物的权属情况和处理建议听取意见；更是规定在法庭审理过程中，应当对查封、扣押、冻结财物及其孳息的权属、来源情况，是否属于违法所得或者依法应当追缴的其他涉案财物进行调查，由公诉人说明情况、出示证据、提出处理建议，并听取被告人、辩护人等诉讼参与人的意见；案外人对涉案财物提出权属异议的，人民法院应当听取案外人的意见；在法庭辩论时，要就涉案财物处理的问题进行辩论。特别是针对个别案件中存在漏判随案移送的涉案财物的问题，如果在二审期间发现的，可以发回原审人民法院重新审判，由原审人民法院依法作出处理；判决生效后发现的，由原审人民法院对涉案财物另行处理。

第一，法院应依法加强对涉案钱款的审查、举证和质证。依法查明被告人财产状况，维护被害人合法权益，做到对犯罪嫌疑人的刑事处罚与追赃挽损工作同步推进。检察院也应加大对涉案钱款在法庭审理中的举证、质证力度，做到不枉不纵。第二，法院应在判决等法律文书中明确对涉案钱款的处置，避免漏判。这样有利于避免涉案钱款处理没有依据、处理滞后以及长期挂账等问题，也有利于惩戒犯罪、保护受害人合法权利。第三，法院应依法及时处置涉案钱款，避免空判。由于法院内部并未明确财产刑是否统一移交执行局执行，因此财产刑执行尚有漏洞和短板。法院内部应健全财产刑执行机制，明确执行主体，避免重案件刑事执行、轻财产刑执行，避免罚金刑判而不执等问题。需返还的扣押钱款，应当明确返还期限。涉及公安和检察的，应当明确涉案钱款处置的牵头单位和实施单位，避免案件判决之后，涉案钱款无人过问。第四，检察院应发挥法律监督作用。要监督法院对涉案钱款的处理，审查判决书对犯罪数额的认定和对涉案钱款的没收是否合理、合法，收到被告人反映未收到返还钱款的情况时，及时向法官了解具体情况，督促法院尽快返还。

5. 加强刑事诉讼涉案钱款处理理论和实践研究

第一，要加强刑事诉讼涉案钱款处理的理论研究。目前国内刑事诉讼涉案钱款处理理论研究尚处于起步阶段，需要理论界和实务界共同努力，立足国情，提炼事实，批判借鉴域外理论和制度成果，不断认识和把握刑事诉讼涉案钱款的内在规律，为司法实践难题提供理论支持。比如，如何确定涉案钱款的范围，如何确定追缴对象范围，如何完善刑事诉讼涉案钱款执行机制，如何完善对财产刑执行的法律监督等。

第二，要加强刑事诉讼涉案钱款处理的实践研究。刑事诉讼涉案钱款的妥善处理，"不仅可以有效地限制法院在涉案财物追缴方面的自由裁量权，为被告人、被害人及其他利害关系人参与诉讼活动创造条件，而且符合审判中心主义改革的理念，可以提高司法裁判的公信力"。当前涉案钱款执法、管理、处置实践中，尚存诸多难题和薄弱环节。试举几例，由于法律对可追缴对象范围规定不够明确，如提供中介服务、广告宣传、软件设计、流量支持的人员获利是否可以追缴，实践中容易引起争议；司法解释对部分资金使用主体虽然作出了规定，比如依据有关司法解释，对已经离场的集资参与人获取的利息应当追缴，但如何追缴尚不明确，实践操作难度大。同时，法律追缴的手段有限，对追赃挽损效果影响较大。司法机关作为追赃主体，受制于司法资源和追赃手段的有限性，存在较大局限。而涉众型金融犯罪等案件本身的复杂性进一步加大了追赃挽损的难度，客观上还存在查不快、看不透、追不深、冻不实、处不了等问题。这些均是当前司法实践中较为突出的问题，亟待加以解决。

三、农业银行上海分行"警银通"涉案钱款管理工作简介

为贯彻落实公安部涉案财物专项治理工作精神，规范涉案钱款管理工作，坚持制度创新、理念创新、模式创新，农业银行上海市分行积极配合上海市公安局浦东分局开展研发上海市公安局涉案钱款管理系统（以下简称：涉案钱款管理系统），做好基层办案民警执法办案的涉案钱款服务工作，提升财务部门的涉案钱款管理效率，避免办案民警来回奔波，为当事人提供多渠道缴款方式，有效提供便民、利民服务，杜绝涉案钱款来源不明、账务不符、私自挪用等情况发生。

涉案钱款管理系统通过打通银行系统与公安办案系统间的网络壁垒，优化办案民警、分局财务部门的缴款、还款流程，为基层办案民警处理涉案钱款提供服务与便利，为审计监督、执法监督等部门提供数据支撑。有效地解决分局财务部门、办案部门对于涉案钱款的追根溯源、计算孳息等工作中的困难。通过"一案一人一法律文书一账户"的设计理念，确保每笔钱款都能关联到人，关联到案件，并可对每笔钱款单独计算孳息，减少不明款项的发生。

涉案钱款管理系统以上海市公安局智综系统办案模块数据为源头、以农业银行多级账簿及银企直连系统为基础，分别将公安涉案钱款管理模块、公安财务审核模块及银行业务系统模块互联，实现了办案民警、银行、财务三方的业务互通，最大程度做到了让数据"多跑路"，让民警、财务及当事人"少跑路"的效应。

（一）案款收取阶段流程

办案民警通过涉案财务管理系统将涉案钱款案件移交或告知专

管员－系统连接涉案钱款系统提取上述业务数据状态－专线直连银行业务系统接收系统请求指令，为案件开通子账号，并关联子账号、案件编号、法律文书清单等信息－办案民警或当事人通过专属子账号缴款－缴款完成后，银行系统接收对应子账号缴款信息－涉案钱款系统接收银行入账通知，将数据推送至办案部门和财务部门。

（二）案款转账发还阶段流程

办案民警通过涉案财务管理系统提交发还申请，一并提交发还清单、法律文书等证明材料－财务部门接收案款发还申请后，通过双人审核、复核、发还流程，完成案款发还申请－银行系统接收到案款发还指令，通过银企直连完成案款发还－涉案钱款系统接收银行转账成功通知，将数据推送至办案部门和财务部门。

（三）案款支票发还阶段流程

办案民警通过涉案财务管理系统提交发还申请，一并提交发还清单、法律文书等证明材料－财务部门接收案款发还申请后，通过双人审核、复核、发还流程，完成支票开立－办案民警领取支票后，通知当事人领取支票并在支票有效期内（十个自然日）提取现金－支票现金提取后，涉案钱款系统接收到银行发送的现金支取成功通知，将数据推送至办案部门和财务部门－若支票超期未及时领取，涉案钱款系统将提示异常信息，办案民警联系当事人重新领取支票。

（四）办案民警系统使用

一是优化办案民警案款专属账号申请绑定功能，在成功生成法律文书后，办案民警通过移交专管员功能实现法律文书与农行专属账号的绑定，实现"一案一人一法律文书一账户"管理，以专属账号伴随一案一人的案款全生命周期管理；二是便捷民警查询专属账号通道，可通过官方公众号查询涉案钱款专属账号，查询相关账户信息；三是方便民警缴款流程，目前农行浦东分行全网点实现民警缴款绿色通道，民警可实现免填单、涉案钱款自动关联、在银行网点免排队缴款，简化缴款流程；四是涉案钱款发还处理及收缴处理申请流程的电子化、无纸化及便捷化，民警可在涉案钱款管理系统中跟踪案款流转明细，并可直接在系统中申请案款的发还或收缴申请操作，替代以往的纸质材料流转、线下财务审核提交、柜面案款发还等流程，大大减少民警在各部门、各单位间的人工流转工作量。

（五）公安财务人员系统使用

一是可全程跟踪涉案资金流向明细，实时掌握钱款路径及到账明细；二是实现无纸化涉案钱款发还或收缴阶段的全流程线上双人审核，根据办案民警作出的发还处理申请或收缴处理申请，公安财务人员通过会计、出纳双人审核、复核、执行操作；三是银行企业直连发送支付指令，财务部门会计、出纳人员根据权限设置，审核完涉案钱款相关支付指令并予以确认后，发送支付指令至农业银行，通过银行企业直连将涉案钱款转账至当事人账户或转至收缴款账户，并将动账消息通知至财务部门及办案民警；四是完善法院财务对账模式，每日日终农业银行将当天交易电子回单、日终明细、当日报表等文件传输至涉案钱款管理系统。

（六）当事人涉案钱款缴纳及发还

一是便捷账号查询，当事人可通过官方公众号查询涉案钱款专属账号、查询相关一案一账号账户信息；二是多渠道涉案钱款支付模式，当事人可通过 POS 机、支付宝、微信、网银、柜面等多渠道支付涉案钱款，解决当事人缴费来回奔波、非银行营业时间缴费等缴费难点；三是便捷案款发还领取流程，当事人无需人力前往公安派出所领取发还资金，公安办案民警可通过涉案钱款系统原路发还、指定账号发还或提供支票等方式退还涉案钱款。

该机制的实行，首次实现上海市公安机关涉案钱款缴款线上化、数字化、智能化，有利于打造上海市在涉案钱款管理实践新范例，让涉案财物管理工作更上一个新台阶。一是实现了涉案扣押款、收缴款、保证金等账户管理无纸化、支付全渠道、来源明去向、信息可溯源的工作目标。着重解决涉案钱款在公安机关、银行间的交接难题，简化操作流程，切实为基层办案单位减负增能。二是改变了传统作业模式，从源头上规范涉案钱款管理，实现"信息采集、案款关联、自动建账、账款相符"的闭环管理，有效杜绝涉案钱款来源不明、账务不符、私自挪用等情况发生。三是解决了银行服务与公安业务适配性不高的问题，避免了办案民警在非营业时间无法收取保证金，只能增加人手看管犯人的工作困扰；改变了当事人、公安民警、银行间往返奔波的实务现状；将银行金融服务环节前移，优化了公安机关财务部门的工作流程；强化了公安财务信息、办案信息、银行信息的关联整合。

建立"警银通"涉案钱款一体化管理信息平台，将在公检法之间打造一条方便快捷、信息互联互通的通道，形成涉案钱款从获取、移送到处理的工作闭环，对提高政法案件处理效率、缩短处理时间有着重要的社会意义。在技术方面该项目具有较高的独立性和拓展性，具备复制、推广条件。在全市范围内，"警银通"属于上海市首创公安涉案钱款管理系统，在上海市具有推广性；在全国范围内，涉案资金管理难题属于共性问题，结合全国智慧政法建设需求的实际情况，该项目在全国范围内具有一定的建设性、复制性和推广的可能性。

第四部分

相关法律法规（节选）

一、《中华人民共和国宪法》（2018 年修正）

第十三条　公民的合法的私有财产不受侵犯。

国家依照法律规定保护公民的私有财产权和继承权。

国家为了公共利益的需要，可以依照法律规定对公民的私有财产实行征收或者征用并给予补偿。

二、《中华人民共和国刑法》（2020 年修正）

第六十四条　犯罪分子违法所得的一切财物，应当予以追缴或者责令退赔；对被害人的合法财产，应当及时返还；违禁品和供犯罪所用的本人财物，应当予以没收。没收的财物和罚金，一律上缴国库，不得挪用和自行处理。

三、《中华人民共和国刑事诉讼法》（2018 年修正）

第五十条　可以用于证明案件事实的材料，都是证据。

证据包括：

（一）物证；

（二）书证；

（三）证人证言；

（四）被害人陈述；

（五）犯罪嫌疑人、被告人供述和辩解；

（六）鉴定意见；

（七）勘验、检查、辨认、侦查实验等笔录；

（八）视听资料、电子数据。

证据必须经过查证属实，才能作为定案的根据。

第五十四条　人民法院、人民检察院和公安机关有权向有关单位和个人收集、调取证据。有关单位和个人应当如实提供证据。

行政机关在行政执法和查办案件过程中收集的物证、书证、视听资料、电子数据等证据材料，在刑事诉讼中可以作为证据使用。

对涉及国家秘密、商业秘密、个人隐私的证据，应当保密。

凡是伪造证据、隐匿证据或者毁灭证据的，无论属于何方，必须受法律追究。

第一百零一条 被害人由于被告人的犯罪行为而遭受物质损失的，在刑事诉讼过程中，有权提起附带民事诉讼。被害人死亡或者丧失行为能力的，被害人的法定代理人、近亲属有权提起附带民事诉讼。

如果是国家财产、集体财产遭受损失的，人民检察院在提起公诉的时候，可以提起附带民事诉讼。

第一百零二条 人民法院在必要的时候，可以采取保全措施，查封、扣押或者冻结被告人的财产。附带民事诉讼原告人或者人民检察院可以申请人民法院采取保全措施。人民法院采取保全措施，适用民事诉讼法的有关规定。

第一百一十七条 当事人和辩护人、诉讼代理人、利害关系人对于司法机关及其工作人员有下列行为之一的，有权向该机关申诉或者控告：

（一）采取强制措施法定期限届满，不予以释放、解除或者变更的；

（二）应当退还取保候审保证金不退还的；

（三）对与案件无关的财物采取查封、扣押、冻结措施的；

（四）应当解除查封、扣押、冻结不解除的；

（五）贪污、挪用、私分、调换、违反规定使用查封、扣押、冻结的财物的。

受理申诉或者控告的机关应当及时处理。对处理不服的，可以向同级人民检察院申诉；人民检察院直接受理的案件，可以向上一级人民检察院申诉。人民检察院对申诉应当及时进行审查，情况属实的，通知有关机关予以纠正。

第一百三十七条 任何单位和个人，有义务按照人民检察院和公安机关的要求，交出可以证明犯罪嫌疑人有罪或者无罪的物证、书证、视听资料等证据。

第一百三十八条 进行搜查，必须向被搜查人出示搜查证。

在执行逮捕、拘留的时候，遇有紧急情况，不另用搜查证也可以进行搜查。

第一百三十九条 在搜查的时候，应当有被搜查人或者他的家属，邻居或者其他见证人在场。搜查妇女的身体，应当由女工作人员进行。

第一百四十条 搜查的情况应当写成笔录，由侦查人员和被搜查人或者他的家属，邻居或者其他见证人签名或者盖章。如果被搜查人或者他的家属在逃或者拒绝签名、盖章，应当在笔录上注明。

第一百四十一条 在侦查活动中发现的可用以证明犯罪嫌疑人有罪或者无罪的各种财物、文件，应当查封、扣押；与案件无关的财物、文件，不得查封、扣押。

对查封、扣押的财物、文件，要妥善保管或者封存，不得使用、调换或者损毁。

第一百四十二条 对查封、扣押的财物、文件，应当会同在场见证人和被查封、扣押财物、文件持有人查点清楚，当场开列清单一式二份，由侦查人员、见证人和持有人签名或者盖章，一份交给持有人，另一份附卷备查。

第一百四十三条 侦查人员认为需要扣押犯罪嫌疑人的邮件、电报的时候，经公安机关或者人民检察院批准，即可通知邮电机关将有关的邮件、电报检交扣押。

不需要继续扣押的时候，应即通知邮电机关。

第一百四十四条 人民检察院、公安机关根据侦查犯罪的需要，可以依照规定查询、冻结犯罪嫌疑人的存款、汇款、债券、股票、基金份额等财产。有关单位和个人应当配合。

犯罪嫌疑人的存款、汇款、债券、股票、基金份额等财产已被冻结的，不得重复冻结。

第一百四十五条 对查封、扣押的财物、文件、邮件、电报或者冻结的存款、汇款、债券、股票、基金份额等财产，经查明确实与案件无关的，应当在三日以内解除查封、扣押、冻结，予以退还。

第一百五十三条 为了查明案情，在必要的时候，经公安机关负责人决定，可以由有关人员隐匿其身份实施侦查。但是，不得诱使他人犯罪，不得采用可能危害公共安全或者发生重大人身危险的方法。

对涉及给付毒品等违禁品或者财物的犯罪活动，公安机关根据侦查犯罪的需要，可以依照规定实施控制下交付。

第一百七十六条 人民检察院认为犯罪嫌疑人的犯罪事实已经查清，证据确实、充分，依法应当追究刑事责任的，应当作出起诉决定，按照审判管辖的规定，向人民法院提起公诉，并将案卷材料、证据移送人民法院。

犯罪嫌疑人认罪认罚的，人民检察院应当就主刑、附加刑、是否适用缓刑等提出量刑建议，并随案移送认罪认罚具结书等材料。

第一百八十二条　犯罪嫌疑人自愿如实供述涉嫌犯罪的事实，有重大立功或者案件涉及国家重大利益的，经最高人民检察院核准，公安机关可以撤销案件，人民检察院可以作出不起诉决定，也可以对涉嫌数罪中的一项或者多项不起诉。

根据前款规定不起诉或者撤销案件的，人民检察院、公安机关应当及时对查封、扣押、冻结的财物及其孳息作出处理。

第一百九十五条　公诉人、辩护人应当向法庭出示物证，让当事人辨认，对未到庭的证人的证言笔录、鉴定人的鉴定意见、勘验笔录和其他作为证据的文书，应当当庭宣读。审判人员应当听取公诉人、当事人和辩护人、诉讼代理人的意见。

第一百九十六条　法庭审理过程中，合议庭对证据有疑问的，可以宣布休庭，对证据进行调查核实。

人民法院调查核实证据，可以进行勘验、检查、查封、扣押、鉴定和查询、冻结。

第一百九十七条　法庭审理过程中，当事人和辩护人、诉讼代理人有权申请通知新的证人到庭，调取新的物证，申请重新鉴定或者勘验。

公诉人、当事人和辩护人、诉讼代理人可以申请法庭通知有专门知识的人出庭，就鉴定人作出的鉴定意见提出意见。

法庭对于上述申请，应当作出是否同意的决定。

第二款规定的有专门知识的人出庭，适用鉴定人的有关规定。

第二百四十五条　公安机关、人民检察院和人民法院对查封、扣押、冻结的犯罪嫌疑人、被告人的财物及其孳息，应当妥善保管，以供核查，并制作清单，随案移送。任何单位和个人不得挪用或者自行处理。对被害人的合法财产，应当及时返还。对违禁品或者不宜长期保存的物品，应当依照国家有关规定处理。

对作为证据使用的实物应当随案移送，对不宜移送的，应当将其清单、照片或者其他证明文件随案移送。

人民法院作出的判决，应当对查封、扣押、冻结的财物及其孳息作出处理。

人民法院作出的判决生效以后，有关机关应当根据判决对查封、扣押、冻结的财物及其孳息进行处理。对查封、扣押、冻结的赃款赃物及其孳息，除依法返还被害人的以外，一律上缴国库。

司法工作人员贪污、挪用或者私自处理查封、扣押、冻结的财物及其孳息的，依法追究刑事责任；不构成犯罪的，给予处分。

第二百七十二条 没收财产的判决，无论附加适用或者独立适用，都由人民法院执行；在必要的时候，可以会同公安机关执行。

第二百九十八条 对于贪污贿赂犯罪、恐怖活动犯罪等重大犯罪案件，犯罪嫌疑人、被告人逃匿，在通缉一年后不能到案，或者犯罪嫌疑人、被告人死亡，依照刑法规定应当追缴其违法所得及其他涉案财产的，人民检察院可以向人民法院提出没收违法所得的申请。

公安机关认为有前款规定情形的，应当写出没收违法所得意见书，移送人民检察院。

没收违法所得的申请应当提供与犯罪事实、违法所得相关的证据材料，并列明财产的种类、数量、所在地及查封、扣押、冻结的情况。

人民法院在必要的时候，可以查封、扣押、冻结申请没收的财产。

第二百九十九条 没收违法所得的申请，由犯罪地或者犯罪嫌疑人、被告人居住地的中级人民法院组成合议庭进行审理。

人民法院受理没收违法所得的申请后，应当发出公告。公告期间为六个月。犯罪嫌疑人、被告人的近亲属和其他利害关系人有权申请参加诉讼，也可以委托诉讼代理人参加诉讼。

人民法院在公告期满后对没收违法所得的申请进行审理。利害关系人参加诉讼的，人民法院应当开庭审理。

第三百条　人民法院经审理，对经查证属于违法所得及其他涉案财产，除依法返还被害人的以外，应当裁定予以没收；对不属于应当追缴的财产的，应当裁定驳回申请，解除查封、扣押、冻结措施。

对于人民法院依照前款规定作出的裁定，犯罪嫌疑人、被告人的近亲属和其他利害关系人或者人民检察院可以提出上诉、抗诉。

第三百零一条　在审理过程中，在逃的犯罪嫌疑人、被告人自动投案或者被抓获的，人民法院应当终止审理。

没收犯罪嫌疑人、被告人财产确有错误的，应当予以返还、赔偿。

四、《最高人民法院关于适用〈中华人民共和国刑事诉讼法〉的解释》（法释〔2021〕1号）

第七十条　审判人员应当依照法定程序收集、审查、核实、认定证据。

第七十一条　证据未经当庭出示、辨认、质证等法庭调查程序查证属实，不得作为定案的根据。

第七十二条　应当运用证据证明的案件事实包括：

（一）被告人、被害人的身份；

（二）被指控的犯罪是否存在；

（三）被指控的犯罪是否为被告人所实施；

（四）被告人有无刑事责任能力，有无罪过，实施犯罪的动机、目的；

（五）实施犯罪的时间、地点、手段、后果以及案件起因等；

（六）是否系共同犯罪或者犯罪事实存在关联，以及被告人在犯罪中的地位、作用；

（七）被告人有无从重、从轻、减轻、免除处罚情节；

（八）有关涉案财物处理的事实；

（九）有关附带民事诉讼的事实；

（十）有关管辖、回避、延期审理等的程序事实；

（十一）与定罪量刑有关的其他事实。

认定被告人有罪和对被告人从重处罚，适用证据确实、充分的证明标准。

第七十三条 对提起公诉的案件，人民法院应当审查证明被告人有罪、无罪、罪重、罪轻的证据材料是否全部随案移送；未随案移送的，应当通知人民检察院在指定时间内移送。人民检察院未移送的，人民法院应当根据在案证据对案件事实作出认定。

第七十五条 行政机关在行政执法和查办案件过程中收集的物证、书证、视听资料、电子数据等证据材料，经法庭查证属实，且收集程序符合有关法律、行政法规规定的，可以作为定案的根据。

根据法律、行政法规规定行使国家行政管理职权的组织，在行政执法和查办案件过程中收集的证据材料，视为行政机关收集的证据材料。

第七十六条 监察机关依法收集的证据材料，在刑事诉讼中可以作为证据使用。

对前款规定证据的审查判断，适用刑事审判关于证据的要求和标准。

第八十二条　对物证、书证应当着重审查以下内容：

（一）物证、书证是否为原物、原件，是否经过辨认、鉴定；物证的照片、录像、复制品或者书证的副本、复制件是否与原物、原件相符，是否由二人以上制作，有无制作人关于制作过程以及原物、原件存放于何处的文字说明和签名；

（二）物证、书证的收集程序、方式是否符合法律、有关规定；经勘验、检查、搜查提取、扣押的物证、书证，是否附有相关笔录、清单，笔录、清单是否经调查人员或者侦查人员、物品持有人、见证人签名，没有签名的，是否注明原因；物品的名称、特征、数量、质量等是否注明清楚；

（三）物证、书证在收集、保管、鉴定过程中是否受损或者改变；

（四）物证、书证与案件事实有无关联；对现场遗留与犯罪有关的具备鉴定条件的血迹、体液、毛发、指纹等生物样本、痕迹、物品，是否已作 DNA 鉴定、指纹鉴定等，并与被告人或者被害人的相应生物特征、物品等比对；

（五）与案件事实有关联的物证、书证是否全面收集。

第八十三条　据以定案的物证应当是原物。原物不便搬运、不易保存、依法应当返还或者依法应当由有关部门保管、处理的，可以拍摄、制作足以反映原物外形和特征的照片、录像、复制品。必要时，审判人员可以前往保管场所查看原物。

物证的照片、录像、复制品，不能反映原物的外形和特征的，不得作为定案的根据。

物证的照片、录像、复制品，经与原物核对无误、经鉴定或者以其他方式确认真实的，可以作为定案的根据。

第八十四条 据以定案的书证应当是原件。取得原件确有困难的，可以使用副本、复制件。

对书证的更改或者更改迹象不能作出合理解释，或者书证的副本、复制件不能反映原件及其内容的，不得作为定案的根据。

书证的副本、复制件，经与原件核对无误、经鉴定或者以其他方式确认真实的，可以作为定案的根据。

第八十五条 对与案件事实可能有关联的血迹、体液、毛发、人体组织、指纹、足迹、字迹等生物样本、痕迹和物品，应当提取而没有提取，应当鉴定而没有鉴定，应当移送鉴定意见而没有移送，导致案件事实存疑的，人民法院应当通知人民检察院依法补充收集、调取、移送证据。

第八十六条 在勘验、检查、搜查过程中提取、扣押的物证、书证，未附笔录或者清单，不能证明物证、书证来源的，不得作为定案的根据。

物证、书证的收集程序、方式有下列瑕疵，经补正或者作出合理解释的，可以采用：

（一）勘验、检查、搜查、提取笔录或者扣押清单上没有调查人员或者侦查人员、物品持有人、见证人签名，或者对物品的名称、特征、数量、质量等注明不详的；

（二）物证的照片、录像、复制品，书证的副本、复制件未注明与原件核对无异，无复制时间，或者无被收集、调取人签名的；

（三）物证的照片、录像、复制品，书证的副本、复制件没有制作人关于制作过程和原物、原件存放地点的说明，或者说明中无签名的；

（四）有其他瑕疵的。

物证、书证的来源、收集程序有疑问，不能作出合理解释的，不得作为定案的根据。

第一百零八条　对视听资料应当着重审查以下内容：

（一）是否附有提取过程的说明，来源是否合法；

（二）是否为原件，有无复制及复制份数；是复制件的，是否附有无法调取原件的原因、复制件制作过程和原件存放地点的说明，制作人、原视听资料持有人是否签名；

（三）制作过程中是否存在威胁、引诱当事人等违反法律、有关规定的情形；

（四）是否写明制作人、持有人的身份，制作的时间、地点、条件和方法；

（五）内容和制作过程是否真实，有无剪辑、增加、删改等情形；

（六）内容与案件事实有无关联。

对视听资料有疑问的，应当进行鉴定。

第一百零九条　视听资料具有下列情形之一的，不得作为定案的根据：

（一）系篡改、伪造或者无法确定真伪的；

（二）制作、取得的时间、地点、方式等有疑问，不能作出合理解释的。

第一百一十条　对电子数据是否真实，应当着重审查以下内容：

（一）是否移送原始存储介质；在原始存储介质无法封存、不便移动时，有无说明原因，并注明收集、提取过程及原始存储介质的存放地点或者电子数据的来源等情况；

（二）是否具有数字签名、数字证书等特殊标识；

（三）收集、提取的过程是否可以重现；

（四）如有增加、删除、修改等情形的，是否附有说明；

（五）完整性是否可以保证。

第一百一十一条 对电子数据是否完整，应当根据保护电子数据完整性的相应方法进行审查、验证：

（一）审查原始存储介质的扣押、封存状态；

（二）审查电子数据的收集、提取过程，查看录像；

（三）比对电子数据完整性校验值；

（四）与备份的电子数据进行比较；

（五）审查冻结后的访问操作日志；

（六）其他方法。

第一百一十二条 对收集、提取电子数据是否合法，应当着重审查以下内容：

（一）收集、提取电子数据是否由二名以上调查人员、侦查人员进行，取证方法是否符合相关技术标准；

（二）收集、提取电子数据，是否附有笔录、清单，并经调查人员、侦查人员、电子数据持有人、提供人、见证人签名或者盖章；没有签名或者盖章的，是否注明原因；对电子数据的类别、文件格式等是否注明清楚；

（三）是否依照有关规定由符合条件的人员担任见证人，是否对相关活动进行录像；

（四）采用技术调查、侦查措施收集、提取电子数据的，是否依法经过严格的批准手续；

（五）进行电子数据检查的，检查程序是否符合有关规定。

第一百一十三条　电子数据的收集、提取程序有下列瑕疵，经补正或者作出合理解释的，可以采用；不能补正或者作出合理解释的，不得作为定案的根据：

（一）未以封存状态移送的；

（二）笔录或者清单上没有调查人员或者侦查人员、电子数据持有人、提供人、见证人签名或者盖章的；

（三）对电子数据的名称、类别、格式等注明不清的；

（四）有其他瑕疵的。

第一百一十四条　电子数据具有下列情形之一的，不得作为定案的根据：

（一）系篡改、伪造或者无法确定真伪的；

（二）有增加、删除、修改等情形，影响电子数据真实性的；

（三）其他无法保证电子数据真实性的情形。

第一百一十五条　对视听资料、电子数据，还应当审查是否移送文字抄清材料以及对绰号、暗语、俗语、方言等不易理解内容的说明。未移送的，必要时，可以要求人民检察院移送。

第一百二十六条　收集物证、书证不符合法定程序，可能严重影响司法公正的，应当予以补正或者作出合理解释；不能补正或者作出合理解释的，对该证据应当予以排除。

认定"可能严重影响司法公正"，应当综合考虑收集证据违反法定程序以及所造成后果的严重程度等情况。

第一百三十条　开庭审理前，人民法院可以召开庭前会议，就非法证据排除等问题了解情况，听取意见。

在庭前会议中，人民检察院可以通过出示有关证据材料等方式，对证据收集的合法性加以说明。必要时，可以通知调查人员、侦查人员或者其他人员参加庭前会议，说明情况。

第一百三十一条 在庭前会议中，人民检察院可以撤回有关证据。撤回的证据，没有新的理由，不得在庭审中出示。

当事人及其辩护人、诉讼代理人可以撤回排除非法证据的申请。撤回申请后，没有新的线索或者材料，不得再次对有关证据提出排除申请。

第一百三十二条 当事人及其辩护人、诉讼代理人在开庭审理前未申请排除非法证据，在庭审过程中提出申请的，应当说明理由。人民法院经审查，对证据收集的合法性有疑问的，应当进行调查；没有疑问的，驳回申请。

驳回排除非法证据的申请后，当事人及其辩护人、诉讼代理人没有新的线索或者材料，以相同理由再次提出申请的，人民法院不再审查。

第一百三十七条 法庭对证据收集的合法性进行调查后，确认或者不能排除存在刑事诉讼法第五十六条规定的以非法方法收集证据情形的，对有关证据应当排除。

第一百三十九条 对证据的真实性，应当综合全案证据进行审查。

对证据的证明力，应当根据具体情况，从证据与案件事实的关联程度、证据之间的联系等方面进行审查判断。

第一百四十条 没有直接证据，但间接证据同时符合下列条件的，可以认定被告人有罪：

（一）证据已经查证属实；

（二）证据之间相互印证，不存在无法排除的矛盾和无法解释的疑问；

（三）全案证据形成完整的证据链；

（四）根据证据认定案件事实足以排除合理怀疑，结论具有唯一性；

（五）运用证据进行的推理符合逻辑和经验。

第一百四十一条 根据被告人的供述、指认提取到了隐蔽性很强的物证、书证，且被告人的供述与其他证明犯罪事实发生的证据相互印证，并排除串供、逼供、诱供等可能性的，可以认定被告人有罪。

第一百七十五条 被害人因人身权利受到犯罪侵犯或者财物被犯罪分子毁坏而遭受物质损失的，有权在刑事诉讼过程中提起附带民事诉讼；被害人死亡或者丧失行为能力的，其法定代理人、近亲属有权提起附带民事诉讼。

因受到犯罪侵犯，提起附带民事诉讼或者单独提起民事诉讼要求赔偿精神损失的，人民法院一般不予受理。

第一百七十六条 被告人非法占有、处置被害人财产的，应当依法予以追缴或者责令退赔。被害人提起附带民事诉讼的，人民法院不予受理。追缴、退赔的情况，可以作为量刑情节考虑。

第一百七十七条 国家机关工作人员在行使职权时，侵犯他人人身、财产权利构成犯罪，被害人或者其法定代理人、近亲属提起附带民事诉讼的，人民法院不予受理，但应当告知其可以依法申请国家赔偿。

第一百七十八条 人民法院受理刑事案件后，对符合刑事诉讼法第一百零一条和本解释第一百七十五条第一款规定的，可以告知被害人或者其法定代理人、近亲属有权提起附带民事诉讼。

有权提起附带民事诉讼的人放弃诉讼权利的，应当准许，并记录在案。

第一百七十九条 国家财产、集体财产遭受损失，受损失的单位未提起附带民事诉讼，人民检察院在提起公诉时提起附带民事诉讼的，人民法院应当受理。

人民检察院提起附带民事诉讼的，应当列为附带民事诉讼原告人。

被告人非法占有、处置国家财产、集体财产的，依照本解释第一百七十六条的规定处理。

第一百八十九条 人民法院对可能因被告人的行为或者其他原因，使附带民事判决难以执行的案件，根据附带民事诉讼原告人的申请，可以裁定采取保全措施，查封、扣押或者冻结被告人的财产；附带民事诉讼原告人未提出申请的，必要时，人民法院也可以采取保全措施。

有权提起附带民事诉讼的人因情况紧急，不立即申请保全将会使其合法权益受到难以弥补的损害的，可以在提起附带民事诉讼前，向被保全财产所在地、被申请人居住地或者对案件有管辖权的人民法院申请采取保全措施。申请人在人民法院受理刑事案件后十五日以内未提起附带民事诉讼的，人民法院应当解除保全措施。

人民法院采取保全措施，适用民事诉讼法第一百条至第一百零五条的有关规定，但民事诉讼法第一百零一条第三款的规定除外。

第一百九十二条 对附带民事诉讼作出判决，应当根据犯罪行为造成的物质损失，结合案件具体情况，确定被告人应当赔偿的数额。

犯罪行为造成被害人人身损害的，应当赔偿医疗费、护理费、交通费等为治疗和康复支付的合理费用，以及因误工减少的收入。造成被害人残疾的，还应当赔偿残疾生活辅助器具费等费用；造成被害人死亡的，还应当赔偿丧葬费等费用。

驾驶机动车致人伤亡或者造成公私财产重大损失，构成犯罪的，依照《中华人民共和国道路交通安全法》第七十六条的规定确定赔偿责任。

附带民事诉讼当事人就民事赔偿问题达成调解、和解协议的，赔偿范围、数额不受第二款、第三款规定的限制。

第一百九十三条　人民检察院提起附带民事诉讼的，人民法院经审理，认为附带民事诉讼被告人依法应当承担赔偿责任的，应当判令附带民事诉讼被告人直接向遭受损失的单位作出赔偿；遭受损失的单位已经终止，有权利义务继受人的，应当判令其向继受人作出赔偿；没有权利义务继受人的，应当判令其向人民检察院交付赔偿款，由人民检察院上缴国库。

第一百九十四条　审理刑事附带民事诉讼案件，人民法院应当结合被告人赔偿被害人物质损失的情况认定其悔罪表现，并在量刑时予以考虑。

第二百一十八条　对提起公诉的案件，人民法院应当在收到起诉书（一式八份，每增加一名被告人，增加起诉书五份）和案卷、证据后，审查以下内容：

（一）是否属于本院管辖；

（二）起诉书是否写明被告人的身份，是否受过或者正在接受刑事处罚、行政处罚、处分，被采取留置措施的情况，被采取强制措施的时间、种类、羁押地点，犯罪的时间、地点、手段、后果以及其他可能影响定罪量刑的情节；有多起犯罪事实的，是否在起诉书中将事实分别列明；

（三）是否移送证明指控犯罪事实及影响量刑的证据材料，包括采取技术调查、侦查措施的法律文书和所收集的证据材料；

（四）是否查封、扣押、冻结被告人的违法所得或者其他涉案财物，查封、扣押、冻结是否逾期；是否随案移送涉案财物、附涉案财物清单；是否列明涉案财物权属情况；是否就涉案财物处理提供相关证据材料；

（五）是否列明被害人的姓名、住址、联系方式；是否附有证人、鉴定人名单；是否申请法庭通知证人、鉴定人、有专门知识的人出庭，并列明有关人员的姓名、性别、年龄、职业、住址、联系方式；是否附有需要保护的证人、鉴定人、被害人名单；

（六）当事人已委托辩护人、诉讼代理人或者已接受法律援助的，是否列明辩护人、诉讼代理人的姓名、住址、联系方式；

（七）是否提起附带民事诉讼；提起附带民事诉讼的，是否列明附带民事诉讼当事人的姓名、住址、联系方式等，是否附有相关证据材料；

（八）监察调查、侦查、审查起诉程序的各种法律手续和诉讼文书是否齐全；

（九）被告人认罪认罚的，是否提出量刑建议、移送认罪认罚具结书等材料；

（十）有无刑事诉讼法第十六条第二项至第六项规定的不追究刑事责任的情形。

第二百二十八条　庭前会议可以就下列事项向控辩双方了解情况，听取意见：

（一）是否对案件管辖有异议；

（二）是否申请有关人员回避；

（三）是否申请不公开审理；

（四）是否申请排除非法证据；

（五）是否提供新的证据材料；

（六）是否申请重新鉴定或者勘验；

（七）是否申请收集、调取证明被告人无罪或者罪轻的证据材料；

（八）是否申请证人、鉴定人、有专门知识的人、调查人员、侦查人员或者其他人员出庭，是否对出庭人员名单有异议；

（九）是否对涉案财物的权属情况和人民检察院的处理建议有异议；

（十）与审判相关的其他问题。

庭前会议中，人民法院可以开展附带民事调解。

对第一款规定中可能导致庭审中断的程序性事项，人民法院可以在庭前会议后依法作出处理，并在庭审中说明处理决定和理由。控辩双方没有新的理由，在庭审中再次提出有关申请或者异议的，法庭可以在说明庭前会议情况和处理决定理由后，依法予以驳回。

庭前会议情况应当制作笔录，由参会人员核对后签名。

第二百二十九条　庭前会议中，审判人员可以询问控辩双方对证据材料有无异议，对有异议的证据，应当在庭审时重点调查；无异议的，庭审时举证、质证可以简化。

控辩双方在庭前会议中就有关事项达成一致意见，在庭审中反悔的，除有正当理由外，法庭一般不再进行处理。

第二百四十七条　控辩双方申请证人出庭作证，出示证据，应当说明证据的名称、来源和拟证明的事实。法庭认为有必要的，应当准许；对方提出异议，认为有关证据与案件无关或者明显重复、不必要，法庭经审查异议成立的，可以不予准许。

第二百七十六条 法庭审理过程中，对与量刑有关的事实、证据，应当进行调查。

人民法院除应当审查被告人是否具有法定量刑情节外，还应当根据案件情况审查以下影响量刑的情节：

（一）案件起因；

（二）被害人有无过错及过错程度，是否对矛盾激化负有责任及责任大小；

（三）被告人的近亲属是否协助抓获被告人；

（四）被告人平时表现，有无悔罪态度；

（五）退赃、退赔及赔偿情况；

（六）被告人是否取得被害人或者其近亲属谅解；

（七）影响量刑的其他情节。

第二百七十九条 法庭审理过程中，应当对查封、扣押、冻结财物及其孳息的权属、来源等情况，是否属于违法所得或者依法应当追缴的其他涉案财物进行调查，由公诉人说明情况、出示证据、提出处理建议，并听取被告人、辩护人等诉讼参与人的意见。

案外人对查封、扣押、冻结的财物及其孳息提出权属异议的，人民法院应当听取案外人的意见；必要时，可以通知案外人出庭。

经审查，不能确认查封、扣押、冻结的财物及其孳息属于违法所得或者依法应当追缴的其他涉案财物的，不得没收。

第二百八十条 合议庭认为案件事实已经调查清楚的，应当由审判长宣布法庭调查结束，开始就定罪、量刑、涉案财物处理的事实、证据、适用法律等问题进行法庭辩论。

第二百九十四条 合议庭评议案件，应当根据已经查明的事实、证据和有关法律规定，在充分考虑控辩双方意见的基础上，确定被告人是否有罪、构成何罪，有无从重、从轻、减轻或者免除处罚情节，应否处以刑罚、判处何种刑罚，附带民事诉讼如何解决，查封、扣押、冻结的财物及其孳息如何处理等，并依法作出判决、裁定。

第二百九十五条　对第一审公诉案件，人民法院审理后，应当按照下列情形分别作出判决、裁定：

（一）起诉指控的事实清楚，证据确实、充分，依据法律认定指控被告人的罪名成立的，应当作出有罪判决；

（二）起诉指控的事实清楚，证据确实、充分，但指控的罪名不当的，应当依据法律和审理认定的事实作出有罪判决；

（三）案件事实清楚，证据确实、充分，依据法律认定被告人无罪的，应当判决宣告被告人无罪；

（四）证据不足，不能认定被告人有罪的，应当以证据不足、指控的犯罪不能成立，判决宣告被告人无罪；

（五）案件部分事实清楚，证据确实、充分的，应当作出有罪或者无罪的判决；对事实不清、证据不足部分，不予认定；

（六）被告人因未达到刑事责任年龄，不予刑事处罚的，应当判决宣告被告人不负刑事责任；

（七）被告人是精神病人，在不能辨认或者不能控制自己行为时造成危害结果，不予刑事处罚的，应当判决宣告被告人不负刑事责任；被告人符合强制医疗条件的，应当依照本解释第二十六章的规定进行审理并作出判决；

（八）犯罪已过追诉时效期限且不是必须追诉，或者经特赦令免除刑罚的，应当裁定终止审理；

（九）属于告诉才处理的案件，应当裁定终止审理，并告知被害人有权提起自诉；

（十）被告人死亡的，应当裁定终止审理；但有证据证明被告人无罪，经缺席审理确认无罪的，应当判决宣告被告人无罪。

对涉案财物，人民法院应当根据审理查明的情况，依照本解释第十八章的规定作出处理。

具有第一款第二项规定情形的，人民法院应当在判决前听取控辩双方的意见，保障被告人、辩护人充分行使辩护权。必要时，可以再次开庭，组织控辩双方围绕被告人的行为构成何罪及如何量刑进行辩论。

第三百四十一条 被告单位的违法所得及其他涉案财物，尚未被依法追缴或者查封、扣押、冻结的，人民法院应当决定追缴或者查封、扣押、冻结。

第三百四十二条 为保证判决的执行，人民法院可以先行查封、扣押、冻结被告单位的财产，或者由被告单位提出担保。

第三百四十三条 采取查封、扣押、冻结等措施，应当严格依照法定程序进行，最大限度降低对被告单位正常生产经营活动的影响。

第三百九十一条 对上诉、抗诉案件，应当着重审查下列内容：

（一）第一审判决认定的事实是否清楚，证据是否确实、充分；

（二）第一审判决适用法律是否正确，量刑是否适当；

（三）在调查、侦查、审查起诉、第一审程序中，有无违反法定程序的情形；

（四）上诉、抗诉是否提出新的事实、证据；

（五）被告人的供述和辩解情况；

（六）辩护人的辩护意见及采纳情况；

（七）附带民事部分的判决、裁定是否合法、适当；

（八）对涉案财物的处理是否正确；

（九）第一审人民法院合议庭、审判委员会讨论的意见。

第四百三十七条　人民法院对查封、扣押、冻结的涉案财物及其孳息，应当妥善保管，并制作清单，附卷备查；对人民检察院随案移送的实物，应当根据清单核查后妥善保管。任何单位和个人不得挪用或者自行处理。

查封不动产、车辆、船舶、航空器等财物，应当扣押其权利证书，经拍照或者录像后原地封存，或者交持有人、被告人的近亲属保管，登记并写明财物的名称、型号、权属、地址等详细信息，并通知有关财物的登记、管理部门办理查封登记手续。

扣押物品，应当登记并写明物品名称、型号、规格、数量、重量、质量、成色、纯度、颜色、新旧程度、缺损特征和来源等。扣押货币、有价证券，应当登记并写明货币、有价证券的名称、数额、面额等，货币应当存入银行专门账户，并登记银行存款凭证的名称、内容。扣押文物、金银、珠宝、名贵字画等贵重物品以及违禁品，应当拍照，需要鉴定的，应当及时鉴定。对扣押的物品应当根据有关规定及时估价。

冻结存款、汇款、债券、股票、基金份额等财产，应当登记并写明编号、种类、面值、张数、金额等。

第四百三十八条　对被害人的合法财产，权属明确的，应当依法及时返还，但须经拍照、鉴定、估价，并在案卷中注明返还的理由，将原物照片、清单和被害人的领取手续附卷备查；权属不明的，应当在人民法院判决、裁定生效后，按比例返还被害人，但已获退赔的部分应予扣除。

第四百三十九条　审判期间，对不宜长期保存、易贬值或者市场价格波动大的财产，或者有效期即将届满的票据等，经权利人申请或者同意，并经院长批准，可以依法先行处置，所得款项由人民法院保管。

涉案财物先行处置应当依法、公开、公平。

第四百四十条 对作为证据使用的实物，应当随案移送。第一审判决、裁定宣告后，被告人上诉或者人民检察院抗诉的，第一审人民法院应当将上述证据移送第二审人民法院。

第四百四十一条 对实物未随案移送的，应当根据情况，分别审查以下内容：

（一）大宗的、不便搬运的物品，是否随案移送查封、扣押清单，并附原物照片和封存手续，注明存放地点等；

（二）易腐烂、霉变和不易保管的物品，查封、扣押机关变卖处理后，是否随案移送原物照片、清单、变价处理的凭证（复印件）等；

（三）枪支弹药、剧毒物品、易燃易爆物品以及其他违禁品、危险物品，查封、扣押机关根据有关规定处理后，是否随案移送原物照片和清单等。

上述未随案移送的实物，应当依法鉴定、估价的，还应当审查是否附有鉴定、估价意见。

对查封、扣押的货币、有价证券等，未移送实物的，应当审查是否附有原物照片、清单或者其他证明文件。

第四百四十二条 法庭审理过程中，应当依照本解释第二百七十九条的规定，依法对查封、扣押、冻结的财物及其孳息进行审查。

第四百四十三条 被告人将依法应当追缴的涉案财物用于投资或者置业的，对因此形成的财产及其收益，应当追缴。

被告人将依法应当追缴的涉案财物与其他合法财产共同用于投资或者置业的，对因此形成的财产中与涉案财物对应的份额及其收益，应当追缴。

第四百四十四条 对查封、扣押、冻结的财物及其孳息，应当在判决书中写明名称、金额、数量、存放地点及其处理方式等。涉案财物较多，不宜在判决主文中详细列明的，可以附清单。

判决追缴违法所得或者责令退赔的，应当写明追缴、退赔的金额或者财物的名称、数量等情况；已经发还的，应当在判决书中写明。

第四百四十五条 查封、扣押、冻结的财物及其孳息，经审查，确属违法所得或者依法应当追缴的其他涉案财物的，应当判决返还被害人，或者没收上缴国库，但法律另有规定的除外。

对判决时尚未追缴到案或者尚未足额退赔的违法所得，应当判决继续追缴或者责令退赔。

判决返还被害人的涉案财物，应当通知被害人认领；无人认领的，应当公告通知；公告满一年无人认领的，应当上缴国库；上缴国库后有人认领，经查证属实的，应当申请退库予以返还；原物已经拍卖、变卖的，应当返还价款。

对侵犯国有财产的案件，被害单位已经终止且没有权利义务继受人，或者损失已经被核销的，查封、扣押、冻结的财物及其孳息应当上缴国库。

第四百四十六条 第二审期间，发现第一审判决未对随案移送的涉案财物及其孳息作出处理的，可以裁定撤销原判，发回原审人民法院重新审判，由原审人民法院依法对涉案财物及其孳息一并作出处理。

判决生效后，发现原判未对随案移送的涉案财物及其孳息作出处理的，由原审人民法院依法对涉案财物及其孳息另行作出处理。

第四百四十七条　随案移送的或者人民法院查封、扣押的财物及其孳息，由第一审人民法院在判决生效后负责处理。

实物未随案移送、由扣押机关保管的，人民法院应当在判决生效后十日以内，将判决书、裁定书送达扣押机关，并告知其在一个月以内将执行回单送回，确因客观原因无法按时完成的，应当说明原因。

第四百四十八条　对冻结的存款、汇款、债券、股票、基金份额等财产判决没收的，第一审人民法院应当在判决生效后，将判决书、裁定书送达相关金融机构和财政部门，通知相关金融机构依法上缴国库并在接到执行通知书后十五日以内，将上缴国库的凭证、执行回单送回。

第四百四十九条　查封、扣押、冻结的财物与本案无关但已列入清单的，应当由查封、扣押、冻结机关依法处理。

查封、扣押、冻结的财物属于被告人合法所有的，应当在赔偿被害人损失、执行财产刑后及时返还被告人。

第四百五十条　查封、扣押、冻结财物及其处理，本解释没有规定的，参照适用其他司法解释的有关规定。

第四百五十七条　对立案审查的申诉案件，应当在三个月以内作出决定，至迟不得超过六个月。因案件疑难、复杂、重大或者其他特殊原因需要延长审查期限的，参照本解释第二百一十条的规定处理。

经审查，具有下列情形之一的，应当根据刑事诉讼法第二百五十三条的规定，决定重新审判：

（一）有新的证据证明原判决、裁定认定的事实确有错误，可能影响定罪量刑的；

（二）据以定罪量刑的证据不确实、不充分、依法应当排除的；

（三）证明案件事实的主要证据之间存在矛盾的；

（四）主要事实依据被依法变更或者撤销的；

（五）认定罪名错误的；

（六）量刑明显不当的；

（七）对违法所得或者其他涉案财物的处理确有明显错误的；

（八）违反法律关于溯及力规定的；

（九）违反法定诉讼程序，可能影响公正裁判的；

（十）审判人员在审理该案件时有贪污受贿、徇私舞弊、枉法裁判行为的。

申诉不具有上述情形的，应当说服申诉人撤回申诉；对仍然坚持申诉的，应当书面通知驳回。

第五百二十一条　刑事裁判涉财产部分的执行，是指发生法律效力的刑事裁判中下列判项的执行：

（一）罚金、没收财产；

（二）追缴、责令退赔违法所得；

（三）处置随案移送的赃款赃物；

（四）没收随案移送的供犯罪所用本人财物；

（五）其他应当由人民法院执行的相关涉财产的判项。

第五百二十二条　刑事裁判涉财产部分和附带民事裁判应当由人民法院执行的，由第一审人民法院负责裁判执行的机构执行。

第五百二十五条　判处没收财产的，判决生效后，应当立即执行。

第五百二十六条 执行财产刑，应当参照被扶养人住所地政府公布的上年度当地居民最低生活费标准，保留被执行人及其所扶养人的生活必需费用。

第五百二十七条 被判处财产刑，同时又承担附带民事赔偿责任的被执行人，应当先履行民事赔偿责任。

第五百二十八条 执行刑事裁判涉财产部分、附带民事裁判过程中，当事人、利害关系人认为执行行为违反法律规定，或者案外人对被执行标的书面提出异议的，人民法院应当参照民事诉讼法的有关规定处理。

第五百二十九条 执行刑事裁判涉财产部分、附带民事裁判过程中，具有下列情形之一的，人民法院应当裁定终结执行：

（一）据以执行的判决、裁定被撤销的；

（二）被执行人死亡或者被执行死刑，且无财产可供执行的；

（三）被判处罚金的单位终止，且无财产可供执行的；

（四）依照刑法第五十三条规定免除罚金的；

（五）应当终结执行的其他情形。

裁定终结执行后，发现被执行人的财产有被隐匿、转移等情形的，应当追缴。

第五百三十条 被执行财产在外地的，第一审人民法院可以委托财产所在地的同级人民法院执行。

第五百三十一条 刑事裁判涉财产部分、附带民事裁判全部或者部分被撤销的，已经执行的财产应当全部或者部分返还被执行人；无法返还的，应当依法赔偿。

第五百三十二条 刑事裁判涉财产部分、附带民事裁判的执行，刑事诉讼法及有关刑事司法解释没有规定的，参照适用民事执行的有关规定。

第五百九十八条　对人民检察院依照刑事诉讼法第二百九十一条第一款的规定提起公诉的案件，人民法院应当重点审查以下内容：

（一）是否属于可以适用缺席审判程序的案件范围；

（二）是否属于本院管辖；

（三）是否写明被告人的基本情况，包括明确的境外居住地、联系方式等；

（四）是否写明被告人涉嫌有关犯罪的主要事实，并附证据材料；

（五）是否写明被告人有无近亲属以及近亲属的姓名、身份、住址、联系方式等情况；

（六）是否列明违法所得及其他涉案财产的种类、数量、价值、所在地等，并附证据材料；

（七）是否附有查封、扣押、冻结违法所得及其他涉案财产的清单和相关法律手续。

前款规定的材料需要翻译件的，人民法院应当要求人民检察院一并移送。

第六百零四条　对人民检察院依照刑事诉讼法第二百九十一条第一款的规定提起公诉的案件，人民法院审理后应当参照本解释第二百九十五条的规定作出判决、裁定。

作出有罪判决的，应当达到证据确实、充分的证明标准。

经审理认定的罪名不属于刑事诉讼法第二百九十一条第一款规定的罪名的，应当终止审理。

适用缺席审判程序审理案件，可以对违法所得及其他涉案财产一并作出处理。

第六百一十一条 犯罪嫌疑人、被告人死亡，依照刑法规定应当追缴其违法所得及其他涉案财产，人民检察院提出没收违法所得申请的，人民法院应当依法受理。

第六百一十二条 对人民检察院提出的没收违法所得申请，人民法院应当审查以下内容：

（一）是否属于可以适用违法所得没收程序的案件范围；

（二）是否属于本院管辖；

（三）是否写明犯罪嫌疑人、被告人基本情况，以及涉嫌有关犯罪的情况，并附证据材料；

（四）是否写明犯罪嫌疑人、被告人逃匿、被通缉、脱逃、下落不明、死亡等情况，并附证据材料；

（五）是否列明违法所得及其他涉案财产的种类、数量、价值、所在地等，并附证据材料；

（六）是否附有查封、扣押、冻结违法所得及其他涉案财产的清单和法律手续；

（七）是否写明犯罪嫌疑人、被告人有无利害关系人，利害关系人的姓名、身份、住址、联系方式及其要求等情况；

（八）是否写明申请没收的理由和法律依据；

（九）其他依法需要审查的内容和材料。

前款规定的材料需要翻译件的，人民法院应当要求人民检察院一并移送。

第六百一十三条 对没收违法所得的申请，人民法院应当在三十日以内审查完毕，并按照下列情形分别处理：

（一）属于没收违法所得申请受案范围和本院管辖，且材料齐全、有证据证明有犯罪事实的，应当受理；

（二）不属于没收违法所得申请受案范围或者本院管辖的，应当退回人民检察院；

（三）没收违法所得申请不符合"有证据证明有犯罪事实"标准要求的，应当通知人民检察院撤回申请；

（四）材料不全的，应当通知人民检察院在七日以内补送；七日以内不能补送的，应当退回人民检察院。

人民检察院尚未查封、扣押、冻结申请没收的财产或者查封、扣押、冻结期限即将届满，涉案财产有被隐匿、转移或者毁损、灭失危险的，人民法院可以查封、扣押、冻结申请没收的财产。

第六百一十四条 人民法院受理没收违法所得的申请后，应当在十五日以内发布公告。公告应当载明以下内容：

（一）案由、案件来源；

（二）犯罪嫌疑人、被告人的基本情况；

（三）犯罪嫌疑人、被告人涉嫌犯罪的事实；

（四）犯罪嫌疑人、被告人逃匿、被通缉、脱逃、下落不明、死亡等情况；

（五）申请没收的财产的种类、数量、价值、所在地等以及已查封、扣押、冻结财产的清单和法律手续；

（六）申请没收的财产属于违法所得及其他涉案财产的相关事实；

（七）申请没收的理由和法律依据；

（八）利害关系人申请参加诉讼的期限、方式以及未按照该期限、方式申请参加诉讼可能承担的不利法律后果；

（九）其他应当公告的情况。

公告期为六个月，公告期间不适用中止、中断、延长的规定。

第六百一十五条 公告应当在全国公开发行的报纸、信息网络媒体、最高人民法院的官方网站发布，并在人民法院公告栏发布。必要时，公告可以在犯罪地、犯罪嫌疑人、被告人居住地或者被申请没收财产所在地发布。最后发布的公告的日期为公告日期。发布公告的，应当采取拍照、录像等方式记录发布过程。

人民法院已经掌握境内利害关系人联系方式的，应当直接送达含有公告内容的通知；直接送达有困难的，可以委托代为送达、邮寄送达。经受送达人同意的，可以采用传真、电子邮件等能够确认其收悉的方式告知公告内容，并记录在案。

人民法院已经掌握境外犯罪嫌疑人、被告人、利害关系人联系方式，经受送达人同意的，可以采用传真、电子邮件等能够确认其收悉的方式告知公告内容，并记录在案；受送达人未表示同意，或者人民法院未掌握境外犯罪嫌疑人、被告人、利害关系人联系方式，其所在国、地区的主管机关明确提出应当向受送达人送达含有公告内容的通知的，人民法院可以决定是否送达。决定送达的，应当依照本解释第四百九十三条的规定请求所在国、地区提供司法协助。

第六百一十六条 刑事诉讼法第二百九十九条第二款、第三百条第二款规定的"其他利害关系人"，是指除犯罪嫌疑人、被告人的近亲属以外的，对申请没收的财产主张权利的自然人和单位。

第六百一十七条 犯罪嫌疑人、被告人的近亲属和其他利害关系人申请参加诉讼的，应当在公告期间内提出。犯罪嫌疑人、被告人的近亲属应当提供其与犯罪嫌疑人、被告人关系的证明材料，其他利害关系人应当提供证明其对违法所得及其他涉案财产主张权利的证据材料。

利害关系人可以委托诉讼代理人参加诉讼。委托律师担任诉讼代理人的，应当委托具有中华人民共和国律师资格并依法取得执业证书的律师；在境外委托的，应当依照本解释第四百八十六条的规定对授权委托进行公证、认证。

利害关系人在公告期满后申请参加诉讼，能够合理说明理由的，人民法院应当准许。

第六百一十八条　犯罪嫌疑人、被告人逃匿境外，委托诉讼代理人申请参加诉讼，且违法所得或者其他涉案财产所在国、地区主管机关明确提出意见予以支持的，人民法院可以准许。

人民法院准许参加诉讼的，犯罪嫌疑人、被告人的诉讼代理人依照本解释关于利害关系人的诉讼代理人的规定行使诉讼权利。

第六百一十九条　公告期满后，人民法院应当组成合议庭对申请没收违法所得的案件进行审理。

利害关系人申请参加或者委托诉讼代理人参加诉讼的，应当开庭审理。没有利害关系人申请参加诉讼的，或者利害关系人及其诉讼代理人无正当理由拒不到庭的，可以不开庭审理。

人民法院确定开庭日期后，应当将开庭的时间、地点通知人民检察院、利害关系人及其诉讼代理人、证人、鉴定人、翻译人员。通知书应当依照本解释第六百一十五条第二款、第三款规定的方式，至迟在开庭审理三日以前送达；受送达人在境外的，至迟在开庭审理三十日以前送达。

第六百二十条　开庭审理申请没收违法所得的案件，按照下列程序进行：

（一）审判长宣布法庭调查开始后，先由检察员宣读申请书，后由利害关系人、诉讼代理人发表意见；

（二）法庭应当依次就犯罪嫌疑人、被告人是否实施了贪污贿赂犯罪、恐怖活动犯罪等重大犯罪并已经通缉一年不能到案，或者是否已经死亡，以及申请没收的财产是否依法应当追缴进行调查；调查时，先由检察员出示证据，后由利害关系人、诉讼代理人出示证据，并进行质证；

（三）法庭辩论阶段，先由检察员发言，后由利害关系人、诉讼代理人发言，并进行辩论。

利害关系人接到通知后无正当理由拒不到庭，或者未经法庭许可中途退庭的，可以转为不开庭审理，但还有其他利害关系人参加诉讼的除外。

第六百二十一条 对申请没收违法所得的案件，人民法院审理后，应当按照下列情形分别处理：

（一）申请没收的财产属于违法所得及其他涉案财产的，除依法返还被害人的以外，应当裁定没收；

（二）不符合刑事诉讼法第二百九十八条第一款规定的条件的，应当裁定驳回申请，解除查封、扣押、冻结措施。

申请没收的财产具有高度可能属于违法所得及其他涉案财产的，应当认定为前款规定的"申请没收的财产属于违法所得及其他涉案财产"。巨额财产来源不明犯罪案件中，没有利害关系人对违法所得及其他涉案财产主张权利，或者利害关系人对违法所得及其他涉案财产虽然主张权利但提供的证据没有达到相应证明标准的，应当视为"申请没收的财产属于违法所得及其他涉案财产"。

第六百二十二条 对没收违法所得或者驳回申请的裁定，犯罪嫌疑人、被告人的近亲属和其他利害关系人或者人民检察院可以在五日以内提出上诉、抗诉。

第六百二十三条 对不服第一审没收违法所得或者驳回申请裁

定的上诉、抗诉案件，第二审人民法院经审理，应当按照下列情形分别处理：

（一）第一审裁定认定事实清楚和适用法律正确的，应当驳回上诉或者抗诉，维持原裁定；

（二）第一审裁定认定事实清楚，但适用法律有错误的，应当改变原裁定；

（三）第一审裁定认定事实不清的，可以在查清事实后改变原裁定，也可以撤销原裁定，发回原审人民法院重新审判；

（四）第一审裁定违反法定诉讼程序，可能影响公正审判的，应当撤销原裁定，发回原审人民法院重新审判。

第一审人民法院对发回重新审判的案件作出裁定后，第二审人民法院对不服第一审人民法院裁定的上诉、抗诉，应当依法作出裁定，不得再发回原审人民法院重新审判；但是，第一审人民法院在重新审判过程中违反法定诉讼程序，可能影响公正审判的除外。

第六百二十四条　利害关系人非因故意或者重大过失在第一审期间未参加诉讼，在第二审期间申请参加诉讼的，人民法院应当准许，并撤销原裁定，发回原审人民法院重新审判。

第六百二十五条　在审理申请没收违法所得的案件过程中，在逃的犯罪嫌疑人、被告人到案的，人民法院应当裁定终止审理。人民检察院向原受理申请的人民法院提起公诉的，可以由同一审判组织审理。

第六百二十六条　在审理案件过程中，被告人脱逃或者死亡，符合刑事诉讼法第二百九十八条第一款规定的，人民检察院可以向人民法院提出没收违法所得的申请；符合刑事诉讼法第二百九十一条第一款规定的，人民检察院可以按照缺席审判程序向人民法院提起公诉。

人民检察院向原受理案件的人民法院提出没收违法所得申请的，

可以由同一审判组织审理。

第六百二十七条 审理申请没收违法所得案件的期限，参照公诉案件第一审普通程序和第二审程序的审理期限执行。

公告期间和请求刑事司法协助的时间不计入审理期限。

第六百二十八条 没收违法所得裁定生效后，犯罪嫌疑人、被告人到案并对没收裁定提出异议，人民检察院向原作出裁定的人民法院提起公诉的，可以由同一审判组织审理。

人民法院经审理，应当按照下列情形分别处理：

（一）原裁定正确的，予以维持，不再对涉案财产作出判决；

（二）原裁定确有错误的，应当撤销原裁定，并在判决中对有关涉案财产一并作出处理。

人民法院生效的没收裁定确有错误的，除第一款规定的情形外，应当依照审判监督程序予以纠正。

第六百二十九条 人民法院审理申请没收违法所得的案件，本章没有规定的，参照适用本解释的有关规定。

五、《最高人民法院关于刑事裁判涉财产部分执行的若干规定》（法释〔2014〕13号）

为进一步规范刑事裁判涉财产部分的执行，维护当事人合法权益，根据《中华人民共和国刑法》《中华人民共和国刑事诉讼法》等法律规定，结合人民法院执行工作实际，制定本规定。

第一条 本规定所称刑事裁判涉财产部分的执行，是指发生法律效力的刑事裁判主文确定的下列事项的执行：

（一）罚金、没收财产；

（二）责令退赔；

（三）处置随案移送的赃款赃物；

（四）没收随案移送的供犯罪所用本人财物；

（五）其他应当由人民法院执行的相关事项。

刑事附带民事裁判的执行，适用民事执行的有关规定。

第二条　刑事裁判涉财产部分，由第一审人民法院执行。第一审人民法院可以委托财产所在地的同级人民法院执行。

第三条　人民法院办理刑事裁判涉财产部分执行案件的期限为六个月。有特殊情况需要延长的，经本院院长批准，可以延长。

第四条　人民法院刑事审判中可能判处被告人财产刑、责令退赔的，刑事审判部门应当依法对被告人的财产状况进行调查；发现可能隐匿、转移财产的，应当及时查封、扣押、冻结其相应财产。

第五条　刑事审判或者执行中，对于侦查机关已经采取的查封、扣押、冻结，人民法院应当在期限届满前及时续行查封、扣押、冻结。人民法院续行查封、扣押、冻结的顺位与侦查机关查封、扣押、冻结的顺位相同。

对侦查机关查封、扣押、冻结的财产，人民法院执行中可以直接裁定处置，无需侦查机关出具解除手续，但裁定中应当指明侦查机关查封、扣押、冻结的事实。

第六条　刑事裁判涉财产部分的裁判内容，应当明确、具体。涉案财物或者被害人人数较多，不宜在判决主文中详细列明的，可以概括叙明并另附清单。

判处没收部分财产的，应当明确没收的具体财物或者金额。

判处追缴或者责令退赔的，应当明确追缴或者退赔的金额或财物的名称、数量等相关情况。

第七条　由人民法院执行机构负责执行的刑事裁判涉财产部分，

刑事审判部门应当及时移送立案部门审查立案。

移送立案应当提交生效裁判文书及其附件和其他相关材料，并填写《移送执行表》。《移送执行表》应当载明以下内容：

（一）被执行人、被害人的基本信息；

（二）已查明的财产状况或者财产线索；

（三）随案移送的财产和已经处置财产的情况；

（四）查封、扣押、冻结财产的情况；

（五）移送执行的时间；

（六）其他需要说明的情况。

人民法院立案部门经审查，认为属于移送范围且移送材料齐全的，应当在七日内立案，并移送执行机构。

第八条 人民法院可以向刑罚执行机关、社区矫正机构等有关单位调查被执行人的财产状况，并可以根据不同情形要求有关单位协助采取查封、扣押、冻结、划拨等执行措施。

第九条 判处没收财产的，应当执行刑事裁判生效时被执行人合法所有的财产。

执行没收财产或罚金刑，应当参照被扶养人住所地政府公布的上年度当地居民最低生活费标准，保留被执行人及其所扶养家属的生活必需费用。

第十条 对赃款赃物及其收益，人民法院应当一并追缴。

被执行人将赃款赃物投资或者置业，对因此形成的财产及其收益，人民法院应予追缴。

被执行人将赃款赃物与其他合法财产共同投资或者置业，对因此形成的财产中与赃款赃物对应的份额及其收益，人民法院应予追缴。

对于被害人的损失，应当按照刑事裁判认定的实际损失予以发还或者赔偿。

第十一条　被执行人将刑事裁判认定为赃款赃物的涉案财物用于清偿债务、转让或者设置其他权利负担，具有下列情形之一的，人民法院应予追缴：

（一）第三人明知是涉案财物而接受的；

（二）第三人无偿或者以明显低于市场的价格取得涉案财物的；

（三）第三人通过非法债务清偿或者违法犯罪活动取得涉案财物的；

（四）第三人通过其他恶意方式取得涉案财物的。

第三人善意取得涉案财物的，执行程序中不予追缴。作为原所有人的被害人对该涉案财物主张权利的，人民法院应当告知其通过诉讼程序处理。

第十二条　被执行财产需要变价的，人民法院执行机构应当依法采取拍卖、变卖等变价措施。

涉案财物最后一次拍卖未能成交，需要上缴国库的，人民法院应当通知有关财政机关以该次拍卖保留价予以接收；有关财政机关要求继续变价的，可以进行无保留价拍卖。需要退赔被害人的，以该次拍卖保留价以物退赔；被害人不同意以物退赔的，可以进行无保留价拍卖。

第十三条　被执行人在执行中同时承担刑事责任、民事责任，其财产不足以支付的，按照下列顺序执行：

（一）人身损害赔偿中的医疗费用；

（二）退赔被害人的损失；

（三）其他民事债务；

（四）罚金；

（五）没收财产。

债权人对执行标的依法享有优先受偿权，其主张优先受偿的，人民法院应当在前款第（一）项规定的医疗费用受偿后，予以支持。

第十四条 执行过程中，当事人、利害关系人认为执行行为违反法律规定，或者案外人对执行标的主张足以阻止执行的实体权利，向执行法院提出书面异议的，执行法院应当依照民事诉讼法第二百二十五条的规定处理。

人民法院审查案外人异议、复议，应当公开听证。

第十五条 执行过程中，案外人或被害人认为刑事裁判中对涉案财物是否属于赃款赃物认定错误或者应予认定而未认定，向执行法院提出书面异议，可以通过裁定补正的，执行机构应当将异议材料移送刑事审判部门处理；无法通过裁定补正的，应当告知异议人通过审判监督程序处理。

第十六条 人民法院办理刑事裁判涉财产部分执行案件，刑法、刑事诉讼法及有关司法解释没有相应规定的，参照适用民事执行的有关规定。

第十七条 最高人民法院此前发布的司法解释与本规定不一致的，以本规定为准。

六、《人民检察院刑事诉讼规则》（高检法释字（2019）4号）

第二条 人民检察院在刑事诉讼中的任务，是立案侦查直接受理的案件、审查逮捕、审查起诉和提起公诉、对刑事诉讼实行法律监督，保证准确、及时查明犯罪事实，正确应用法律，惩罚犯罪分子，保障无罪的人不受刑事追究，保障刑事法律的统一正确实施，维护社会主义法制，尊重和保障人权，保护公民的人身权利、财产权利、民主权利和其他权利，保障社会主义建设事业的顺利进行。

第六十四条　行政机关在行政执法和查办案件过程中收集的物证、书证、视听资料、电子数据等证据材料，经人民检察院审查符合法定要求的，可以作为证据使用。

行政机关在行政执法和查办案件过程中收集的鉴定意见、勘验、检查笔录，经人民检察院审查符合法定要求的，可以作为证据使用。

第六十五条　监察机关依照法律规定收集的物证、书证、证人证言、被调查人供述和辩解、视听资料、电子数据等证据材料，在刑事诉讼中可以作为证据使用。

第六十六条　对采用刑讯逼供等非法方法收集的犯罪嫌疑人供述和采用暴力、威胁等非法方法收集的证人证言、被害人陈述，应当依法排除，不得作为移送审查逮捕、批准或者决定逮捕、移送起诉以及提起公诉的依据。

第六十九条　采用暴力、威胁以及非法限制人身自由等非法方法收集的证人证言、被害人陈述，应当予以排除。

第七十条　收集物证、书证不符合法定程序，可能严重影响司法公正的，人民检察院应当及时要求公安机关补正或者作出书面解释；不能补正或者无法作出合理解释的，对该证据应当予以排除。

对公安机关的补正或者解释，人民检察院应当予以审查。经补正或者作出合理解释的，可以作为批准或者决定逮捕、提起公诉的依据。

第一百五十七条　人民检察院负责案件管理的部门受理案件时，应当接收案卷材料，并立即审查下列内容：

（一）依据移送的法律文书载明的内容确定案件是否属于本院

管辖；

（二）案卷材料是否齐备、规范，符合有关规定的要求；

（三）移送的款项或者物品与移送清单是否相符；

（四）犯罪嫌疑人是否在案以及采取强制措施的情况；

（五）是否在规定的期限内移送案件。

第一百五十八条 人民检察院负责案件管理的部门对接收的案卷材料审查后，认为具备受理条件的，应当及时进行登记，并立即将案卷材料和案件受理登记表移送办案部门办理。

经审查，认为案卷材料不齐备的，应当及时要求移送案件的单位补送相关材料。对于案卷装订不符合要求的，应当要求移送案件的单位重新装订后移送。

对于移送起诉的案件，犯罪嫌疑人在逃的，应当要求公安机关采取措施保证犯罪嫌疑人到案后再移送起诉。共同犯罪案件中部分犯罪嫌疑人在逃的，对在案犯罪嫌疑人的移送起诉应当受理。

第一百八十条 办理案件的人民检察院需要派员到本辖区以外进行搜查，调取物证、书证等证据材料，或者查封、扣押财物和文件的，应当持相关法律文书和证明文件等与当地人民检察院联系，当地人民检察院应当予以协助。

需要到本辖区以外调取证据材料的，必要时，可以向证据所在地的人民检察院发函调取证据。调取证据的函件应当注明具体的取证对象、地址和内容。证据所在地的人民检察院应当在收到函件后一个月以内将取证结果送达办理案件的人民检察院。

被请求协助的人民检察院有异议的，可以与办理案件的人民检察院进行协商。必要时，报请共同的上级人民检察院决定。

第二百零二条 人民检察院有权要求有关单位和个人，交出能够证明犯罪嫌疑人有罪或者无罪以及犯罪情节轻重的证据。

第二百零八条　检察人员可以凭人民检察院的证明文件，向有关单位和个人调取能够证明犯罪嫌疑人有罪或者无罪以及犯罪情节轻重的证据材料，并且可以根据需要拍照、录像、复印和复制。

第二百零九条　调取物证应当调取原物。原物不便搬运、保存，或者依法应当返还被害人，或者因保密工作需要不能调取原物的，可以将原物封存，并拍照、录像。对原物拍照或者录像应当足以反映原物的外形、内容。

调取书证、视听资料应当调取原件。取得原件确有困难或者因保密需要不能调取原件的，可以调取副本或者复制件。

调取书证、视听资料的副本、复制件和物证的照片、录像的，应当书面记明不能调取原件、原物的原因，制作过程和原件、原物存放地点，并由制作人员和原书证、视听资料、物证持有人签名或者盖章。

第二百一十条　在侦查活动中发现的可以证明犯罪嫌疑人有罪、无罪或者犯罪情节轻重的各种财物和文件，应当查封或者扣押；与案件无关的，不得查封或者扣押。查封或者扣押应当经检察长批准。

不能立即查明是否与案件有关的可疑的财物和文件，也可以查封或者扣押，但应当及时审查。经查明确实与案件无关的，应当在三日以内解除查封或者予以退还。

持有人拒绝交出应当查封、扣押的财物和文件的，可以强制查封、扣押。

对于犯罪嫌疑人、被告人到案时随身携带的物品需要扣押的，可以依照前款规定办理。对于与案件无关的个人用品，应当逐件登记，并随案移交或者退还其家属。

第二百一十一条 对犯罪嫌疑人使用违法所得与合法收入共同购置的不可分割的财产，可以先行查封、扣押、冻结。对无法分割退还的财产，应当在结案后予以拍卖、变卖，对不属于违法所得的部分予以退还。

第二百一十二条 人民检察院根据侦查犯罪的需要，可以依照规定查询、冻结犯罪嫌疑人的存款、汇款、债券、股票、基金份额等财产，并可以要求有关单位和个人配合。

查询、冻结前款规定的财产，应当制作查询、冻结财产通知书，通知银行或者其他金融机构、邮政部门执行。冻结财产的，应当经检察长批准。

第二百一十三条 犯罪嫌疑人的存款、汇款、债券、股票、基金份额等财产已冻结的，人民检察院不得重复冻结，可以轮候冻结。人民检察院应当要求有关银行或者其他金融机构、邮政部门在解除冻结或者作出处理前通知人民检察院。

第二百一十四条 扣押、冻结债券、股票、基金份额等财产，应当书面告知当事人或者其法定代理人、委托代理人有权申请出售。

对于被扣押、冻结的债券、股票、基金份额等财产，在扣押、冻结期间权利人申请出售，经审查认为不损害国家利益、被害人利益，不影响诉讼正常进行的，以及扣押、冻结的汇票、本票、支票的有效期即将届满的，经检察长批准，可以在案件办结前依法出售或者变现，所得价款由人民检察院指定的银行账户保管，并及时告知当事人或者其近亲属。

第二百一十五条 对于冻结的存款、汇款、债券、股票、基金份额等财产，经查明确实与案件无关的，应当在三日以内解除冻结，并通知财产所有人。

第二百一十六条　查询、冻结与案件有关的单位的存款、汇款、债券、股票、基金份额等财产的办法适用本规则第二百一十二条至第二百一十五条的规定。

第二百一十七条　对于扣押的款项和物品，应当在三日以内将款项存入唯一合规账户，将物品送负责案件管理的部门保管。法律或者有关规定另有规定的除外。

对于查封、扣押在人民检察院的物品、文件、邮件、电报，人民检察院应当妥善保管。经查明确实与案件无关的，应当在三日以内作出解除或者退还决定，并通知有关单位、当事人办理相关手续。

第二百三十八条　负责侦查的部门应当将起诉意见书或者不起诉意见书，查封、扣押、冻结的犯罪嫌疑人的财物及其孳息、文件清单以及对查封、扣押、冻结的涉案财物的处理意见和其他案卷材料，一并移送本院负责捕诉的部门审查。国家或者集体财产遭受损失的，在提出提起公诉意见的同时，可以提出提起附带民事诉讼的意见。

第二百四十八条　人民检察院撤销案件时，对犯罪嫌疑人的违法所得及其他涉案财产应当区分不同情形，作出相应处理：

（一）因犯罪嫌疑人死亡而撤销案件，依照刑法规定应当追缴其违法所得及其他涉案财产的，按照本规则第十二章第四节的规定办理。

（二）因其他原因撤销案件，对于查封、扣押、冻结的犯罪嫌疑人违法所得及其他涉案财产需要没收的，应当提出检察意见，移送有关主管机关处理。

（三）对于冻结的犯罪嫌疑人存款、汇款、债券、股票、基金份额等财产需要返还被害人的，可以通知金融机构、邮政部门返还被害人；对于查封、扣押的犯罪嫌疑人的违法所得及其他涉案财产需要返还被害人的，直接决定返还被害人。

人民检察院申请人民法院裁定处理犯罪嫌疑人涉案财产的，应当向人民法院移送有关案卷材料。

第二百四十九条 人民检察院撤销案件时，对查封、扣押、冻结的犯罪嫌疑人的涉案财物需要返还犯罪嫌疑人的，应当解除查封、扣押或者书面通知有关金融机构、邮政部门解除冻结，返还犯罪嫌疑人或者其合法继承人。

第二百五十条 查封、扣押、冻结的财物，除依法应当返还被害人或者经查明确实与案件无关的以外，不得在诉讼程序终结之前处理。法律或者有关规定另有规定的除外。

第二百五十一条 处理查封、扣押、冻结的涉案财物，应当由检察长决定。

第二百七十九条 犯罪嫌疑人自愿如实供述涉嫌犯罪的事实，有重大立功或者案件涉及国家重大利益的，经最高人民检察院核准，公安机关可以撤销案件，人民检察院可以作出不起诉决定，也可以对涉嫌数罪中的一项或者多项不起诉。

前款规定的不起诉，应当由检察长决定。决定不起诉的，人民检察院应当及时对查封、扣押、冻结的财物及其孳息作出处理。

第三百三十条 人民检察院审查移送起诉的案件，应当查明：

（一）犯罪嫌疑人身份状况是否清楚，包括姓名、性别、国籍、出生年月日、职业和单位等；单位犯罪的，单位的相关情况是否清楚；

（二）犯罪事实、情节是否清楚；实施犯罪的时间、地点、手段、危害后果是否明确；

（三）认定犯罪性质和罪名的意见是否正确；有无法定的从重、

从轻、减轻或者免除处罚情节及酌定从重、从轻情节；共同犯罪案件的犯罪嫌疑人在犯罪活动中的责任认定是否恰当；

（四）犯罪嫌疑人是否认罪认罚；

（五）证明犯罪事实的证据材料是否随案移送；证明相关财产系违法所得的证据材料是否随案移送；不宜移送的证据的清单、复制件、照片或者其他证明文件是否随案移送；

（六）证据是否确实、充分，是否依法收集，有无应当排除非法证据的情形；

（七）采取侦查措施包括技术侦查措施的法律手续和诉讼文书是否完备；

（八）有无遗漏罪行和其他应当追究刑事责任的人；

（九）是否属于不应当追究刑事责任的；

（十）有无附带民事诉讼；对于国家财产、集体财产遭受损失的，是否需要由人民检察院提起附带民事诉讼；对于破坏生态环境和资源保护，食品药品安全领域侵害众多消费者合法权益，侵害英雄烈士的姓名、肖像、名誉、荣誉等损害社会公共利益的行为，是否需要由人民检察院提起附带民事公益诉讼；

（十一）采取的强制措施是否适当，对于已经逮捕的犯罪嫌疑人，有无继续羁押的必要；

（十二）侦查活动是否合法；

（十三）涉案财物是否查封、扣押、冻结并妥善保管，清单是否齐备；对被害人合法财产的返还和对违禁品或者不宜长期保存的物品的处理是否妥当，移送的证明文件是否完备。

第三百五十二条　追缴的财物中，属于被害人的合法财产，不需要在法庭出示的，应当及时返还被害人，并由被害人在发还款物清单上签名或者盖章，注明返还的理由，并将清单、照片附卷。

第三百五十三条 追缴的财物中，属于违禁品或者不宜长期保存的物品，应当依照国家有关规定处理，并将清单、照片、处理结果附卷。

第三百五十八条 人民检察院决定起诉的，应当制作起诉书。

起诉书的主要内容包括：

（一）被告人的基本情况，包括姓名、性别、出生年月日、出生地和户籍地、公民身份号码、民族、文化程度、职业、工作单位及职务、住址，是否受过刑事处分及处分的种类和时间，采取强制措施的情况等；如果是单位犯罪，应当写明犯罪单位的名称和组织机构代码、所在地址、联系方式，法定代表人和诉讼代表人的姓名、职务、联系方式；如果还有应当负刑事责任的直接负责的主管人员或其他直接责任人员，应当按上述被告人基本情况的内容叙写；

（二）案由和案件来源；

（三）案件事实，包括犯罪的时间、地点、经过、手段、动机、目的、危害后果等与定罪量刑有关的事实要素。起诉书叙述的指控犯罪事实的必备要素应当明晰、准确。被告人被控有多项犯罪事实的，应当逐一列举，对于犯罪手段相同的同一犯罪可以概括叙写；

（四）起诉的根据和理由，包括被告人触犯的刑法条款、犯罪的性质及认定的罪名、处罚条款、法定从轻、减轻或者从重处罚的情节，共同犯罪各被告人应负的罪责等；

（五）被告人认罪认罚情况，包括认罪认罚的内容、具结书签署情况等。

被告人真实姓名、住址无法查清的，可以按其绰号或者自报的姓名、住址制作起诉书，并在起诉书中注明。被告人自报的姓名可能造成损害他人名誉、败坏道德风俗等不良影响的，可以对被告人编号并按编号制作起诉书，附具被告人的照片，记明足以确定被告人面貌、体格、指纹以及其他反映被告人特征的事项。

起诉书应当附有被告人现在处所，证人、鉴定人、需要出庭的有专门知识的人的名单，需要保护的被害人、证人、鉴定人的化名名单，查封、扣押、冻结的财物及孳息的清单，附带民事诉讼、附带民事公益诉讼情况以及其他需要附注的情况。

证人、鉴定人、有专门知识的人的名单应当列明姓名、性别、年龄、职业、住址、联系方式，并注明证人、鉴定人是否出庭。

第三百七十二条 人民检察院决定不起诉的，应当制作不起诉决定书。

不起诉决定书的主要内容包括：

（一）被不起诉人的基本情况，包括姓名、性别、出生年月日、出生地和户籍地、公民身份号码、民族、文化程度、职业、工作单位及职务、住址，是否受过刑事处分，采取强制措施的情况以及羁押处所等；如果是单位犯罪，应当写明犯罪单位的名称和组织机构代码、所在地址、联系方式，法定代表人和诉讼代表人的姓名、职务、联系方式；

（二）案由和案件来源；

（三）案件事实，包括否定或者指控被不起诉人构成犯罪的事实以及作为不起诉决定根据的事实；

（四）不起诉的法律根据和理由，写明作出不起诉决定适用的法律条款；

（五）查封、扣押、冻结的涉案财物的处理情况；

（六）有关告知事项。

第三百七十四条 人民检察院决定不起诉的案件，应当同时书面通知作出查封、扣押、冻结决定的机关或者执行查封、扣押、冻结决定的机关解除查封、扣押、冻结。

第三百七十五条 人民检察院决定不起诉的案件，需要没收违法所得的，经检察长批准，应当提出检察意见，移送有关主管机关处理，并要求有关主管机关及时通报处理情况。具体程序可以参照本规则第二百四十八条的规定办理。

第三百九十九条 在法庭审理中，公诉人应当客观、全面、公正地向法庭出示与定罪、量刑有关的证明被告人有罪、罪重或者罪轻的证据。

按照审判长要求，或者经审判长同意，公诉人可以按照以下方式举证、质证：

（一）对于可能影响定罪量刑的关键证据和控辩双方存在争议的证据，一般应当单独举证、质证；

（二）对于不影响定罪量刑且控辩双方无异议的证据，可以仅就证据的名称及其证明的事项、内容作出说明；

（三）对于证明方向一致、证明内容相近或者证据种类相同，存在内在逻辑关系的证据，可以归纳、分组示证、质证。

公诉人出示证据时，可以借助多媒体设备等方式出示、播放或者演示证据内容。

定罪证据与量刑证据需要分开的，应当分别出示。

第四百条 公诉人讯问被告人，询问证人、被害人、鉴定人，出示物证，宣读书证、未出庭证人的证言笔录等应当围绕下列事实进行：

（一）被告人的身份；

（二）指控的犯罪事实是否存在，是否为被告人所实施；

（三）实施犯罪行为的时间、地点、方法、手段、结果，被告人犯罪后的表现等；

（四）犯罪集团或者其他共同犯罪案件中参与犯罪人员的各自地位和应负的责任；

（五）被告人有无刑事责任能力，有无故意或者过失，行为的动机、目的；

（六）有无依法不应当追究刑事责任的情况，有无法定的从重或者从轻、减轻以及免除处罚的情节；

（七）犯罪对象、作案工具的主要特征，与犯罪有关的财物的来源、数量以及去向；

（八）被告人全部或者部分否认起诉书指控的犯罪事实的，否认的根据和理由能否成立；

（九）与定罪、量刑有关的其他事实。

第四百零九条　公诉人向法庭出示物证，一般应当出示原物，原物不易搬运、不易保存或者已返还被害人的，可以出示反映原物外形和特征的照片、录像、复制品，并向法庭说明情况及与原物的同一性。

公诉人向法庭出示书证，一般应当出示原件。获取书证原件确有困难的，可以出示书证副本或者复制件，并向法庭说明情况及与原件的同一性。

公诉人向法庭出示物证、书证，应当对该物证、书证所要证明的内容、获取情况作出说明，并向当事人、证人等问明物证的主要特征，让其辨认。对该物证、书证进行鉴定的，应当宣读鉴定意见。

第四百一十三条　对于搜查、查封、扣押、冻结、勘验、检查、辨认、侦查实验等活动中形成的笔录存在争议，需要调查人员、侦查人员以及上述活动的见证人出庭陈述有关情况的，公诉人可以建议合议庭通知其出庭。

第四百一十五条　在法庭审理过程中，合议庭对证据有疑问并在休庭后进行勘验、检查、查封、扣押、鉴定和查询、冻结的，人民检察院应当依法进行监督，发现上述活动有违法情况的，应当提出纠正意见。

第四百二十九条　人民检察院对查封、扣押、冻结的被告人财物及其孳息，应当根据不同情况作以下处理：

（一）对作为证据使用的实物，应当依法随案移送；对不宜移送的，应当将其清单、照片或者其他证明文件随案移送。

（二）冻结在金融机构、邮政部门的违法所得及其他涉案财产，应当向人民法院随案移送该金融机构、邮政部门出具的证明文件。待人民法院作出生效判决、裁定后，由人民法院通知该金融机构上缴国库。

（三）查封、扣押的涉案财物，对依法不移送的，应当随案移送清单、照片或者其他证明文件。待人民法院作出生效判决、裁定后，由人民检察院根据人民法院的通知上缴国库，并向人民法院送交执行回单。

（四）对于被扣押、冻结的债券、股票、基金份额等财产，在扣押、冻结期间权利人申请出售的，参照本规则第二百一十四条的规定办理。

第五百一十二条　对于贪污贿赂犯罪、恐怖活动犯罪等重大犯罪案件，犯罪嫌疑人、被告人逃匿，在通缉一年后不能到案，依照刑法规定应当追缴其违法所得及其他涉案财产的，人民检察院可以向人民法院提出没收违法所得的申请。

对于犯罪嫌疑人、被告人死亡，依照刑法规定应当追缴其违法所得及其他涉案财产的，人民检察院也可以向人民法院提出没收违法所得的申请。

第五百一十五条 犯罪嫌疑人、被告人通过实施犯罪直接或者间接产生、获得的任何财产，应当认定为"违法所得"。

违法所得已经部分或者全部转变、转化为其他财产的，转变、转化后的财产应当视为前款规定的"违法所得"。

来自违法所得转变、转化后的财产收益，或者来自已经与违法所得相混合财产中违法所得相应部分的收益，也应当视为第一款规定的违法所得。

第五百一十六条 犯罪嫌疑人、被告人非法持有的违禁品、供犯罪所用的本人财物，应当认定为"其他涉案财产"。

第五百一十七条 刑事诉讼法第二百九十九条第三款规定的"利害关系人"包括犯罪嫌疑人、被告人的近亲属和其他对申请没收的财产主张权利的自然人和单位。

刑事诉讼法第二百九十九条第二款、第三百条第二款规定的"其他利害关系人"是指前款规定的"其他对申请没收的财产主张权利的自然人和单位"。

第五百一十八条 人民检察院审查监察机关或者公安机关移送的没收违法所得意见书，向人民法院提出没收违法所得的申请以及对违法所得没收程序中调查活动、审判活动的监督，由负责捕诉的部门办理。

第五百一十九条 没收违法所得的申请，应当由有管辖权的中级人民法院的同级人民检察院提出。

第五百二十条 人民检察院向人民法院提出没收违法所得的申

请，应当制作没收违法所得申请书。没收违法所得申请书应当载明以下内容：

（一）犯罪嫌疑人、被告人的基本情况，包括姓名、性别、出生年月日、出生地、户籍地、公民身份号码、民族、文化程度、职业、工作单位及职务、住址等；

（二）案由及案件来源；

（三）犯罪嫌疑人、被告人的犯罪事实及相关证据材料；

（四）犯罪嫌疑人、被告人逃匿、被通缉或者死亡的情况；

（五）申请没收的财产种类、数量、价值、所在地以及查封、扣押、冻结财产清单和相关法律手续；

（六）申请没收的财产属于违法所得及其他涉案财产的相关事实及证据材料；

（七）提出没收违法所得申请的理由和法律依据；

（八）有无近亲属和其他利害关系人以及利害关系人的姓名、身份、住址、联系方式；

（九）其他应当写明的内容。

上述材料需要翻译件的，人民检察院应当随没收违法所得申请书一并移送人民法院。

第五百二十二条　人民检察院审查监察机关或者公安机关移送的没收违法所得意见书，应当审查下列内容：

（一）是否属于本院管辖；

（二）是否符合刑事诉讼法第二百九十八条第一款规定的条件；

（三）犯罪嫌疑人基本情况，包括姓名、性别、国籍、出生年月日、职业和单位等；

（四）犯罪嫌疑人涉嫌犯罪的事实和相关证据材料；

（五）犯罪嫌疑人逃匿、下落不明、被通缉或者死亡的情况，通缉令或者死亡证明是否随案移送；

（六）违法所得及其他涉案财产的种类、数量、所在地以及查封、扣押、冻结的情况，查封、扣押、冻结的财产清单和相关法律手续是否随案移送；

（七）违法所得及其他涉案财产的相关事实和证据材料；

（八）有无近亲属和其他利害关系人以及利害关系人的姓名、身份、住址、联系方式。

对于与犯罪事实、违法所得及其他涉案财产相关的证据材料，不宜移送的，应当审查证据的清单、复制件、照片或者其他证明文件是否随案移送。

第五百二十七条　人民检察院直接受理侦查的案件，犯罪嫌疑人死亡而撤销案件，符合刑事诉讼法第二百九十八条第一款规定条件的，负责侦查的部门应当启动违法所得没收程序进行调查。

负责侦查的部门进行调查应当查明犯罪嫌疑人涉嫌的犯罪事实，犯罪嫌疑人死亡的情况，以及犯罪嫌疑人的违法所得及其他涉案财产的情况，并可以对违法所得及其他涉案财产依法进行查封、扣押、查询、冻结。

负责侦查的部门认为符合刑事诉讼法第二百九十八条第一款规定条件的，应当写出没收违法所得意见书，连同案卷材料一并移送有管辖权的人民检察院负责侦查的部门，并由有管辖权的人民检察院负责侦查的部门移送本院负责捕诉的部门。

负责捕诉的部门对没收违法所得意见书进行审查，作出是否提出没收违法所得申请的决定，具体程序按照本规则第五百二十二条、第五百二十三条的规定办理。

第五百二十八条 在人民检察院审查起诉过程中，犯罪嫌疑人死亡，或者贪污贿赂犯罪、恐怖活动犯罪等重大犯罪案件的犯罪嫌疑人逃匿，在通缉一年后不能到案，依照刑法规定应当追缴其违法所得及其他涉案财产的，人民检察院可以直接提出没收违法所得的申请。

在人民法院审理案件过程中，被告人死亡而裁定终止审理，或者被告人脱逃而裁定中止审理，人民检察院可以依法另行向人民法院提出没收违法所得的申请。

第五百二十九条 人民法院对没收违法所得的申请进行审理，人民检察院应当承担举证责任。

人民法院对没收违法所得的申请开庭审理的，人民检察院应当派员出席法庭。

第五百三十条 出席法庭的检察官应当宣读没收违法所得申请书，并在法庭调查阶段就申请没收的财产属于违法所得及其他涉案财产等相关事实出示、宣读证据。

第五百三十一条 人民检察院发现人民法院或者审判人员审理没收违法所得案件违反法律规定的诉讼程序，应当向人民法院提出纠正意见。

人民检察院认为同级人民法院按照违法所得没收程序所作的第一审裁定确有错误的，应当在五日以内向上一级人民法院提出抗诉。

最高人民检察院、省级人民检察院认为下级人民法院按照违法所得没收程序所作的已经发生法律效力的裁定确有错误的，应当按照审判监督程序向同级人民法院提出抗诉。

第五百三十三条 对于刑事诉讼法第二百九十八条第一款规定以外需要没收违法所得的，按照有关规定执行。

第五百六十七条 人民检察院应当对侦查活动中是否存在以下

违法行为进行监督：

（一）采用刑讯逼供以及其他非法方法收集犯罪嫌疑人供述的；

（二）讯问犯罪嫌疑人依法应当录音或者录像而没有录音或者录像，或者未在法定羁押场所讯问犯罪嫌疑人的；

（三）采用暴力、威胁以及非法限制人身自由等非法方法收集证人证言、被害人陈述，或者以暴力、威胁等方法阻止证人作证或者指使他人作伪证的；

（四）伪造、隐匿、销毁、调换、私自涂改证据，或者帮助当事人毁灭、伪造证据的；

（五）违反刑事诉讼法关于决定、执行、变更、撤销强制措施的规定，或者强制措施法定期限届满，不予释放、解除或者变更的；

（六）应当退还取保候审保证金不退还的；

（七）违反刑事诉讼法关于讯问、询问、勘验、检查、搜查、鉴定、采取技术侦查措施等规定的；

（八）对与案件无关的财物采取查封、扣押、冻结措施，或者应当解除查封、扣押、冻结而不解除的；

（九）贪污、挪用、私分、调换、违反规定使用查封、扣押、冻结的财物及其孳息的；

（十）不应当撤案而撤案的；

（十一）侦查人员应当回避而不回避的；

（十二）依法应当告知犯罪嫌疑人诉讼权利而不告知，影响犯罪嫌疑人行使诉讼权利的；

（十三）对犯罪嫌疑人拘留、逮捕、指定居所监视居住后依法应当通知家属而未通知的；

（十四）阻碍当事人、辩护人、诉讼代理人、值班律师依法行使诉讼权利的；

（十五）应当对证据收集的合法性出具说明或者提供证明材料而不出具、不提供的；

（十六）侦查活动中的其他违反法律规定的行为。

第五百七十条 人民检察院应当对审判活动中是否存在以下违法行为进行监督：

（一）人民法院对刑事案件的受理违反管辖规定的；

（二）人民法院审理案件违反法定审理和送达期限的；

（三）法庭组成人员不符合法律规定，或者依照规定应当回避而不回避的；

（四）法庭审理案件违反法定程序的；

（五）侵犯当事人、其他诉讼参与人的诉讼权利和其他合法权利的；

（六）法庭审理时对有关程序问题所作的决定违反法律规定的；

（七）违反法律规定裁定发回重审的；

（八）故意毁弃、篡改、隐匿、伪造、偷换证据或者其他诉讼材料，或者依据未经法定程序调查、质证的证据定案的；

（九）依法应当调查收集相关证据而不收集的；

（十）徇私枉法，故意违背事实和法律作枉法裁判的；

（十一）收受、索取当事人及其近亲属或者其委托的律师等人财物或者其他利益的；

（十二）违反法律规定采取强制措施或者采取强制措施法定期限届满，不予释放、解除或者变更的；

（十三）应当退还取保候审保证金不退还的；

（十四）对与案件无关的财物采取查封、扣押、冻结措施，或者应当解除查封、扣押、冻结而不解除的；

（十五）贪污、挪用、私分、调换、违反规定使用查封、扣押、冻结的财物及其孳息的；

（十六）其他违反法律规定的行为。

第六百四十五条　人民检察院发现人民法院执行刑事裁判涉财产部分具有下列情形之一的，应当依法提出纠正意见：

（一）执行立案活动违法的；

（二）延期缴纳、酌情减少或者免除罚金违法的；

（三）中止执行或者终结执行违法的；

（四）被执行人有履行能力，应当执行而不执行的；

（五）损害被执行人、被害人、利害关系人或者案外人合法权益的；

（六）刑事裁判全部或者部分被撤销后未依法返还或者赔偿的；

（七）执行的财产未依法上缴国库的；

（八）其他违法情形。

人民检察院对人民法院执行刑事裁判涉财产部分进行监督，可以对公安机关查封、扣押、冻结涉案财物的情况，人民法院审判部门、立案部门、执行部门移送、立案、执行情况，被执行人的履行能力等情况向有关单位和个人进行调查核实。

第六百四十六条　人民检察院发现被执行人或者其他人员有隐匿、转移、变卖财产等妨碍执行情形的，可以建议人民法院及时查封、扣押、冻结。

公安机关不依法向人民法院移送涉案财物、相关清单、照片和其他证明文件，或者对涉案财物的查封、扣押、冻结、返还、处置等活动存在违法情形的，人民检察院应当依法提出纠正意见。

第六百六十四条　人民检察院负责案件管理的部门对检察机关办理案件的受理、期限、程序、质量等进行管理、监督、预警。

第六百六十五条 人民检察院负责案件管理的部门发现本院办案活动具有下列情形之一的，应当及时提出纠正意见：

（一）查封、扣押、冻结、保管、处理涉案财物不符合有关法律和规定的；

（二）法律文书制作、使用不符合法律和有关规定的；

（三）违反羁押期限、办案期限规定的；

（四）侵害当事人、辩护人、诉讼代理人的诉讼权利的；

（五）未依法对立案、侦查、审查逮捕、公诉、审判等诉讼活动以及执行活动中的违法行为履行法律监督职责的；

（六）其他应当提出纠正意见的情形。

情节轻微的，可以口头提示；情节较重的，应当发送案件流程监控通知书，提示办案部门及时查明情况并予以纠正；情节严重的，应当同时向检察长报告。

办案部门收到案件流程监控通知书后，应当在十日以内将核查情况书面回复负责案件管理的部门。

第六百六十八条 监察机关或者公安机关随案移送涉案财物及其孳息的，人民检察院负责案件管理的部门应当在受理案件时进行审查，并及时办理入库保管手续。

第六百六十九条 人民检察院负责案件管理的部门对扣押的涉案物品进行保管，并对查封、扣押、冻结、处理涉案财物工作进行监督管理。对违反规定的行为提出纠正意见；涉嫌违法违纪的，报告检察长。

第六百七十条 人民检察院办案部门需要调用、移送、处理查封、扣押、冻结的涉案财物的，应当按照规定办理审批手续。审批手续齐全的，负责案件管理的部门应当办理出库手续。

第六百七十二条　人民检察院刑事司法协助的范围包括刑事诉讼文书送达，调查取证，安排证人作证或者协助调查，查封、扣押、冻结涉案财物，返还违法所得及其他涉案财物，移管被判刑人以及其他协助。

七、《中华人民共和国治安管理处罚法》

第五条　治安管理处罚必须以事实为依据，与违反治安管理行为的性质、情节以及社会危害程度相当。

实施治安管理处罚，应当公开、公正，尊重和保障人权，保护公民的人格尊严。

办理治安案件应当坚持教育与处罚相结合的原则。

第十一条　办理治安案件所查获的毒品、淫秽物品等违禁品，赌具、赌资，吸食、注射毒品的用具以及直接用于实施违反治安管理行为的本人所有的工具，应当收缴，按照规定处理。

违反治安管理所得的财物，追缴退还被侵害人；没有被侵害人的，登记造册，公开拍卖或者按照国家有关规定处理，所得款项上缴国库。

第八十九条　公安机关办理治安案件，对与案件有关的需要作为证据的物品，可以扣押；对被侵害人或者善意第三人合法占有的财产，不得扣押，应当予以登记。对与案件无关的物品，不得扣押。

对扣押的物品，应当会同在场见证人和被扣押物品持有人查点清楚，当场开列清单一式二份，由调查人员、见证人和持有人签名或者盖章，一份交给持有人，另一份附卷备查。

对扣押的物品，应当妥善保管，不得挪作他用；对不宜长期保存的物品，按照有关规定处理。经查明与案件无关的，应当及时退还；经核实属于他人合法财产的，应当登记后立即退还；满六个月无人对该财产主张权利或者无法查清权利人的，应当公开拍卖或者按照国家有关规定处理，所得款项上缴国库。

第一百一十六条 人民警察办理治安案件，有下列行为之一的，依法给予行政处分；构成犯罪的，依法追究刑事责任：

（一）刑讯逼供、体罚、虐待、侮辱他人的；

（二）超过询问查证的时间限制人身自由的；

（三）不执行罚款决定与罚款收缴分离制度或者不按规定将罚没的财物上缴国库或者依法处理的；

（四）私分、侵占、挪用、故意损毁收缴、扣押的财物的；

（五）违反规定使用或者不及时返还被侵害人财物的；

（六）违反规定不及时退还保证金的；

（七）利用职务上的便利收受他人财物或者谋取其他利益的；

（八）当场收缴罚款不出具罚款收据或者不如实填写罚款数额的；

（九）接到要求制止违反治安管理行为的报警后，不及时出警的；

（十）在查处违反治安管理活动时，为违法犯罪行为人通风报信的；

（十一）有徇私舞弊、滥用职权，不依法履行法定职责的其他情形的。

办理治安案件的公安机关有前款所列行为的，对直接负责的主管人员和其他直接责任人员给予相应的行政处分。

八、《中华人民共和国行政处罚法》（2021年修订）

第九条 行政处罚的种类：

（一）警告、通报批评；

（二）罚款、没收违法所得、没收非法财物；

（三）暂扣许可证件、降低资质等级、吊销许可证件；

（四）限制开展生产经营活动、责令停产停业、责令关闭、限制从业；

（五）行政拘留；

（六）法律、行政法规规定的其他行政处罚。

第四十六条　证据包括：

（一）书证；

（二）物证；

（三）视听资料；

（四）电子数据；

（五）证人证言；

（六）当事人的陈述；

（七）鉴定意见；

（八）勘验笔录、现场笔录。

证据必须经查证属实，方可作为认定案件事实的根据。

以非法手段取得的证据，不得作为认定案件事实的根据。

第五十六条　行政机关在收集证据时，可以采取抽样取证的方法；在证据可能灭失或者以后难以取得的情况下，经行政机关负责人批准，可以先行登记保存，并应当在七日内及时作出处理决定，在此期间，当事人或者有关人员不得销毁或者转移证据。

第六十条　行政机关应当自行政处罚案件立案之日起九十日内作出行政处罚决定。法律、法规、规章另有规定的，从其规定。

第六十三条　行政机关拟作出下列行政处罚决定，应当告知当事人有要求听证的权利，当事人要求听证的，行政机关应当组织听证：

（一）较大数额罚款；

（二）没收较大数额违法所得、没收较大价值非法财物；

（三）降低资质等级、吊销许可证件；

（四）责令停产停业、责令关闭、限制从业；

（五）其他较重的行政处罚；

（六）法律、法规、规章规定的其他情形。

当事人不承担行政机关组织听证的费用。

第七十二条 当事人逾期不履行行政处罚决定的，作出行政处罚决定的行政机关可以采取下列措施：

（一）到期不缴纳罚款的，每日按罚款数额的百分之三加处罚款，加处罚款的数额不得超出罚款的数额；

（二）根据法律规定，将查封、扣押的财物拍卖、依法处理或者将冻结的存款、汇款划拨抵缴罚款；

（三）根据法律规定，采取其他行政强制执行方式；

（四）依照《中华人民共和国行政强制法》的规定申请人民法院强制执行。

行政机关批准延期、分期缴纳罚款的，申请人民法院强制执行的期限，自暂缓或者分期缴纳罚款期限结束之日起计算。

第七十四条 除依法应当予以销毁的物品外，依法没收的非法财物必须按照国家规定公开拍卖或者按照国家有关规定处理。

罚款、没收的违法所得或者没收非法财物拍卖的款项，必须全部上缴国库，任何行政机关或者个人不得以任何形式截留、私分或者变相私分。

罚款、没收的违法所得或者没收非法财物拍卖的款项，不得同作出行政处罚决定的行政机关及其工作人员的考核、考评直接或者变相挂钩。除依法应当退还、退赔的外，财政部门不得以任何形式向作出行政处罚决定的行政机关返还罚款、没收的违法所得或者没收非法财物拍卖的款项。

第七十七条　行政机关对当事人进行处罚不使用罚款、没收财物单据或者使用非法定部门制发的罚款、没收财物单据的，当事人有权拒绝，并有权予以检举，由上级行政机关或者有关机关对使用的非法单据予以收缴销毁，对直接负责的主管人员和其他直接责任人员依法给予处分。

第七十八条　行政机关违反本法第六十七条的规定自行收缴罚款的，财政部门违反本法第七十四条的规定向行政机关返还罚款、没收的违法所得或者拍卖款项的，由上级行政机关或者有关机关责令改正，对直接负责的主管人员和其他直接责任人员依法给予处分。

第七十九条　行政机关截留、私分或者变相私分罚款、没收的违法所得或者财物的，由财政部门或者有关机关予以追缴，对直接负责的主管人员和其他直接责任人员依法给予处分；情节严重构成犯罪的，依法追究刑事责任。

执法人员利用职务上的便利，索取或者收受他人财物、将收缴罚款据为己有，构成犯罪的，依法追究刑事责任；情节轻微不构成犯罪的，依法给予处分。

第八十条　行政机关使用或者损毁查封、扣押的财物，对当事人造成损失的，应当依法予以赔偿，对直接负责的主管人员和其他直接责任人员依法给予处分。

九、《中华人民共和国行政强制法》

第二条　本法所称行政强制，包括行政强制措施和行政强制执行。

行政强制措施，是指行政机关在行政管理过程中，为制止违法行为、防止证据损毁、避免危害发生、控制危险扩大等情形，依法对公民的人身自由实施暂时性限制，或者对公民、法人或者其他组织的财物实施暂时性控制的行为。

行政强制执行，是指行政机关或者行政机关申请人民法院，对不履行行政决定的公民、法人或者其他组织，依法强制履行义务的行为。

第九条 行政强制措施的种类：

（一）限制公民人身自由；

（二）查封场所、设施或者财物；

（三）扣押财物；

（四）冻结存款、汇款；

（五）其他行政强制措施。

第十二条 行政强制执行的方式：

（一）加处罚款或者滞纳金；

（二）划拨存款、汇款；

（三）拍卖或者依法处理查封、扣押的场所、设施或者财物；

（四）排除妨碍、恢复原状；

（五）代履行；

（六）其他强制执行方式。

第十三条 行政强制执行由法律设定。

法律没有规定行政机关强制执行的，作出行政决定的行政机关应当申请人民法院强制执行。

第十六条 行政机关履行行政管理职责，依照法律、法规的规定，实施行政强制措施。

违法行为情节显著轻微或者没有明显社会危害的，可以不采取行政强制措施。

第十七条　行政强制措施由法律、法规规定的行政机关在法定职权范围内实施。行政强制措施权不得委托。

依据《中华人民共和国行政处罚法》的规定行使相对集中行政处罚权的行政机关，可以实施法律、法规规定的与行政处罚权有关的行政强制措施。

行政强制措施应当由行政机关具备资格的行政执法人员实施，其他人员不得实施。

第十八条　行政机关实施行政强制措施应当遵守下列规定：

（一）实施前须向行政机关负责人报告并经批准；

（二）由两名以上行政执法人员实施；

（三）出示执法身份证件；

（四）通知当事人到场；

（五）当场告知当事人采取行政强制措施的理由、依据以及当事人依法享有的权利、救济途径；

（六）听取当事人的陈述和申辩；

（七）制作现场笔录；

（八）现场笔录由当事人和行政执法人员签名或者盖章，当事人拒绝的，在笔录中予以注明；

（九）当事人不到场的，邀请见证人到场，由见证人和行政执法人员在现场笔录上签名或者盖章；

（十）法律、法规规定的其他程序。

第十九条　情况紧急，需要当场实施行政强制措施的，行政执法人员应当在二十四小时内向行政机关负责人报告，并补办批准手续。行政机关负责人认为不应当采取行政强制措施的，应当立即解除。

第二十一条 违法行为涉嫌犯罪应当移送司法机关的，行政机关应当将查封、扣押、冻结的财物一并移送，并书面告知当事人。

第二十二条 查封、扣押应当由法律、法规规定的行政机关实施，其他任何行政机关或者组织不得实施。

第二十三条 查封、扣押限于涉案的场所、设施或者财物，不得查封、扣押与违法行为无关的场所、设施或者财物；不得查封、扣押公民个人及其所扶养家属的生活必需品。

当事人的场所、设施或者财物已被其他国家机关依法查封的，不得重复查封。

第二十四条 行政机关决定实施查封、扣押的，应当履行本法第十八条规定的程序，制作并当场交付查封、扣押决定书和清单。

查封、扣押决定书应当载明下列事项：

（一）当事人的姓名或者名称、地址；

（二）查封、扣押的理由、依据和期限；

（三）查封、扣押场所、设施或者财物的名称、数量等；

（四）申请行政复议或者提起行政诉讼的途径和期限；

（五）行政机关的名称、印章和日期。

查封、扣押清单一式二份，由当事人和行政机关分别保存。

第二十五条 查封、扣押的期限不得超过三十日；情况复杂的，经行政机关负责人批准，可以延长，但是延长期限不得超过三十日。法律、行政法规另有规定的除外。

延长查封、扣押的决定应当及时书面告知当事人，并说明理由。

对物品需要进行检测、检验、检疫或者技术鉴定的，查封、扣押的期间不包括检测、检验、检疫或者技术鉴定的期间。检测、检验、检疫或者技术鉴定的期间应当明确，并书面告知当事人。检测、检验、检疫或者技术鉴定的费用由行政机关承担。

第二十六条　对查封、扣押的场所、设施或者财物，行政机关应当妥善保管，不得使用或者损毁；造成损失的，应当承担赔偿责任。

对查封的场所、设施或者财物，行政机关可以委托第三人保管，第三人不得损毁或者擅自转移、处置。因第三人的原因造成的损失，行政机关先行赔付后，有权向第三人追偿。

因查封、扣押发生的保管费用由行政机关承担。

第二十七条　行政机关采取查封、扣押措施后，应当及时查清事实，在本法第二十五条规定的期限内作出处理决定。对违法事实清楚，依法应当没收的非法财物予以没收；法律、行政法规规定应当销毁的，依法销毁；应当解除查封、扣押的，作出解除查封、扣押的决定。

第二十八条　有下列情形之一的，行政机关应当及时作出解除查封、扣押决定：

（一）当事人没有违法行为；

（二）查封、扣押的场所、设施或者财物与违法行为无关；

（三）行政机关对违法行为已经作出处理决定，不再需要查封、扣押；

（四）查封、扣押期限已经届满；

（五）其他不再需要采取查封、扣押措施的情形。

解除查封、扣押应当立即退还财物；已将鲜活物品或者其他不易保管的财物拍卖或者变卖的，退还拍卖或者变卖所得款项。变卖价格明显低于市场价格，给当事人造成损失的，应当给予补偿。

第二十九条　冻结存款、汇款应当由法律规定的行政机关实施，不得委托给其他行政机关或者组织；其他任何行政机关或者组织不得冻结存款、汇款。

冻结存款、汇款的数额应当与违法行为涉及的金额相当；已被其他国家机关依法冻结的，不得重复冻结。

第三十条　行政机关依照法律规定决定实施冻结存款、汇款的，应当履行本法第十八条第一项、第二项、第三项、第七项规定的程序，并向金融机构交付冻结通知书。

金融机构接到行政机关依法作出的冻结通知书后，应当立即予以冻结，不得拖延，不得在冻结前向当事人泄露信息。

法律规定以外的行政机关或者组织要求冻结当事人存款、汇款的，金融机构应当拒绝。

第三十一条　依照法律规定冻结存款、汇款的，作出决定的行政机关应当在三日内向当事人交付冻结决定书。冻结决定书应当载明下列事项：

（一）当事人的姓名或者名称、地址；

（二）冻结的理由、依据和期限；

（三）冻结的账号和数额；

（四）申请行政复议或者提起行政诉讼的途径和期限；

（五）行政机关的名称、印章和日期。

第三十二条　自冻结存款、汇款之日起三十日内，行政机关应当作出处理决定或者作出解除冻结决定；情况复杂的，经行政机关负责人批准，可以延长，但是延长期限不得超过三十日。法律另有规定的除外。

延长冻结的决定应当及时书面告知当事人，并说明理由。

第三十三条　有下列情形之一的，行政机关应当及时作出解除冻结决定：

（一）当事人没有违法行为；

（二）冻结的存款、汇款与违法行为无关；

（三）行政机关对违法行为已经作出处理决定，不再需要冻结；

（四）冻结期限已经届满；

（五）其他不再需要采取冻结措施的情形。

行政机关作出解除冻结决定的，应当及时通知金融机构和当事人。金融机构接到通知后，应当立即解除冻结。

行政机关逾期未作出处理决定或者解除冻结决定的，金融机构应当自冻结期满之日起解除冻结。

第三十四条　行政机关依法作出行政决定后，当事人在行政机关决定的期限内不履行义务的，具有行政强制执行权的行政机关依照本章规定强制执行。

第三十五条　行政机关作出强制执行决定前，应当事先催告当事人履行义务。催告应当以书面形式作出，并载明下列事项：

（一）履行义务的期限；

（二）履行义务的方式；

（三）涉及金钱给付的，应当有明确的金额和给付方式；

（四）当事人依法享有的陈述权和申辩权。

第三十六条　当事人收到催告书后有权进行陈述和申辩。行政机关应当充分听取当事人的意见，对当事人提出的事实、理由和证据，应当进行记录、复核。当事人提出的事实、理由或者证据成立的，行政机关应当采纳。

第三十七条 经催告，当事人逾期仍不履行行政决定，且无正当理由的，行政机关可以作出强制执行决定。

强制执行决定应当以书面形式作出，并载明下列事项：

（一）当事人的姓名或者名称、地址；

（二）强制执行的理由和依据；

（三）强制执行的方式和时间；

（四）申请行政复议或者提起行政诉讼的途径和期限；

（五）行政机关的名称、印章和日期。

在催告期间，对有证据证明有转移或者隐匿财物迹象的，行政机关可以作出立即强制执行决定。

第四十六条 行政机关依照本法第四十五条规定实施加处罚款或者滞纳金超过三十日，经催告当事人仍不履行的，具有行政强制执行权的行政机关可以强制执行。

行政机关实施强制执行前，需要采取查封、扣押、冻结措施的，依照本法第三章规定办理。

没有行政强制执行权的行政机关应当申请人民法院强制执行。但是，当事人在法定期限内不申请行政复议或者提起行政诉讼，经催告仍不履行的，在实施行政管理过程中已经采取查封、扣押措施的行政机关，可以将查封、扣押的财物依法拍卖抵缴罚款。

第四十八条 依法拍卖财物，由行政机关委托拍卖机构依照《中华人民共和国拍卖法》的规定办理。

第四十九条 划拨的存款、汇款以及拍卖和依法处理所得的款项应当上缴国库或者划入财政专户。任何行政机关或者个人不得以任何形式截留、私分或者变相私分。

第五十三条 当事人在法定期限内不申请行政复议或者提起行

政诉讼，又不履行行政决定的，没有行政强制执行权的行政机关可以自期限届满之日起三个月内，依照本章规定申请人民法院强制执行。

第五十四条　行政机关申请人民法院强制执行前，应当催告当事人履行义务。催告书送达十日后当事人仍未履行义务的，行政机关可以向所在地有管辖权的人民法院申请强制执行；执行对象是不动产的，向不动产所在地有管辖权的人民法院申请强制执行。

第五十五条　行政机关向人民法院申请强制执行，应当提供下列材料：

（一）强制执行申请书；

（二）行政决定书及作出决定的事实、理由和依据；

（三）当事人的意见及行政机关催告情况；

（四）申请强制执行标的情况；

（五）法律、行政法规规定的其他材料。

强制执行申请书应当由行政机关负责人签名，加盖行政机关的印章，并注明日期。

第六十条　行政机关申请人民法院强制执行，不缴纳申请费。强制执行的费用由被执行人承担。

人民法院以划拨、拍卖方式强制执行的，可以在划拨、拍卖后将强制执行的费用扣除。

依法拍卖财物，由人民法院委托拍卖机构依照《中华人民共和国拍卖法》的规定办理。

划拨的存款、汇款以及拍卖和依法处理所得的款项应当上缴国库或者划入财政专户，不得以任何形式截留、私分或者变相私分。

第六十一条　行政机关实施行政强制，有下列情形之一的，由上级行政机关或者有关部门责令改正，对直接负责的主管人员和其他直接责任人员依法给予处分：

（一）没有法律、法规依据的；

（二）改变行政强制对象、条件、方式的；

（三）违反法定程序实施行政强制的；

（四）违反本法规定，在夜间或者法定节假日实施行政强制执行的；

（五）对居民生活采取停止供水、供电、供热、供燃气等方式迫使当事人履行相关行政决定的；

（六）有其他违法实施行政强制情形的。

第六十二条 违反本法规定，行政机关有下列情形之一的，由上级行政机关或者有关部门责令改正，对直接负责的主管人员和其他直接责任人员依法给予处分：

（一）扩大查封、扣押、冻结范围的；

（二）使用或者损毁查封、扣押场所、设施或者财物的；

（三）在查封、扣押法定期间不作出处理决定或者未依法及时解除查封、扣押的；

（四）在冻结存款、汇款法定期间不作出处理决定或者未依法及时解除冻结的。

第六十三条 行政机关将查封、扣押的财物或者划拨的存款、汇款以及拍卖和依法处理所得的款项，截留、私分或者变相私分的，由财政部门或者有关部门予以追缴；对直接负责的主管人员和其他直接责任人员依法给予记大过、降级、撤职或者开除的处分。

行政机关工作人员利用职务上的便利，将查封、扣押的场所、设施或者财物据为己有的，由上级行政机关或者有关部门责令改正，依法给予记大过、降级、撤职或者开除的处分。

第六十四条 行政机关及其工作人员利用行政强制权为单位或者个人谋取利益的，由上级行政机关或者有关部门责令改正，对直接负责的主管人员和其他直接责任人员依法给予处分。

第六十五条 违反本法规定，金融机构有下列行为之一的，由金融业监督管理机构责令改正，对直接负责的主管人员和其他直接责任人员依法给予处分：

（一）在冻结前向当事人泄露信息的；

（二）对应当立即冻结、划拨的存款、汇款不冻结或者不划拨，致使存款、汇款转移的；

（三）将不应当冻结、划拨的存款、汇款予以冻结或者划拨的；

（四）未及时解除冻结存款、汇款的。

第六十六条 违反本法规定，金融机构将款项划入国库或者财政专户以外的其他账户的，由金融业监督管理机构责令改正，并处以违法划拨款项二倍的罚款；对直接负责的主管人员和其他直接责任人员依法给予处分。

违反本法规定，行政机关、人民法院指令金融机构将款项划入国库或者财政专户以外的其他账户的，对直接负责的主管人员和其他直接责任人员依法给予处分。

十、《中华人民共和国海警法》

第三条 海警机构在中华人民共和国管辖海域（以下简称我国管辖海域）及其上空开展海上维权执法活动，适用本法。

第十二条 海警机构依法履行下列职责：

（一）在我国管辖海域开展巡航、警戒，值守重点岛礁，管护海上界线，预防、制止、排除危害国家主权、安全和海洋权益的行为；

（二）对海上重要目标和重大活动实施安全保卫，采取必要措施保护重点岛礁以及专属经济区和大陆架的人工岛屿、设施和结构安全；

（三）实施海上治安管理，查处海上违反治安管理、入境出境管理的行为，防范和处置海上恐怖活动，维护海上治安秩序；

（四）对海上有走私嫌疑的运输工具或者货物、物品、人员进行检查，查处海上走私违法行为；

（五）在职责范围内对海域使用、海岛保护以及无居民海岛开发利用、海洋矿产资源勘查开发、海底电（光）缆和管道铺设与保护、海洋调查测量、海洋基础测绘、涉外海洋科学研究等活动进行监督检查，查处违法行为；

（六）在职责范围内对海洋工程建设项目、海洋倾倒废弃物对海洋污染损害、自然保护地海岸线向海一侧保护利用等活动进行监督检查，查处违法行为，按照规定权限参与海洋环境污染事故的应急处置和调查处理；

（七）对机动渔船底拖网禁渔区线外侧海域和特定渔业资源渔场渔业生产作业、海洋野生动物保护等活动进行监督检查，查处违法行为，依法组织或者参与调查处理海上渔业生产安全事故和渔业生产纠纷；

（八）预防、制止和侦查海上犯罪活动；

（九）按照国家有关职责分工，处置海上突发事件；

（十）依照法律、法规和我国缔结、参加的国际条约，在我国管辖海域以外的区域承担相关执法任务；

（十一）法律、法规规定的其他职责。

海警机构与公安、自然资源、生态环境、交通运输、渔业渔政、海关等主管部门的职责分工，按照国家有关规定执行。

第十七条　对非法进入我国领海及其以内海域的外国船舶，海警机构有权责令其立即离开，或者采取扣留、强制驱离、强制拖离等措施。

第十八条　海警机构执行海上安全保卫任务，可以对在我国管辖海域航行、停泊、作业的船舶依法登临、检查。

海警机构登临、检查船舶，应当通过明确的指令要求被检查船舶停船接受检查。被检查船舶应当按照指令停船接受检查，并提供必要的便利；拒不配合检查的，海警机构可以强制检查；现场逃跑的，海警机构有权采取必要的措施进行拦截、紧追。

海警机构检查船舶，有权依法查验船舶和生产作业许可有关的证书、资料以及人员身份信息，检查船舶及其所载货物、物品，对有关违法事实进行调查取证。

对外国船舶登临、检查、拦截、紧追，遵守我国缔结、参加的国际条约的有关规定。

第十九条　海警机构因处置海上突发事件的紧急需要，可以采取下列措施：

（一）责令船舶停止航行、作业；

（二）责令船舶改变航线或者驶向指定地点；

（三）责令船舶上的人员下船，或者限制、禁止人员上船、下船；

（四）责令船舶卸载货物，或者限制、禁止船舶卸载货物；

（五）法律、法规规定的其他措施。

第三十三条　当事人逾期不履行处罚决定的，作出处罚决定的海警机构可以依法采取下列措施：

（一）到期不缴纳罚款的，每日按罚款数额的百分之三加处罚款；

（二）将查封、扣押的财物依法拍卖、变卖或者将冻结的存款、汇款划拨抵缴罚款；

（三）根据法律规定，采取其他行政强制执行方式。

本法和其他法律没有规定海警机构可以实施行政强制执行的事项，海警机构应当申请人民法院强制执行。

第六十一条 海警机构对依法扣押、扣留的涉案财物，应当妥善保管，不得损毁或者擅自处理。但是，对下列货物、物品，经市级海警局以上海警机构负责人批准，可以先行依法拍卖或者变卖并通知所有人，所有人不明确的，通知其他当事人：

（一）成品油等危险品；

（二）鲜活、易腐、易失效等不宜长期保存的；

（三）长期不使用容易导致机械性能下降、价值贬损的车辆、船舶等；

（四）体量巨大难以保管的；

（五）所有人申请先行拍卖或者变卖的。

拍卖或者变卖所得款项由海警机构暂行保存，待结案后按照国家有关规定处理。

第六十二条 海警机构对应当退还所有人或者其他当事人的涉案财物，通知所有人或者其他当事人在六个月内领取；所有人不明确的，应当采取公告方式告知所有人认领。在通知所有人、其他当事人或者公告后六个月内无人认领的，按无主财物处理，依法拍卖或者变卖后将所得款项上缴国库。遇有特殊情况的，可以延期处理，延长期限最长不超过三个月。

十一、《中华人民共和国反有组织犯罪法》

第二十六条　公安机关核查有组织犯罪线索，可以按照国家有关规定采取调查措施。公安机关向有关单位和个人收集、调取相关信息和材料的，有关单位和个人应当如实提供。

第二十七条　公安机关核查有组织犯罪线索，经县级以上公安机关负责人批准，可以查询嫌疑人员的存款、汇款、债券、股票、基金份额等财产信息。

公安机关核查黑社会性质组织犯罪线索，发现涉案财产有灭失、转移的紧急风险的，经设区的市级以上公安机关负责人批准，可以对有关涉案财产采取紧急止付或者临时冻结、临时扣押的紧急措施，期限不得超过四十八小时。期限届满或者适用紧急措施的情形消失的，应当立即解除紧急措施。

第三十四条　对黑社会性质组织的组织者、领导者，应当依法并处没收财产。对其他组织成员，根据其在犯罪组织中的地位、作用以及所参与违法犯罪活动的次数、性质、违法所得数额、造成的损失等，可以依法并处罚金或者没收财产。

第三十九条　办理有组织犯罪案件中发现的可用以证明犯罪嫌疑人、被告人有罪或者无罪的各种财物、文件，应当依法查封、扣押。

公安机关、人民检察院、人民法院可以依照《中华人民共和国刑事诉讼法》的规定查询、冻结犯罪嫌疑人、被告人的存款、汇款、债券、股票、基金份额等财产。有关单位和个人应当配合。

第四十条　公安机关、人民检察院、人民法院根据办理有组织犯罪案件的需要，可以全面调查涉嫌有组织犯罪的组织及其成员的财产状况。

第四十一条 查封、扣押、冻结、处置涉案财物，应当严格依照法定条件和程序进行，依法保护公民和组织的合法财产权益，严格区分违法所得与合法财产、本人财产与其家属的财产，减少对企业正常经营活动的不利影响。不得查封、扣押、冻结与案件无关的财物。经查明确实与案件无关的财物，应当在三日以内解除查封、扣押、冻结，予以退还。对被害人的合法财产，应当及时返还。

查封、扣押、冻结涉案财物，应当为犯罪嫌疑人、被告人及其扶养的家属保留必需的生活费用和物品。

第四十二条 公安机关可以向反洗钱行政主管部门查询与有组织犯罪相关的信息数据，提请协查与有组织犯罪相关的可疑交易活动，反洗钱行政主管部门应当予以配合并及时回复。

第四十三条 对下列财产，经县级以上公安机关、人民检察院或者人民法院主要负责人批准，可以依法先行出售、变现或者变卖、拍卖，所得价款由扣押、冻结机关保管，并及时告知犯罪嫌疑人、被告人或者其近亲属：

（一）易损毁、灭失、变质等不宜长期保存的物品；

（二）有效期即将届满的汇票、本票、支票等；

（三）债券、股票、基金份额等财产，经权利人申请，出售不损害国家利益、被害人利益，不影响诉讼正常进行的。

第四十四条 公安机关、人民检察院应当对涉案财产审查甄别。在移送审查起诉、提起公诉时，应当对涉案财产提出处理意见。

在审理有组织犯罪案件过程中，应当对与涉案财产的性质、权属有关的事实、证据进行法庭调查、辩论。人民法院应当依法作出判决，对涉案财产作出处理。

第四十五条 有组织犯罪组织及其成员违法所得的一切财物及

其孳息、收益，违禁品和供犯罪所用的本人财物，应当依法予以追缴、没收或者责令退赔。

依法应当追缴、没收的涉案财产无法找到、灭失或者与其他合法财产混合且不可分割的，可以追缴、没收其他等值财产或者混合财产中的等值部分。

被告人实施黑社会性质组织犯罪的定罪量刑事实已经查清，有证据证明其在犯罪期间获得的财产高度可能属于黑社会性质组织犯罪的违法所得及其孳息、收益，被告人不能说明财产合法来源的，应当依法予以追缴、没收。

第四十六条　涉案财产符合下列情形之一的，应当依法予以追缴、没收：

（一）为支持或者资助有组织犯罪活动而提供给有组织犯罪组织及其成员的财产；

（二）有组织犯罪组织成员的家庭财产中实际用于支持有组织犯罪活动的部分；

（三）利用有组织犯罪组织及其成员的违法犯罪活动获得的财产及其孳息、收益。

第四十七条　黑社会性质组织犯罪案件的犯罪嫌疑人、被告人逃匿，在通缉一年后不能到案，或者犯罪嫌疑人、被告人死亡，依照《中华人民共和国刑法》规定应当追缴其违法所得及其他涉案财产的，依照《中华人民共和国刑事诉讼法》有关犯罪嫌疑人、被告人逃匿、死亡案件违法所得的没收程序的规定办理。

第四十八条　监察机关、公安机关、人民检察院发现与有组织犯罪相关的洗钱以及掩饰、隐瞒犯罪所得、犯罪所得收益等犯罪的，应当依法查处。

第四十九条 利害关系人对查封、扣押、冻结、处置涉案财物提出异议的，公安机关、人民检察院、人民法院应当及时予以核实，听取其意见，依法作出处理。

公安机关、人民检察院、人民法院对涉案财物作出处理后，利害关系人对处理不服的，可以提出申诉或者控告。

十二、《中华人民共和国拍卖法》（2015 年 4 月 24 日第二次修正）

第一章　总则

第一条 为了规范拍卖行为，维护拍卖秩序，保护拍卖活动各方当事人的合法权益，制定本法。

第二条 本法适用于中华人民共和国境内拍卖企业进行的拍卖活动。

第三条 拍卖是指以公开竞价的形式，将特定物品或者财产权利转让给最高应价者的买卖方式。

第四条 拍卖活动应当遵守有关法律、行政法规，遵循公开、公平、公正、诚实信用的原则。

第五条 国务院负责管理拍卖业的部门对全国拍卖业实施监督管理。

省、自治区、直辖市的人民政府和设区的市的人民政府负责管理拍卖业的部门对本行政区域内的拍卖业实施监督管理。

第二章　拍卖标的

第六条 拍卖标的应当是委托人所有或者依法可以处分的物品或者财产权利。

第七条 法律、行政法规禁止买卖的物品或者财产权利，不得作为拍卖标的。

第八条　依照法律或者按照国务院规定需经审批才能转让的物品或者财产权利，在拍卖前，应当依法办理审批手续。

委托拍卖的文物，在拍卖前，应当经拍卖人住所地的文物行政管理部门依法鉴定、许可。

第九条　国家行政机关依法没收的物品，充抵税款、罚款的物品和其他物品，按照国务院规定应当委托拍卖的，由财产所在地的省、自治区、直辖市的人民政府和设区的市的人民政府指定的拍卖人进行拍卖。

拍卖由人民法院依法没收的物品，充抵罚金、罚款的物品以及无法返还的追回物品，适用前款规定。

第三章　拍卖当事人

第一节　拍卖人

第十条　拍卖人是指依照本法和《中华人民共和国公司法》设立的从事拍卖活动的企业法人。

第十一条　企业取得从事拍卖业务的许可必须经所在地的省、自治区、直辖市人民政府负责管理拍卖业的部门审核批准。拍卖企业可以在设区的市设立。

第十二条　企业申请取得从事拍卖业务的许可，应当具备下列条件：

（一）有一百万元人民币以上的注册资本；

（二）有自己的名称、组织机构、住所和章程；

（三）有与从事拍卖业务相适应的拍卖师和其他工作人员；

（四）有符合本法和其他有关法律规定的拍卖业务规则；

（五）符合国务院有关拍卖业发展的规定；

（六）法律、行政法规规定的其他条件。

第十三条 拍卖企业经营文物拍卖的，应当有一千万元人民币以上的注册资本，有具有文物拍卖专业知识的人员。

第十四条 拍卖活动应当由拍卖师主持。

第十五条 拍卖师应当具备下列条件：

（一）具有高等院校专科以上学历和拍卖专业知识；

（二）在拍卖企业工作两年以上；

（三）品行良好。

被开除公职或者吊销拍卖师资格证书未满五年的，或者因故意犯罪受过刑事处罚的，不得担任拍卖师。

第十六条 拍卖师资格考核，由拍卖行业协会统一组织。经考核合格的，由拍卖行业协会发给拍卖师资格证书。

第十七条 拍卖行业协会是依法成立的社会团体法人，是拍卖业的自律性组织。拍卖行业协会依照本法并根据章程，对拍卖企业和拍卖师进行监督。

第十八条 拍卖人有权要求委托人说明拍卖标的的来源和瑕疵。

拍卖人应当向竞买人说明拍卖标的的瑕疵。

第十九条 拍卖人对委托人交付拍卖的物品负有保管义务。

第二十条 拍卖人接受委托后，未经委托人同意，不得委托其他拍卖人拍卖。

第二十一条 委托人、买受人要求对其身份保密的，拍卖人应当为其保密。

第二十二条 拍卖人及其工作人员不得以竞买人的身份参与自己组织的拍卖活动，并不得委托他人代为竞买。

第二十三条 拍卖人不得在自己组织的拍卖活动中拍卖自己的

物品或者财产权利。

第二十四条　拍卖成交后，拍卖人应当按照约定向委托人交付拍卖标的的价款，并按照约定将拍卖标的移交给买受人。

第二节　委托人

第二十五条　委托人是指委托拍卖人拍卖物品或者财产权利的公民、法人或者其他组织。

第二十六条　委托人可以自行办理委托拍卖手续，也可以由其代理人代为办理委托拍卖手续。

第二十七条　委托人应当向拍卖人说明拍卖标的的来源和瑕疵。

第二十八条　委托人有权确定拍卖标的的保留价并要求拍卖人保密。

拍卖国有资产，依照法律或者按照国务院规定需要评估的，应当经依法设立的评估机构评估，并根据评估结果确定拍卖标的的保留价。

第二十九条　委托人在拍卖开始前可以撤回拍卖标的。委托人撤回拍卖标的的，应当向拍卖人支付约定的费用；未作约定的，应当向拍卖人支付为拍卖支出的合理费用。

第三十条　委托人不得参与竞买，也不得委托他人代为竞买。

第三十一条　按照约定由委托人移交拍卖标的的，拍卖成交后，委托人应当将拍卖标的移交给买受人。

第三节　竞买人

第三十二条　竞买人是指参加竞购拍卖标的的公民、法人或者其他组织。

第三十三条　法律、行政法规对拍卖标的的买卖条件有规定的，竞买人应当具备规定的条件。

第三十四条 竞买人可以自行参加竞买，也可以委托其代理人参加竞买。

第三十五条 竞买人有权了解拍卖标的的瑕疵，有权查验拍卖标的和查阅有关拍卖资料。

第三十六条 竞买人一经应价，不得撤回，当其他竞买人有更高应价时，其应价即丧失约束力。

第三十七条 竞买人之间、竞买人与拍卖人之间不得恶意串通，损害他人利益。

第四节　买受人

第三十八条 买受人是指以最高应价购得拍卖标的的竞买人。

第三十九条 买受人应当按照约定支付拍卖标的的价款，未按照约定支付价款的，应当承担违约责任，或者由拍卖人征得委托人的同意，将拍卖标的再行拍卖。

拍卖标的再行拍卖的，原买受人应当支付第一次拍卖中本人及委托人应当支付的佣金。再行拍卖的价款低于原拍卖价款的，原买受人应当补足差额。

第四十条 买受人未能按照约定取得拍卖标的的，有权要求拍卖人或者委托人承担违约责任。

买受人未按照约定受领拍卖标的的，应当支付由此产生的保管费用。

第四章　拍卖程序
第一节　拍卖委托

第四十一条 委托人委托拍卖物品或者财产权利，应当提供身份证明和拍卖人要求提供的拍卖标的的所有权证明或者依法可以处分拍卖标的的证明及其他资料。

第四十二条　拍卖人应当对委托人提供的有关文件、资料进行核实。拍卖人接受委托的，应当与委托人签订书面委托拍卖合同。

第四十三条　拍卖人认为需要对拍卖标的进行鉴定的，可以进行鉴定。

鉴定结论与委托拍卖合同载明的拍卖标的状况不相符的，拍卖人有权要求变更或者解除合同。

第四十四条　委托拍卖合同应当载明以下事项：

（一）委托人、拍卖人的姓名或者名称、住所；

（二）拍卖标的的名称、规格、数量、质量；

（三）委托人提出的保留价；

（四）拍卖的时间、地点；

（五）拍卖标的交付或者转移的时间、方式；

（六）佣金及其支付的方式、期限；

（七）价款的支付方式、期限；

（八）违约责任；

（九）双方约定的其他事项。

第二节　拍卖公告与展示

第四十五条　拍卖人应当于拍卖日七日前发布拍卖公告。

第四十六条　拍卖公告应当载明下列事项：

（一）拍卖的时间、地点；

（二）拍卖标的；

（三）拍卖标的展示时间、地点；

（四）参与竞买应当办理的手续；

（五）需要公告的其他事项。

第四十七条　拍卖公告应当通过报纸或者其他新闻媒介发布。

第四十八条 拍卖人应当在拍卖前展示拍卖标的，并提供查看拍卖标的的条件及有关资料。

拍卖标的的展示时间不得少于两日。

第三节 拍卖的实施

第四十九条 拍卖师应当于拍卖前宣布拍卖规则和注意事项。

第五十条 拍卖标的无保留价的，拍卖师应当在拍卖前予以说明。

拍卖标的有保留价的，竞买人的最高应价未达到保留价时，该应价不发生效力，拍卖师应当停止拍卖标的的拍卖。

第五十一条 竞买人的最高应价经拍卖师落槌或者以其他公开表示买定的方式确认后，拍卖成交。

第五十二条 拍卖成交后，买受人和拍卖人应当签署成交确认书。

第五十三条 拍卖人进行拍卖时，应当制作拍卖笔录。拍卖笔录应当由拍卖师、记录人签名；拍卖成交的，还应当由买受人签名。

第五十四条 拍卖人应当妥善保管有关业务经营活动的完整账簿、拍卖笔录和其他有关资料。

前款规定的账簿、拍卖笔录和其他有关资料的保管期限，自委托拍卖合同终止之日起计算，不得少于五年。

第五十五条 拍卖标的需要依法办理证照变更、产权过户手续的，委托人、买受人应当持拍卖人出具的成交证明和有关材料，向有关行政管理机关办理手续。

第四节 佣金

第五十六条 委托人、买受人可以与拍卖人约定佣金的比例。

委托人、买受人与拍卖人对佣金比例未作约定，拍卖成交的，拍卖人可以向委托人、买受人各收取不超过拍卖成交价百分之五的佣金。收取佣金的比例按照同拍卖成交价成反比的原则确定。

拍卖未成交的，拍卖人可以向委托人收取约定的费用；未作约定的，可以向委托人收取为拍卖支出的合理费用。

第五十七条　拍卖本法第九条规定的物品成交的，拍卖人可以向买受人收取不超过拍卖成交价百分之五的佣金。收取佣金的比例按照同拍卖成交价成反比的原则确定。

拍卖未成交的，适用本法第五十六条第三款的规定。

第五章　法律责任

第五十八条　委托人违反本法第六条的规定，委托拍卖其没有所有权或者依法不得处分的物品或者财产权利的，应当依法承担责任。拍卖人明知委托人对拍卖的物品或者财产权利没有所有权或者依法不得处分的，应当承担连带责任。

第五十九条　国家机关违反本法第九条的规定，将应当委托财产所在地的省、自治区、直辖市的人民政府或者设区的市的人民政府指定的拍卖人拍卖的物品擅自处理的，对负有直接责任的主管人员和其他直接责任人员依法给予行政处分，给国家造成损失的，还应当承担赔偿责任。

第六十条　违反本法第十一条的规定，未经许可从事拍卖业务的，由工商行政管理部门予以取缔，没收违法所得，并可以处违法所得一倍以上五倍以下的罚款。

第六十一条　拍卖人、委托人违反本法第十八条第二款、第二十七条的规定，未说明拍卖标的的瑕疵，给买受人造成损害的，买受人有权向拍卖人要求赔偿；属于委托人责任的，拍卖人有权向委托人追偿。

拍卖人、委托人在拍卖前声明不能保证拍卖标的的真伪或者品质的，不承担瑕疵担保责任。

因拍卖标的存在瑕疵未声明的，请求赔偿的诉讼时效期间为一年，自当事人知道或者应当知道权利受到损害之日起计算。

因拍卖标的存在缺陷造成人身、财产损害请求赔偿的诉讼时效期间，适用《中华人民共和国产品质量法》和其他法律的有关规定。

第六十二条　拍卖人及其工作人员违反本法第二十二条的规定，参与竞买或者委托他人代为竞买的，由工商行政管理部门对拍卖人给予警告，可以处拍卖佣金一倍以上五倍以下的罚款；情节严重的，吊销营业执照。

第六十三条　违反本法第二十三条的规定，拍卖人在自己组织的拍卖活动中拍卖自己的物品或者财产权利的，由工商行政管理部门没收拍卖所得。

第六十四条　违反本法第三十条的规定，委托人参与竞买或者委托他人代为竞买的，工商行政管理部门可以对委托人处拍卖成交价百分之三十以下的罚款。

第六十五条　违反本法第三十七条的规定，竞买人之间、竞买人与拍卖人之间恶意串通，给他人造成损害的，拍卖无效，应当依法承担赔偿责任。由工商行政管理部门对参与恶意串通的竞买人处最高应价百分之十以上百分之三十以下的罚款；对参与恶意串通的拍卖人处最高应价百分之十以上百分之五十以下的罚款。

第六十六条　违反本法第四章第四节关于佣金比例的规定收取佣金的，拍卖人应当将超收部分返还委托人、买受人。物价管理部门可以对拍卖人处拍卖佣金一倍以上五倍以下的罚款。

第六章　附则

第六十七条　外国人、外国企业和组织在中华人民共和国境内委托拍卖或者参加竞买的，适用本法。

第六十八条　本法自 1997 年 1 月 1 日起施行。

十三、《中华人民共和国政府采购法》（2014 年 8 月 31 日修正）

第一章　总则

第一条　为了规范政府采购行为，提高政府采购资金的使用效益，维护国家利益和社会公共利益，保护政府采购当事人的合法权益，促进廉政建设，制定本法。

第二条　在中华人民共和国境内进行的政府采购适用本法。

本法所称政府采购，是指各级国家机关、事业单位和团体组织，使用财政性资金采购依法制定的集中采购目录以内的或者采购限额标准以上的货物、工程和服务的行为。

政府集中采购目录和采购限额标准依照本法规定的权限制定。

本法所称采购，是指以合同方式有偿取得货物、工程和服务的行为，包括购买、租赁、委托、雇用等。

本法所称货物，是指各种形态和种类的物品，包括原材料、燃料、设备、产品等。

本法所称工程，是指建设工程，包括建筑物和构筑物的新建、改建、扩建、装修、拆除、修缮等。

本法所称服务，是指除货物和工程以外的其他政府采购对象。

第三条　政府采购应当遵循公开透明原则、公平竞争原则、公正原则和诚实信用原则。

第四条　政府采购工程进行招标投标的，适用招标投标法。

第五条　任何单位和个人不得采用任何方式，阻挠和限制供应商自由进入本地区和本行业的政府采购市场。

第六条　政府采购应当严格按照批准的预算执行。

第七条　政府采购实行集中采购和分散采购相结合。集中采购的范围由省级以上人民政府公布的集中采购目录确定。

属于中央预算的政府采购项目，其集中采购目录由国务院确定并公布；属于地方预算的政府采购项目，其集中采购目录由省、自治区、直辖市人民政府或者其授权的机构确定并公布。

纳入集中采购目录的政府采购项目，应当实行集中采购。

第八条　政府采购限额标准，属于中央预算的政府采购项目，由国务院确定并公布；属于地方预算的政府采购项目，由省、自治区、直辖市人民政府或者其授权的机构确定并公布。

第九条　政府采购应当有助于实现国家的经济和社会发展政策目标，包括保护环境，扶持不发达地区和少数民族地区，促进中小企业发展等。

第十条　政府采购应当采购本国货物、工程和服务。但有下列情形之一的除外：

（一）需要采购的货物、工程或者服务在中国境内无法获取或者无法以合理的商业条件获取的；

（二）为在中国境外使用而进行采购的；

（三）其他法律、行政法规另有规定的。

前款所称本国货物、工程和服务的界定，依照国务院有关规定执行。

第十一条　政府采购的信息应当在政府采购监督管理部门指定

的媒体上及时向社会公开发布，但涉及商业秘密的除外。

第十二条　在政府采购活动中，采购人员及相关人员与供应商有利害关系的，必须回避。供应商认为采购人员及相关人员与其他供应商有利害关系的，可以申请其回避。

前款所称相关人员，包括招标采购中评标委员会的组成人员，竞争性谈判采购中谈判小组的组成人员，询价采购中询价小组的组成人员等。

第十三条　各级人民政府财政部门是负责政府采购监督管理的部门，依法履行对政府采购活动的监督管理职责。

各级人民政府其他有关部门依法履行与政府采购活动有关的监督管理职责。

第二章　政府采购当事人

第十四条　政府采购当事人是指在政府采购活动中享有权利和承担义务的各类主体，包括采购人、供应商和采购代理机构等。

第十五条　采购人是指依法进行政府采购的国家机关、事业单位、团体组织。

第十六条　集中采购机构为采购代理机构。设区的市、自治州以上人民政府根据本级政府采购项目组织集中采购的需要设立集中采购机构。

集中采购机构是非营利事业法人，根据采购人的委托办理采购事宜。

第十七条　集中采购机构进行政府采购活动，应当符合采购价格低于市场平均价格、采购效率更高、采购质量优良和服务良好的要求。

第十八条　采购人采购纳入集中采购目录的政府采购项目，必须委托集中采购机构代理采购；采购未纳入集中采购目录的政府采购项目，可以自行采购，也可以委托集中采购机构在委托的范围内代理采购。

纳入集中采购目录属于通用的政府采购项目的，应当委托集中采购机构代理采购；属于本部门、本系统有特殊要求的项目，应当实行部门集中采购；属于本单位有特殊要求的项目，经省级以上人民政府批准，可以自行采购。

第十九条 采购人可以委托集中采购机构以外的采购代理机构，在委托的范围内办理政府采购事宜。

采购人有权自行选择采购代理机构，任何单位和个人不得以任何方式为采购人指定采购代理机构。

第二十条 采购人依法委托采购代理机构办理采购事宜的，应当由采购人与采购代理机构签订委托代理协议，依法确定委托代理的事项，约定双方的权利义务。

第二十一条 供应商是指向采购人提供货物、工程或者服务的法人、其他组织或者自然人。

第二十二条 供应商参加政府采购活动应当具备下列条件：

（一）具有独立承担民事责任的能力；

（二）具有良好的商业信誉和健全的财务会计制度；

（三）具有履行合同所必需的设备和专业技术能力；

（四）有依法缴纳税收和社会保障资金的良好记录；

（五）参加政府采购活动前三年内，在经营活动中没有重大违法记录；

（六）法律、行政法规规定的其他条件。

采购人可以根据采购项目的特殊要求，规定供应商的特定条件，但不得以不合理的条件对供应商实行差别待遇或者歧视待遇。

第二十三条　采购人可以要求参加政府采购的供应商提供有关资质证明文件和业绩情况，并根据本法规定的供应商条件和采购项目对供应商的特定要求，对供应商的资格进行审查。

第二十四条　两个以上的自然人、法人或者其他组织可以组成一个联合体，以一个供应商的身份共同参加政府采购。

以联合体形式进行政府采购的，参加联合体的供应商均应当具备本法第二十二条规定的条件，并应当向采购人提交联合协议，载明联合体各方承担的工作和义务。联合体各方应当共同与采购人签订采购合同，就采购合同约定的事项对采购人承担连带责任。

第二十五条　政府采购当事人不得相互串通损害国家利益、社会公共利益和其他当事人的合法权益；不得以任何手段排斥其他供应商参与竞争。

供应商不得以向采购人、采购代理机构、评标委员会的组成人员、竞争性谈判小组的组成人员、询价小组的组成人员行贿或者采取其他不正当手段谋取中标或者成交。

采购代理机构不得以向采购人行贿或者采取其他不正当手段谋取非法利益。

第三章　政府采购方式

第二十六条　政府采购采用以下方式：

（一）公开招标；

（二）邀请招标；

（三）竞争性谈判；

（四）单一来源采购；

（五）询价；

（六）国务院政府采购监督管理部门认定的其他采购方式。

公开招标应作为政府采购的主要采购方式。

第二十七条 采购人采购货物或者服务应当采用公开招标方式的，其具体数额标准，属于中央预算的政府采购项目，由国务院规定；属于地方预算的政府采购项目，由省、自治区、直辖市人民政府规定；因特殊情况需要采用公开招标以外的采购方式的，应当在采购活动开始前获得设区的市、自治州以上人民政府采购监督管理部门的批准。

第二十八条 采购人不得将应当以公开招标方式采购的货物或者服务化整为零或者以其他任何方式规避公开招标采购。

第二十九条 符合下列情形之一的货物或者服务，可以依照本法采用邀请招标方式采购：

（一）具有特殊性，只能从有限范围的供应商处采购的；

（二）采用公开招标方式的费用占政府采购项目总价值的比例过大的。

第三十条 符合下列情形之一的货物或者服务，可以依照本法采用竞争性谈判方式采购：

（一）招标后没有供应商投标或者没有合格标的或者重新招标未能成立的；

（二）技术复杂或者性质特殊，不能确定详细规格或者具体要求的；

（三）采用招标所需时间不能满足用户紧急需要的；

（四）不能事先计算出价格总额的。

第三十一条 符合下列情形之一的货物或者服务，可以依照本法采用单一来源方式采购：

（一）只能从唯一供应商处采购的；

（二）发生了不可预见的紧急情况不能从其他供应商处采购的；

（三）必须保证原有采购项目一致性或者服务配套的要求，需要继续从原供应商处添购，且添购资金总额不超过原合同采购金额百分之十的。

第三十二条　采购的货物规格、标准统一、现货货源充足且价格变化幅度小的政府采购项目，可以依照本法采用询价方式采购。

第四章　政府采购程序

第三十三条　负有编制部门预算职责的部门在编制下一财政年度部门预算时，应当将该财政年度政府采购的项目及资金预算列出，报本级财政部门汇总。部门预算的审批，按预算管理权限和程序进行。

第三十四条　货物或者服务项目采取邀请招标方式采购的，采购人应当从符合相应资格条件的供应商中，通过随机方式选择三家以上的供应商，并向其发出投标邀请书。

第三十五条　货物和服务项目实行招标方式采购的，自招标文件开始发出之日起至投标人提交投标文件截止之日止，不得少于二十日。

第三十六条　在招标采购中，出现下列情形之一的，应予废标：

（一）符合专业条件的供应商或者对招标文件作实质响应的供应商不足三家的；

（二）出现影响采购公正的违法、违规行为的；

（三）投标人的报价均超过了采购预算，采购人不能支付的；

（四）因重大变故，采购任务取消的。

废标后，采购人应当将废标理由通知所有投标人。

第三十七条　废标后，除采购任务取消情形外，应当重新组织招标；需要采取其他方式采购的，应当在采购活动开始前获得设区的市、自治州以上人民政府采购监督管理部门或者政府有关部门批准。

第三十八条 采用竞争性谈判方式采购的，应当遵循下列程序：

（一）成立谈判小组。谈判小组由采购人的代表和有关专家共三人以上的单数组成，其中专家的人数不得少于成员总数的三分之二。

（二）制定谈判文件。谈判文件应当明确谈判程序、谈判内容、合同草案的条款以及评定成交的标准等事项。

（三）确定邀请参加谈判的供应商名单。谈判小组从符合相应资格条件的供应商名单中确定不少于三家的供应商参加谈判，并向其提供谈判文件。

（四）谈判。谈判小组所有成员集中与单一供应商分别进行谈判。在谈判中，谈判的任何一方不得透露与谈判有关的其他供应商的技术资料、价格和其他信息。谈判文件有实质性变动的，谈判小组应当以书面形式通知所有参加谈判的供应商。

（五）确定成交供应商。谈判结束后，谈判小组应当要求所有参加谈判的供应商在规定时间内进行最后报价，采购人从谈判小组提出的成交候选人中根据符合采购需求、质量和服务相等且报价最低的原则确定成交供应商，并将结果通知所有参加谈判的未成交的供应商。

第三十九条 采取单一来源方式采购的，采购人与供应商应当遵循本法规定的原则，在保证采购项目质量和双方商定合理价格的基础上进行采购。

第四十条 采取询价方式采购的，应当遵循下列程序：

（一）成立询价小组。询价小组由采购人的代表和有关专家共三人以上的单数组成，其中专家的人数不得少于成员总数的三分之二。询价小组应当对采购项目的价格构成和评定成交的标准等事项作出规定。

（二）确定被询价的供应商名单。询价小组根据采购需求，从符合相应资格条件的供应商名单中确定不少于三家的供应商，并向其发出询价通知书让其报价。

（三）询价。询价小组要求被询价的供应商一次报出不得更改的价格。

（四）确定成交供应商。采购人根据符合采购需求、质量和服务相等且报价最低的原则确定成交供应商，并将结果通知所有被询价的未成交的供应商。

第四十一条　采购人或者其委托的采购代理机构应当组织对供应商履约的验收。大型或者复杂的政府采购项目，应当邀请国家认可的质量检测机构参加验收工作。验收方成员应当在验收书上签字，并承担相应的法律责任。

第四十二条　采购人、采购代理机构对政府采购项目每项采购活动的采购文件应当妥善保存，不得伪造、变造、隐匿或者销毁。采购文件的保存期限为从采购结束之日起至少保存十五年。

采购文件包括采购活动记录、采购预算、招标文件、投标文件、评标标准、评估报告、定标文件、合同文本、验收证明、质疑答复、投诉处理决定及其他有关文件、资料。

采购活动记录至少应当包括下列内容：

（一）采购项目类别、名称；

（二）采购项目预算、资金构成和合同价格；

（三）采购方式，采用公开招标以外的采购方式的，应当载明原因；

（四）邀请和选择供应商的条件及原因；

（五）评标标准及确定中标人的原因；

（六）废标的原因；

（七）采用招标以外采购方式的相应记载。

第五章　政府采购合同

第四十三条　政府采购合同适用合同法。采购人和供应商之间的权利和义务，应当按照平等、自愿的原则以合同方式约定。

采购人可以委托采购代理机构代表其与供应商签订政府采购合同。由采购代理机构以采购人名义签订合同的，应当提交采购人的授权委托书，作为合同附件。

第四十四条　政府采购合同应当采用书面形式。

第四十五条　国务院政府采购监督管理部门应当会同国务院有关部门，规定政府采购合同必须具备的条款。

第四十六条　采购人与中标、成交供应商应当在中标、成交通知书发出之日起三十日内，按照采购文件确定的事项签订政府采购合同。

中标、成交通知书对采购人和中标、成交供应商均具有法律效力。中标、成交通知书发出后，采购人改变中标、成交结果的，或者中标、成交供应商放弃中标、成交项目的，应当依法承担法律责任。

第四十七条　政府采购项目的采购合同自签订之日起七个工作日内，采购人应当将合同副本报同级政府采购监督管理部门和有关部门备案。

第四十八条　经采购人同意，中标、成交供应商可以依法采取分包方式履行合同。

政府采购合同分包履行的，中标、成交供应商就采购项目和分包项目向采购人负责，分包供应商就分包项目承担责任。

第四十九条　政府采购合同履行中，采购人需追加与合同标的相同的货物、工程或者服务的，在不改变合同其他条款的前提下，可以与供应商协商签订补充合同，但所有补充合同的采购金额不得超过原合同采购金额的百分之十。

第五十条　政府采购合同的双方当事人不得擅自变更、中止或者终止合同。

政府采购合同继续履行将损害国家利益和社会公共利益的，双方当事人应当变更、中止或者终止合同。有过错的一方应当承担赔偿责任，双方都有过错的，各自承担相应的责任。

第六章　质疑与投诉

第五十一条　供应商对政府采购活动事项有疑问的，可以向采购人提出询问，采购人应当及时作出答复，但答复的内容不得涉及商业秘密。

第五十二条　供应商认为采购文件、采购过程和中标、成交结果使自己的权益受到损害的，可以在知道或者应知其权益受到损害之日起七个工作日内，以书面形式向采购人提出质疑。

第五十三条　采购人应当在收到供应商的书面质疑后七个工作日内作出答复，并以书面形式通知质疑供应商和其他有关供应商，但答复的内容不得涉及商业秘密。

第五十四条　采购人委托采购代理机构采购的，供应商可以向采购代理机构提出询问或者质疑，采购代理机构应当依照本法第五十一条、第五十三条的规定就采购人委托授权范围内的事项作出答复。

第五十五条　质疑供应商对采购人、采购代理机构的答复不满意或者采购人、采购代理机构未在规定的时间内作出答复的，可以在答复期满后十五个工作日内向同级政府采购监督管理部门投诉。

第五十六条 政府采购监督管理部门应当在收到投诉后三十个工作日内，对投诉事项作出处理决定，并以书面形式通知投诉人和与投诉事项有关的当事人。

第五十七条 政府采购监督管理部门在处理投诉事项期间，可以视具体情况书面通知采购人暂停采购活动，但暂停时间最长不得超过三十日。

第五十八条 投诉人对政府采购监督管理部门的投诉处理决定不服或者政府采购监督管理部门逾期未作处理的，可以依法申请行政复议或者向人民法院提起行政诉讼。

第七章　监督检查

第五十九条 政府采购监督管理部门应当加强对政府采购活动及集中采购机构的监督检查。

监督检查的主要内容是：

（一）有关政府采购的法律、行政法规和规章的执行情况；

（二）采购范围、采购方式和采购程序的执行情况；

（三）政府采购人员的职业素质和专业技能。

第六十条 政府采购监督管理部门不得设置集中采购机构，不得参与政府采购项目的采购活动。

采购代理机构与行政机关不得存在隶属关系或者其他利益关系。

第六十一条 集中采购机构应当建立健全内部监督管理制度。采购活动的决策和执行程序应当明确，并相互监督、相互制约。经办采购的人员与负责采购合同审核、验收人员的职责权限应当明确，并相互分离。

第六十二条 集中采购机构的采购人员应当具有相关职业素质和专业技能，符合政府采购监督管理部门规定的专业岗位任职要求。

集中采购机构对其工作人员应当加强教育和培训；对采购人员的专业水平、工作实绩和职业道德状况定期进行考核。采购人员经考核不合格的，不得继续任职。

第六十三条　政府采购项目的采购标准应当公开。

采用本法规定的采购方式的，采购人在采购活动完成后，应当将采购结果予以公布。

第六十四条　采购人必须按照本法规定的采购方式和采购程序进行采购。

任何单位和个人不得违反本法规定，要求采购人或者采购工作人员向其指定的供应商进行采购。

第六十五条　政府采购监督管理部门应当对政府采购项目的采购活动进行检查，政府采购当事人应当如实反映情况，提供有关材料。

第六十六条　政府采购监督管理部门应当对集中采购机构的采购价格、节约资金效果、服务质量、信誉状况、有无违法行为等事项进行考核，并定期如实公布考核结果。

第六十七条　依照法律、行政法规的规定对政府采购负有行政监督职责的政府有关部门，应当按照其职责分工，加强对政府采购活动的监督。

第六十八条　审计机关应当对政府采购进行审计监督。政府采购监督管理部门、政府采购各当事人有关政府采购活动，应当接受审计机关的审计监督。

第六十九条　监察机关应当加强对参与政府采购活动的国家机关、国家公务员和国家行政机关任命的其他人员实施监察。

第七十条　任何单位和个人对政府采购活动中的违法行为，有权控告和检举，有关部门、机关应当依照各自职责及时处理。

第八章　法律责任

第七十一条　采购人、采购代理机构有下列情形之一的，责令限期改正，给予警告，可以并处罚款，对直接负责的主管人员和其他直接责任人员，由其行政主管部门或者有关机关给予处分，并予通报：

（一）应当采用公开招标方式而擅自采用其他方式采购的；

（二）擅自提高采购标准的；

（三）以不合理的条件对供应商实行差别待遇或者歧视待遇的；

（四）在招标采购过程中与投标人进行协商谈判的；

（五）中标、成交通知书发出后不与中标、成交供应商签订采购合同的；

（六）拒绝有关部门依法实施监督检查的。

第七十二条　采购人、采购代理机构及其工作人员有下列情形之一，构成犯罪的，依法追究刑事责任；尚不构成犯罪的，处以罚款，有违法所得的，并处没收违法所得，属于国家机关工作人员的，依法给予行政处分：

（一）与供应商或者采购代理机构恶意串通的；

（二）在采购过程中接受贿赂或者获取其他不正当利益的；

（三）在有关部门依法实施的监督检查中提供虚假情况的；

（四）开标前泄露标底的。

第七十三条　有前两条违法行为之一影响中标、成交结果或者可能影响中标、成交结果的，按下列情况分别处理：

（一）未确定中标、成交供应商的，终止采购活动；

（二）中标、成交供应商已经确定但采购合同尚未履行的，撤销合同，从合格的中标、成交候选人中另行确定中标、成交供应商；

（三）采购合同已经履行的，给采购人、供应商造成损失的，由责任人承担赔偿责任。

第七十四条 采购人对应当实行集中采购的政府采购项目，不委托集中采购机构实行集中采购的，由政府采购监督管理部门责令改正；拒不改正的，停止按预算向其支付资金，由其上级行政主管部门或者有关机关依法给予其直接负责的主管人员和其他直接责任人员处分。

第七十五条 采购人未依法公布政府采购项目的采购标准和采购结果的，责令改正，对直接负责的主管人员依法给予处分。

第七十六条 采购人、采购代理机构违反本法规定隐匿、销毁应当保存的采购文件或者伪造、变造采购文件的，由政府采购监督管理部门处以二万元以上十万元以下的罚款，对其直接负责的主管人员和其他直接责任人员依法给予处分；构成犯罪的，依法追究刑事责任。

第七十七条 供应商有下列情形之一的，处以采购金额千分之五以上千分之十以下的罚款，列入不良行为记录名单，在一至三年内禁止参加政府采购活动，有违法所得的，并处没收违法所得，情节严重的，由工商行政管理机关吊销营业执照；构成犯罪的，依法追究刑事责任：

（一）提供虚假材料谋取中标、成交的；

（二）采取不正当手段诋毁、排挤其他供应商的；

（三）与采购人、其他供应商或者采购代理机构恶意串通的；

（四）向采购人、采购代理机构行贿或者提供其他不正当利益的；

（五）在招标采购过程中与采购人进行协商谈判的；

（六）拒绝有关部门监督检查或者提供虚假情况的。

供应商有前款第（一）至（五）项情形之一的，中标、成交无效。

第七十八条 采购代理机构在代理政府采购业务中有违法行为的，按照有关法律规定处以罚款，可以在一至三年内禁止其代理政府采购业务，构成犯罪的，依法追究刑事责任。

第七十九条 政府采购当事人有本法第七十一条、第七十二条、第七十七条违法行为之一，给他人造成损失的，并应依照有关民事法律规定承担民事责任。

第八十条 政府采购监督管理部门的工作人员在实施监督检查中违反本法规定滥用职权，玩忽职守，徇私舞弊的，依法给予行政处分；构成犯罪的，依法追究刑事责任。

第八十一条 政府采购监督管理部门对供应商的投诉逾期未作处理的，给予直接负责的主管人员和其他直接责任人员行政处分。

第八十二条 政府采购监督管理部门对集中采购机构业绩的考核，有虚假陈述，隐瞒真实情况的，或者不作定期考核和公布考核结果的，应当及时纠正，由其上级机关或者监察机关对其负责人进行通报，并对直接负责的人员依法给予行政处分。

集中采购机构在政府采购监督管理部门考核中，虚报业绩，隐瞒真实情况的，处以二万元以上二十万元以下的罚款，并予以通报；情节严重的，取消其代理采购的资格。

第八十三条 任何单位或者个人阻挠和限制供应商进入本地区或者本行业政府采购市场的，责令限期改正；拒不改正的，由该单位、个人的上级行政主管部门或者有关机关给予单位责任人或者个人处分。

第九章　附则

第八十四条 使用国际组织和外国政府贷款进行的政府采购，贷款方、资金提供方与中方达成的协议对采购的具体条件另有规定的，可以适用其规定，但不得损害国家利益和社会公共利益。

第八十五条　对因严重自然灾害和其他不可抗力事件所实施的紧急采购和涉及国家安全和秘密的采购，不适用本法。

第八十六条　军事采购法规由中央军事委员会另行制定。

第八十七条　本法实施的具体步骤和办法由国务院规定。

第八十八条　本法自 2003 年 1 月 1 日起施行。

十四、《中华人民共和国海商法》（自 1993 年 7 月 1 日起施行）

第七条　船舶所有权，是指船舶所有人依法对其船舶享有占有、使用、收益和处分的权利。

第九条　船舶所有权的取得、转让和消灭，应当向船舶登记机关登记；未经登记的，不得对抗第三人。

船舶所有权的转让，应当签订书面合同。

第十条　船舶由两个以上的法人或者个人共有的，应当向船舶登记机关登记；未经登记的，不得对抗第三人。

第十一条　船舶抵押权，是指抵押权人对于抵押人提供的作为债务担保的船舶，在抵押人不履行债务时，可以依法拍卖，从卖得的价款中优先受偿的权利。

第十二条　船舶所有人或者船舶所有人授权的人可以设定船舶抵押权。

船舶抵押权的设定，应当签订书面合同。

第十三条　设定船舶抵押权，由抵押权人和抵押人共同向船舶登记机关办理抵押权登记；未经登记的，不得对抗第三人。

船舶抵押权登记，包括下列主要项目：

（一）船舶抵押权人和抵押人的姓名或者名称、地址；

（二）被抵押船舶的名称、国籍、船舶所有权证书的颁发机关和证书号码；

（三）所担保的债权数额、利息率、受偿期限。

船舶抵押权的登记状况，允许公众查询。

第二十一条 船舶优先权，是指海事请求人依照本法第二十二条的规定，向船舶所有人、光船承租人、船舶经营人提出海事请求，对产生该海事请求的船舶具有优先受偿的权利。

第二十二条 下列各项海事请求具有船舶优先权：

（一）船长、船员和在船上工作的其他在编人员根据劳动法律、行政法规或者劳动合同所产生的工资、其他劳动报酬、船员遣返费用和社会保险费用的给付请求；

（二）在船舶营运中发生的人身伤亡的赔偿请求；

（三）船舶吨税、引航费、港务费和其他港口规费的缴付请求；

（四）海难救助的救助款项的给付请求；

（五）船舶在营运中因侵权行为产生的财产赔偿请求。

载运2000吨以上的散装货油的船舶，持有有效的证书，证明已经进行油污损害民事责任保险或者具有相应的财务保证的，对其造成的油污损害的赔偿请求，不属于前款第（五）项规定的范围。

第二十三条 本法第二十二条第一款所列各项海事请求，依照顺序受偿。但是，第（四）项海事请求，后于第（一）项至第（三）项发生的，应当先于第（一）项至第（三）项受偿。

本法第二十二条第一款第（一）、（二）、（三）、（五）项中有两个以上海事请求的，不分先后，同时受偿；不足受偿的，按照比例受偿。第（四）项中有两个以上海事请求的，后发生的先受偿。

第二十四条 因行使船舶优先权产生的诉讼费用，保存、拍卖船舶和分配船舶价款产生的费用，以及为海事请求人的共同利益而支付的其他费用，应当从船舶拍卖所得价款中先行拨付。

第二十五条 船舶优先权先于船舶留置权受偿，船舶抵押权后于船舶留置权受偿。

前款所称船舶留置权，是指造船人、修船人在合同另一方未履行合同时，可以留置所占有的船舶，以保证造船费用或者修船费用得以偿还的权利。船舶留置权在造船人、修船人不再占有所造或者所修的船舶时消灭。

第二十六条 船舶优先权不因船舶所有权的转让而消灭。但是，船舶转让时，船舶优先权自法院应受让人申请予以公告之日起满六十日不行使的除外。

第二十七条 本法第二十二条规定的海事请求权转移的，其船舶优先权随之转移。

第二十八条 船舶优先权应当通过法院扣押产生优先权的船舶行使。

第二十九条 船舶优先权，除本法第二十六条规定的外，因下列原因之一而消灭：

（一）具有船舶优先权的海事请求，自优先权产生之日起满一年不行使；

（二）船舶经法院强制出售；

（三）船舶灭失。

前款第（一）项的一年期限，不得中止或者中断。

十五、《中华人民共和国固体废物污染环境防治法》

第四条 固体废物污染环境防治坚持减量化、资源化和无害化的原则。

任何单位和个人都应当采取措施，减少固体废物的产生量，促进固体废物的综合利用，降低固体废物的危害性。

第五条 固体废物污染环境防治坚持污染担责的原则。

产生、收集、贮存、运输、利用、处置固体废物的单位和个人，应当采取措施，防止或者减少固体废物对环境的污染，对所造成的环境污染依法承担责任。

第十九条 收集、贮存、运输、利用、处置固体废物的单位和其他生产经营者，应当加强对相关设施、设备和场所的管理和维护，保证其正常运行和使用。

第二十条 产生、收集、贮存、运输、利用、处置固体废物的单位和其他生产经营者，应当采取防扬散、防流失、防渗漏或者其他防止污染环境的措施，不得擅自倾倒、堆放、丢弃、遗撒固体废物。

禁止任何单位或者个人向江河、湖泊、运河、渠道、水库及其最高水位线以下的滩地和岸坡以及法律法规规定的其他地点倾倒、堆放、贮存固体废物。

第二十二条 转移固体废物出省、自治区、直辖市行政区域贮存、处置的，应当向固体废物移出地的省、自治区、直辖市人民政府生态环境主管部门提出申请。移出地的省、自治区、直辖市人民政府生态环境主管部门应当及时商经接受地的省、自治区、直辖市人民政府生态环境主管部门同意后，在规定期限内批准转移该固体废物出省、自治区、直辖市行政区域。未经批准的，不得转移。

转移固体废物出省、自治区、直辖市行政区域利用的，应当报固体废物移出地的省、自治区、直辖市人民政府生态环境主管部门备案。移出地的省、自治区、直辖市人民政府生态环境主管部门应当将备案信息通报接受地的省、自治区、直辖市人民政府生态环境主管部门。

第二十七条　有下列情形之一，生态环境主管部门和其他负有固体废物污染环境防治监督管理职责的部门，可以对违法收集、贮存、运输、利用、处置的固体废物及设施、设备、场所、工具、物品予以查封、扣押：

（一）可能造成证据灭失、被隐匿或者非法转移的；

（二）造成或者可能造成严重环境污染的。

第二十八条　生态环境主管部门应当会同有关部门建立产生、收集、贮存、运输、利用、处置固体废物的单位和其他生产经营者信用记录制度，将相关信用记录纳入全国信用信息共享平台。

第二十九条　设区的市级人民政府生态环境主管部门应当会同住房城乡建设、农业农村、卫生健康等主管部门，定期向社会发布固体废物的种类、产生量、处置能力、利用处置状况等信息。

产生、收集、贮存、运输、利用、处置固体废物的单位，应当依法及时公开固体废物污染环境防治信息，主动接受社会监督。

利用、处置固体废物的单位，应当依法向公众开放设施、场所，提高公众环境保护意识和参与程度。

第四十九条　产生生活垃圾的单位、家庭和个人应当依法履行生活垃圾源头减量和分类投放义务，承担生活垃圾产生者责任。

任何单位和个人都应当依法在指定的地点分类投放生活垃圾。禁止随意倾倒、抛撒、堆放或者焚烧生活垃圾。

机关、事业单位等应当在生活垃圾分类工作中起示范带头作用。

已经分类投放的生活垃圾，应当按照规定分类收集、分类运输、分类处理。

第五十条　清扫、收集、运输、处理城乡生活垃圾，应当遵守国家有关环境保护和环境卫生管理的规定，防止污染环境。

从生活垃圾中分类并集中收集的有害垃圾，属于危险废物的，应当按照危险废物管理。

第六十六条 国家建立电器电子、铅蓄电池、车用动力电池等产品的生产者责任延伸制度。

电器电子、铅蓄电池、车用动力电池等产品的生产者应当按照规定以自建或者委托等方式建立与产品销售量相匹配的废旧产品回收体系，并向社会公开，实现有效回收和利用。

国家鼓励产品的生产者开展生态设计，促进资源回收利用。

第六十七条 国家对废弃电器电子产品等实行多渠道回收和集中处理制度。

禁止将废弃机动车船等交由不符合规定条件的企业或者个人回收、拆解。

拆解、利用、处置废弃电器电子产品、废弃机动车船等，应当遵守有关法律法规的规定，采取防止污染环境的措施。

第七十七条 对危险废物的容器和包装物以及收集、贮存、运输、利用、处置危险废物的设施、场所，应当按照规定设置危险废物识别标志。

第八十条 从事收集、贮存、利用、处置危险废物经营活动的单位，应当按照国家有关规定申请取得许可证。许可证的具体管理办法由国务院制定。

禁止无许可证或者未按照许可证规定从事危险废物收集、贮存、利用、处置的经营活动。

禁止将危险废物提供或者委托给无许可证的单位或者其他生产经营者从事收集、贮存、利用、处置活动。

第八十一条 收集、贮存危险废物，应当按照危险废物特性分类进行。禁止混合收集、贮存、运输、处置性质不相容而未经安全性处置的危险废物。

贮存危险废物应当采取符合国家环境保护标准的防护措施。禁止将危险废物混入非危险废物中贮存。

从事收集、贮存、利用、处置危险废物经营活动的单位，贮存危险废物不得超过一年；确需延长期限的，应当报经颁发许可证的生态环境主管部门批准；法律、行政法规另有规定的除外。

第八十二条 转移危险废物的，应当按照国家有关规定填写、运行危险废物电子或者纸质转移联单。

跨省、自治区、直辖市转移危险废物的，应当向危险废物移出地省、自治区、直辖市人民政府生态环境主管部门申请。移出地省、自治区、直辖市人民政府生态环境主管部门应当及时商经接受地省、自治区、直辖市人民政府生态环境主管部门同意后，在规定期限内批准转移该危险废物，并将批准信息通报相关省、自治区、直辖市人民政府生态环境主管部门和交通运输主管部门。未经批准的，不得转移。

危险废物转移管理应当全程管控、提高效率，具体办法由国务院生态环境主管部门会同国务院交通运输主管部门和公安部门制定。

第八十三条 运输危险废物，应当采取防止污染环境的措施，并遵守国家有关危险货物运输管理的规定。

禁止将危险废物与旅客在同一运输工具上载运。

第八十四条 收集、贮存、运输、利用、处置危险废物的场所、设施、设备和容器、包装物及其他物品转作他用时，应当按照国家有关规定经过消除污染处理，方可使用。

第八十五条 产生、收集、贮存、运输、利用、处置危险废物的单位，应当依法制定意外事故的防范措施和应急预案，并向所在地生态环境主管部门和其他负有固体废物污染环境防治监督管理职责的部门备案；生态环境主管部门和其他负有固体废物污染环境防治监督管理职责的部门应当进行检查。

第八十六条 因发生事故或者其他突发性事件，造成危险废物严重污染环境的单位，应当立即采取有效措施消除或者减轻对环境的污染危害，及时通报可能受到污染危害的单位和居民，并向所在地生态环境主管部门和有关部门报告，接受调查处理。

第九十条 医疗废物按照国家危险废物名录管理。县级以上地方人民政府应当加强医疗废物集中处置能力建设。

县级以上人民政府卫生健康、生态环境等主管部门应当在各自职责范围内加强对医疗废物收集、贮存、运输、处置的监督管理，防止危害公众健康、污染环境。

医疗卫生机构应当依法分类收集本单位产生的医疗废物，交由医疗废物集中处置单位处置。医疗废物集中处置单位应当及时收集、运输和处置医疗废物。

医疗卫生机构和医疗废物集中处置单位，应当采取有效措施，防止医疗废物流失、泄漏、渗漏、扩散。

第一百二十四条 本法下列用语的含义：

（一）固体废物，是指在生产、生活和其他活动中产生的丧失原有利用价值或者虽未丧失利用价值但被抛弃或者放弃的固态、半固态和置于容器中的气态的物品、物质以及法律、行政法规规定纳入固体废物管理的物品、物质。经无害化加工处理，并且符合强制性国家产品质量标准，不会危害公众健康和生态安全，或者根据固体废物鉴别标准和鉴别程序认定为不属于固体废物的除外。

（二）工业固体废物，是指在工业生产活动中产生的固体废物。

（三）生活垃圾，是指在日常生活中或者为日常生活提供服务的活动中产生的固体废物，以及法律、行政法规规定视为生活垃圾的固体废物。

（四）建筑垃圾，是指建设单位、施工单位新建、改建、扩建和拆除各类建筑物、构筑物、管网等，以及居民装饰装修房屋过程中产生的弃土、弃料和其他固体废物。

（五）农业固体废物，是指在农业生产活动中产生的固体废物。

（六）危险废物，是指列入国家危险废物名录或者根据国家规定的危险废物鉴别标准和鉴别方法认定的具有危险特性的固体废物。

（七）贮存，是指将固体废物临时置于特定设施或者场所中的活动。

（八）利用，是指从固体废物中提取物质作为原材料或者燃料的活动。

（九）处置，是指将固体废物焚烧和用其他改变固体废物的物理、化学、生物特性的方法，达到减少已产生的固体废物数量、缩小固体废物体积、减少或者消除其危险成分的活动，或者将固体废物最终置于符合环境保护规定要求的填埋场的活动。

第一百二十五条　液态废物的污染防治，适用本法；但是，排入水体的废水的污染防治适用有关法律，不适用本法。

十六、《民用爆炸物品安全管理条例》
第一章　总则
第一条　为了加强对民用爆炸物品的安全管理，预防爆炸事故发生，保障公民生命、财产安全和公共安全，制定本条例。

第二条 民用爆炸物品的生产、销售、购买、进出口、运输、爆破作业和储存以及硝酸铵的销售、购买，适用本条例。

本条例所称民用爆炸物品，是指用于非军事目的、列入民用爆炸物品品名表的各类火药、炸药及其制品和雷管、导火索等点火、起爆器材。

民用爆炸物品品名表，由国务院国防科技工业主管部门会同国务院公安部门制订、公布。

第三条 国家对民用爆炸物品的生产、销售、购买、运输和爆破作业实行许可证制度。

未经许可，任何单位或者个人不得生产、销售、购买、运输民用爆炸物品，不得从事爆破作业。

严禁转让、出借、转借、抵押、赠送、私藏或者非法持有民用爆炸物品。

第四条 国防科技工业主管部门负责民用爆炸物品生产、销售的安全监督管理。

公安机关负责民用爆炸物品公共安全管理和民用爆炸物品购买、运输、爆破作业的安全监督管理，监控民用爆炸物品流向。

安全生产监督、铁路、交通、民用航空主管部门依照法律、行政法规的规定，负责做好民用爆炸物品的有关安全监督管理工作。

国防科技工业主管部门、公安机关、工商行政管理部门按照职责分工，负责组织查处非法生产、销售、购买、储存、运输、邮寄、使用民用爆炸物品的行为。

第五条 民用爆炸物品生产、销售、购买、运输和爆破作业单位（以下称民用爆炸物品从业单位）的主要负责人是本单位民用爆炸物品安全管理责任人，对本单位的民用爆炸物品安全管理工作全面负责。

民用爆炸物品从业单位是治安保卫工作的重点单位，应当依法设置治安保卫机构或者配备治安保卫人员，设置技术防范设施，防止民用爆炸物品丢失、被盗、被抢。

民用爆炸物品从业单位应当建立安全管理制度、岗位安全责任制度，制订安全防范措施和事故应急预案，设置安全管理机构或者配备专职安全管理人员。

第六条　无民事行为能力人、限制民事行为能力人或者曾因犯罪受过刑事处罚的人，不得从事民用爆炸物品的生产、销售、购买、运输和爆破作业。

民用爆炸物品从业单位应当加强对本单位从业人员的安全教育、法制教育和岗位技术培训，从业人员经考核合格的，方可上岗作业；对有资格要求的岗位，应当配备具有相应资格的人员。

第七条　国家建立民用爆炸物品信息管理系统，对民用爆炸物品实行标识管理，监控民用爆炸物品流向。

民用爆炸物品生产企业、销售企业和爆破作业单位应当建立民用爆炸物品登记制度，如实将本单位生产、销售、购买、运输、储存、使用民用爆炸物品的品种、数量和流向信息输入计算机系统。

第八条　任何单位或者个人都有权举报违反民用爆炸物品安全管理规定的行为；接到举报的主管部门、公安机关应当立即查处，并为举报人员保密，对举报有功人员给予奖励。

第九条　国家鼓励民用爆炸物品从业单位采用提高民用爆炸物品安全性能的新技术，鼓励发展民用爆炸物品生产、配送、爆破作业一体化的经营模式。

第二章 生产

第十条 设立民用爆炸物品生产企业，应当遵循统筹规划、合理布局的原则。

第十一条 申请从事民用爆炸物品生产的企业，应当具备下列条件：

（一）符合国家产业结构规划和产业技术标准；

（二）厂房和专用仓库的设计、结构、建筑材料、安全距离以及防火、防爆、防雷、防静电等安全设备、设施符合国家有关标准和规范；

（三）生产设备、工艺符合有关安全生产的技术标准和规程；

（四）有具备相应资格的专业技术人员、安全生产管理人员和生产岗位人员；

（五）有健全的安全管理制度、岗位安全责任制度；

（六）法律、行政法规规定的其他条件。

第十二条 申请从事民用爆炸物品生产的企业，应当向国务院国防科技工业主管部门提交申请书、可行性研究报告以及能够证明其符合本条例第十一条规定条件的有关材料。国务院国防科技工业主管部门应当自受理申请之日起 45 日内进行审查，对符合条件的，核发《民用爆炸物品生产许可证》；对不符合条件的，不予核发《民用爆炸物品生产许可证》，书面向申请人说明理由。

民用爆炸物品生产企业为调整生产能力及品种进行改建、扩建的，应当依照前款规定申请办理《民用爆炸物品生产许可证》。

第十三条 取得《民用爆炸物品生产许可证》的企业应当在基本建设完成后，向国务院国防科技工业主管部门申请安全生产许可。国务院国防科技工业主管部门应当依照《安全生产许可证条例》的规定对其进行查验，对符合条件的，在《民用爆炸物品生产许可证》上标注安全生产许可。民用爆炸物品生产企业持经标注安全生产许可的《民用爆炸物品生产许可证》到工商行政管理部门办理工商登记后，方可生产民用爆炸物品。

民用爆炸物品生产企业应当在办理工商登记后 3 日内，向所在地县级人民政府公安机关备案。

第十四条　民用爆炸物品生产企业应当严格按照《民用爆炸物品生产许可证》核定的品种和产量进行生产，生产作业应当严格执行安全技术规程的规定。

第十五条　民用爆炸物品生产企业应当对民用爆炸物品做出警示标识、登记标识，对雷管编码打号。民用爆炸物品警示标识、登记标识和雷管编码规则，由国务院公安部门会同国务院国防科技工业主管部门规定。

第十六条　民用爆炸物品生产企业应当建立健全产品检验制度，保证民用爆炸物品的质量符合相关标准。民用爆炸物品的包装，应当符合法律、行政法规的规定以及相关标准。

第十七条　试验或者试制民用爆炸物品，必须在专门场地或者专门的试验室进行。严禁在生产车间或者仓库内试验或者试制民用爆炸物品。

第三章　销售和购买

第十八条　申请从事民用爆炸物品销售的企业，应当具备下列条件：

（一）符合对民用爆炸物品销售企业规划的要求；

（二）销售场所和专用仓库符合国家有关标准和规范；

（三）有具备相应资格的安全管理人员、仓库管理人员；

（四）有健全的安全管理制度、岗位安全责任制度；

（五）法律、行政法规规定的其他条件。

第十九条 申请从事民用爆炸物品销售的企业，应当向所在地省、自治区、直辖市人民政府国防科技工业主管部门提交申请书、可行性研究报告以及能够证明其符合本条例第十八条规定条件的有关材料。省、自治区、直辖市人民政府国防科技工业主管部门应当自受理申请之日起 30 日内进行审查，并对申请单位的销售场所和专用仓库等经营设施进行查验，对符合条件的，核发《民用爆炸物品销售许可证》；对不符合条件的，不予核发《民用爆炸物品销售许可证》，书面向申请人说明理由。

民用爆炸物品销售企业持《民用爆炸物品销售许可证》到工商行政管理部门办理工商登记后，方可销售民用爆炸物品。

民用爆炸物品销售企业应当在办理工商登记后 3 日内，向所在地县级人民政府公安机关备案。

第二十条 民用爆炸物品生产企业凭《民用爆炸物品生产许可证》，可以销售本企业生产的民用爆炸物品。

民用爆炸物品生产企业销售本企业生产的民用爆炸物品，不得超出核定的品种、产量。

第二十一条 民用爆炸物品使用单位申请购买民用爆炸物品的，应当向所在地县级人民政府公安机关提出购买申请，并提交下列有关材料：

（一）工商营业执照或者事业单位法人证书；

（二）《爆破作业单位许可证》或者其他合法使用的证明；

（三）购买单位的名称、地址、银行账户；

（四）购买的品种、数量和用途说明。

受理申请的公安机关应当自受理申请之日起 5 日内对提交的有关

材料进行审查，对符合条件的，核发《民用爆炸物品购买许可证》；对不符合条件的，不予核发《民用爆炸物品购买许可证》，书面向申请人说明理由。

《民用爆炸物品购买许可证》应当载明许可购买的品种、数量、购买单位以及许可的有效期限。

第二十二条　民用爆炸物品生产企业凭《民用爆炸物品生产许可证》购买属于民用爆炸物品的原料，民用爆炸物品销售企业凭《民用爆炸物品销售许可证》向民用爆炸物品生产企业购买民用爆炸物品，民用爆炸物品使用单位凭《民用爆炸物品购买许可证》购买民用爆炸物品，还应当提供经办人的身份证明。

销售民用爆炸物品的企业，应当查验前款规定的许可证和经办人的身份证明；对持《民用爆炸物品购买许可证》购买的，应当按照许可的品种、数量销售。

第二十三条　销售、购买民用爆炸物品，应当通过银行账户进行交易，不得使用现金或者实物进行交易。

销售民用爆炸物品的企业，应当将购买单位的许可证、银行账户转账凭证、经办人的身份证明复印件保存 2 年备查。

第二十四条　销售民用爆炸物品的企业，应当自民用爆炸物品买卖成交之日起 3 日内，将销售的品种、数量和购买单位向所在地省、自治区、直辖市人民政府国防科技工业主管部门和所在地县级人民政府公安机关备案。

购买民用爆炸物品的单位，应当自民用爆炸物品买卖成交之日起 3 日内，将购买的品种、数量向所在地县级人民政府公安机关备案。

第二十五条　进出口民用爆炸物品，应当经国务院国防科技工业主管部门审批。进出口民用爆炸物品审批办法，由国务院国防科技工业主管部门会同国务院公安部门、海关总署规定。

进出口单位应当将进出口的民用爆炸物品的品种、数量向收货地或者出境口岸所在地县级人民政府公安机关备案。

第四章 运输

第二十六条 运输民用爆炸物品，收货单位应当向运达地县级人民政府公安机关提出申请，并提交包括下列内容的材料：

（一）民用爆炸物品生产企业、销售企业、使用单位以及进出口单位分别提供的《民用爆炸物品生产许可证》、《民用爆炸物品销售许可证》、《民用爆炸物品购买许可证》或者进出口批准证明；

（二）运输民用爆炸物品的品种、数量、包装材料和包装方式；

（三）运输民用爆炸物品的特性、出现险情的应急处置方法；

（四）运输时间、起始地点、运输路线、经停地点。

受理申请的公安机关应当自受理申请之日起 3 日内对提交的有关材料进行审查，对符合条件的，核发《民用爆炸物品运输许可证》；对不符合条件的，不予核发《民用爆炸物品运输许可证》，书面向申请人说明理由。

《民用爆炸物品运输许可证》应当载明收货单位、销售企业、承运人，一次性运输有效期限、起始地点、运输路线、经停地点，民用爆炸物品的品种、数量。

第二十七条 运输民用爆炸物品的，应当凭《民用爆炸物品运输许可证》，按照许可的品种、数量运输。

第二十八条 经由道路运输民用爆炸物品的，应当遵守下列规定：

（一）携带《民用爆炸物品运输许可证》；

（二）民用爆炸物品的装载符合国家有关标准和规范，车厢内不得载人；

（三）运输车辆安全技术状况应当符合国家有关安全技术标准的要求，并按照规定悬挂或者安装符合国家标准的易燃易爆危险物品警示标志；

（四）运输民用爆炸物品的车辆应当保持安全车速；

（五）按照规定的路线行驶，途中经停应当有专人看守，并远离建筑设施和人口稠密的地方，不得在许可以外的地点经停；

（六）按照安全操作规程装卸民用爆炸物品，并在装卸现场设置警戒，禁止无关人员进入；

（七）出现危险情况立即采取必要的应急处置措施，并报告当地公安机关。

第二十九条　民用爆炸物品运达目的地，收货单位应当进行验收后在《民用爆炸物品运输许可证》上签注，并在 3 日内将《民用爆炸物品运输许可证》交回发证机关核销。

第三十条　禁止携带民用爆炸物品搭乘公共交通工具或者进入公共场所。

禁止邮寄民用爆炸物品，禁止在托运的货物、行李、包裹、邮件中夹带民用爆炸物品。

第五章　爆破作业

第三十一条　申请从事爆破作业的单位，应当具备下列条件：

（一）爆破作业属于合法的生产活动；

（二）有符合国家有关标准和规范的民用爆炸物品专用仓库；

（三）有具备相应资格的安全管理人员、仓库管理人员和具备国家规定执业资格的爆破作业人员；

（四）有健全的安全管理制度、岗位安全责任制度；

（五）有符合国家标准、行业标准的爆破作业专用设备；

（六）法律、行政法规规定的其他条件。

第三十二条 申请从事爆破作业的单位，应当按照国务院公安部门的规定，向有关人民政府公安机关提出申请，并提供能够证明其符合本条例第三十一条规定条件的有关材料。受理申请的公安机关应当自受理申请之日起 20 日内进行审查，对符合条件的，核发《爆破作业单位许可证》；对不符合条件的，不予核发《爆破作业单位许可证》，书面向申请人说明理由。

营业性爆破作业单位持《爆破作业单位许可证》到工商行政管理部门办理工商登记后，方可从事营业性爆破作业活动。

爆破作业单位应当在办理工商登记后 3 日内，向所在地县级人民政府公安机关备案。

第三十三条 爆破作业单位应当对本单位的爆破作业人员、安全管理人员、仓库管理人员进行专业技术培训。爆破作业人员应当经设区的市级人民政府公安机关考核合格，取得《爆破作业人员许可证》后，方可从事爆破作业。

第三十四条 爆破作业单位应当按照其资质等级承接爆破作业项目，爆破作业人员应当按照其资格等级从事爆破作业。爆破作业的分级管理办法由国务院公安部门规定。

第三十五条 在城市、风景名胜区和重要工程设施附近实施爆破作业的，应当向爆破作业所在地设区的市级人民政府公安机关提出申请，提交《爆破作业单位许可证》和具有相应资质的安全评估企业出具的爆破设计、施工方案评估报告。受理申请的公安机关应当自受理申请之日起 20 日内对提交的有关材料进行审查，对符合条件的，作出批准的决定；对不符合条件的，作出不予批准的决定，并书面向申请人说明理由。

实施前款规定的爆破作业，应当由具有相应资质的安全监理企业进行监理，由爆破作业所在地县级人民政府公安机关负责组织实施安全警戒。

第三十六条　爆破作业单位跨省、自治区、直辖市行政区域从事爆破作业的，应当事先将爆破作业项目的有关情况向爆破作业所在地县级人民政府公安机关报告。

第三十七条　爆破作业单位应当如实记载领取、发放民用爆炸物品的品种、数量、编号以及领取、发放人员姓名。领取民用爆炸物品的数量不得超过当班用量，作业后剩余的民用爆炸物品必须当班清退回库。

爆破作业单位应当将领取、发放民用爆炸物品的原始记录保存 2 年备查。

第三十八条　实施爆破作业，应当遵守国家有关标准和规范，在安全距离以外设置警示标志并安排警戒人员，防止无关人员进入；爆破作业结束后应当及时检查、排除未引爆的民用爆炸物品。

第三十九条　爆破作业单位不再使用民用爆炸物品时，应当将剩余的民用爆炸物品登记造册，报所在地县级人民政府公安机关组织监督销毁。

发现、拣拾无主民用爆炸物品的，应当立即报告当地公安机关。

第六章　储存

第四十条　民用爆炸物品应当储存在专用仓库内，并按照国家规定设置技术防范设施。

第四十一条　储存民用爆炸物品应当遵守下列规定：

（一）建立出入库检查、登记制度，收存和发放民用爆炸物品必须进行登记，做到账目清楚，账物相符；

（二）储存的民用爆炸物品数量不得超过储存设计容量，对性质相抵触的民用爆炸物品必须分库储存，严禁在库房内存放其他物品；

（三）专用仓库应当指定专人管理、看护，严禁无关人员进入仓库区内，严禁在仓库区内吸烟和用火，严禁把其他容易引起燃烧、爆炸的物品带入仓库区内，严禁在库房内住宿和进行其他活动；

（四）民用爆炸物品丢失、被盗、被抢，应当立即报告当地公安机关。

第四十二条 在爆破作业现场临时存放民用爆炸物品的，应当具备临时存放民用爆炸物品的条件，并设专人管理、看护，不得在不具备安全存放条件的场所存放民用爆炸物品。

第四十三条 民用爆炸物品变质和过期失效的，应当及时清理出库，并予以销毁。销毁前应当登记造册，提出销毁实施方案，报省、自治区、直辖市人民政府国防科技工业主管部门、所在地县级人民政府公安机关组织监督销毁。

第七章　法律责任

第四十四条 非法制造、买卖、运输、储存民用爆炸物品，构成犯罪的，依法追究刑事责任；尚不构成犯罪，有违反治安管理行为的，依法给予治安管理处罚。

违反本条例规定，在生产、储存、运输、使用民用爆炸物品中发生重大事故，造成严重后果或者后果特别严重，构成犯罪的，依法追究刑事责任。

违反本条例规定，未经许可生产、销售民用爆炸物品的，由国防科技工业主管部门责令停止非法生产、销售活动，处 10 万元以上50 万元以下的罚款，并没收非法生产、销售的民用爆炸物品及其违法所得。

违反本条例规定，未经许可购买、运输民用爆炸物品或者从事爆破作业的，由公安机关责令停止非法购买、运输、爆破作业活动，处 5 万元以上 20 万元以下的罚款，并没收非法购买、运输以及从事爆破作业使用的民用爆炸物品及其违法所得。

国防科技工业主管部门、公安机关对没收的非法民用爆炸物品，应当组织销毁。

第四十五条　违反本条例规定，生产、销售民用爆炸物品的企业有下列行为之一的，由国防科技工业主管部门责令限期改正，处 10 万元以上 50 万元以下的罚款；逾期不改正的，责令停产停业整顿；情节严重的，吊销《民用爆炸物品生产许可证》或者《民用爆炸物品销售许可证》：

（一）超出生产许可的品种、产量进行生产、销售的；

（二）违反安全技术规程生产作业的；

（三）民用爆炸物品的质量不符合相关标准的；

（四）民用爆炸物品的包装不符合法律、行政法规的规定以及相关标准的；

（五）超出购买许可的品种、数量销售民用爆炸物品的；

（六）向没有《民用爆炸物品生产许可证》《民用爆炸物品销售许可证》《民用爆炸物品购买许可证》的单位销售民用爆炸物品的；

（七）民用爆炸物品生产企业销售本企业生产的民用爆炸物品未按照规定向国防科技工业主管部门备案的；

（八）未经审批进出口民用爆炸物品的。

第四十六条　违反本条例规定，有下列情形之一的，由公安机关责令限期改正，处 5 万元以上 20 万元以下的罚款；逾期不改正的，责令停产停业整顿：

（一）未按照规定对民用爆炸物品做出警示标识、登记标识或者未对雷管编码打号的；

（二）超出购买许可的品种、数量购买民用爆炸物品的；

（三）使用现金或者实物进行民用爆炸物品交易的；

（四）未按照规定保存购买单位的许可证、银行账户转账凭证、经办人的身份证明复印件的；

（五）销售、购买、进出口民用爆炸物品，未按照规定向公安机关备案的；

（六）未按照规定建立民用爆炸物品登记制度，如实将本单位生产、销售、购买、运输、储存、使用民用爆炸物品的品种、数量和流向信息输入计算机系统的；

（七）未按照规定将《民用爆炸物品运输许可证》交回发证机关核销的。

第四十七条 违反本条例规定，经由道路运输民用爆炸物品，有下列情形之一的，由公安机关责令改正，处 5 万元以上 20 万元以下的罚款：

（一）违反运输许可事项的；

（二）未携带《民用爆炸物品运输许可证》的；

（三）违反有关标准和规范混装民用爆炸物品的；

（四）运输车辆未按照规定悬挂或者安装符合国家标准的易燃易爆危险物品警示标志的；

（五）未按照规定的路线行驶，途中经停没有专人看守或者在许可以外的地点经停的；

（六）装载民用爆炸物品的车厢载人的；

（七）出现危险情况未立即采取必要的应急处置措施、报告当地公安机关的。

第四十八条　违反本条例规定，从事爆破作业的单位有下列情形之一的，由公安机关责令停止违法行为或者限期改正，处 10 万元以上 50 万元以下的罚款；逾期不改正的，责令停产停业整顿；情节严重的，吊销《爆破作业单位许可证》：

（一）爆破作业单位未按照其资质等级从事爆破作业的；

（二）营业性爆破作业单位跨省、自治区、直辖市行政区域实施爆破作业，未按照规定事先向爆破作业所在地的县级人民政府公安机关报告的；

（三）爆破作业单位未按照规定建立民用爆炸物品领取登记制度、保存领取登记记录的；

（四）违反国家有关标准和规范实施爆破作业的。

爆破作业人员违反国家有关标准和规范的规定实施爆破作业的，由公安机关责令限期改正，情节严重的，吊销《爆破作业人员许可证》。

第四十九条　违反本条例规定，有下列情形之一的，由国防科技工业主管部门、公安机关按照职责责令限期改正，可以并处 5 万元以上 20 万元以下的罚款；逾期不改正的，责令停产停业整顿；情节严重的，吊销许可证：

（一）未按照规定在专用仓库设置技术防范设施的；

（二）未按照规定建立出入库检查、登记制度或者收存和发放民用爆炸物品，致使账物不符的；

（三）超量储存、在非专用仓库储存或者违反储存标准和规范储存民用爆炸物品的；

（四）有本条例规定的其他违反民用爆炸物品储存管理规定行为的。

第五十条 违反本条例规定，民用爆炸物品从业单位有下列情形之一的，由公安机关处 2 万元以上 10 万元以下的罚款；情节严重的，吊销其许可证；有违反治安管理行为的，依法给予治安管理处罚：

（一）违反安全管理制度，致使民用爆炸物品丢失、被盗、被抢的；

（二）民用爆炸物品丢失、被盗、被抢，未按照规定向当地公安机关报告或者故意隐瞒不报的；

（三）转让、出借、转借、抵押、赠送民用爆炸物品的。

第五十一条 违反本条例规定，携带民用爆炸物品搭乘公共交通工具或者进入公共场所，邮寄或者在托运的货物、行李、包裹、邮件中夹带民用爆炸物品，构成犯罪的，依法追究刑事责任；尚不构成犯罪的，由公安机关依法给予治安管理处罚，没收非法的民用爆炸物品，处 1000 元以上 1 万元以下的罚款。

第五十二条 民用爆炸物品从业单位的主要负责人未履行本条例规定的安全管理责任，导致发生重大伤亡事故或者造成其他严重后果，构成犯罪的，依法追究刑事责任；尚不构成犯罪的，对主要负责人给予撤职处分，对个人经营的投资人处 2 万元以上 20 万元以下的罚款。

第五十三条 国防科技工业主管部门、公安机关、工商行政管理部门的工作人员，在民用爆炸物品安全监督管理工作中滥用职权、玩忽职守或者徇私舞弊，构成犯罪的，依法追究刑事责任；尚不构成犯罪的，依法给予行政处分。

第八章　附则

第五十四条 《民用爆炸物品生产许可证》《民用爆炸物品销售

许可证》，由国务院国防科技工业主管部门规定式样；《民用爆炸物品购买许可证》《民用爆炸物品运输许可证》《爆破作业单位许可证》《爆破作业人员许可证》，由国务院公安部门规定式样。

第五十五条 本条例自 2006 年 9 月 1 日起施行。1984 年 1 月 6 日国务院发布的《中华人民共和国民用爆炸物品管理条例》同时废止。

十七、《危险化学品安全管理条例》

第一章 总则

第一条 为了加强危险化学品的安全管理，预防和减少危险化学品事故，保障人民群众生命财产安全，保护环境，制定本条例。

第二条 危险化学品生产、储存、使用、经营和运输的安全管理，适用本条例。

废弃危险化学品的处置，依照有关环境保护的法律、行政法规和国家有关规定执行。

第三条 本条例所称危险化学品，是指具有毒害、腐蚀、爆炸、燃烧、助燃等性质，对人体、设施、环境具有危害的剧毒化学品和其他化学品。

危险化学品目录，由国务院安全生产监督管理部门会同国务院工业和信息化、公安、环境保护、卫生、质量监督检验检疫、交通运输、铁路、民用航空、农业主管部门，根据化学品危险特性的鉴别和分类标准确定、公布，并适时调整。

第四条 危险化学品安全管理，应当坚持安全第一、预防为主、综合治理的方针，强化和落实企业的主体责任。

生产、储存、使用、经营、运输危险化学品的单位（以下统称危险化学品单位）的主要负责人对本单位的危险化学品安全管理工作全面负责。

危险化学品单位应当具备法律、行政法规规定和国家标准、行业标准要求的安全条件，建立、健全安全管理规章制度和岗位安全责任制度，对从业人员进行安全教育、法制教育和岗位技术培训。从业人员应当接受教育和培训，考核合格后上岗作业；对有资格要求的岗位，应当配备依法取得相应资格的人员。

第五条 任何单位和个人不得生产、经营、使用国家禁止生产、经营、使用的危险化学品。

国家对危险化学品的使用有限制性规定的，任何单位和个人不得违反限制性规定使用危险化学品。

第六条 对危险化学品的生产、储存、使用、经营、运输实施安全监督管理的有关部门（以下统称负有危险化学品安全监督管理职责的部门），依照下列规定履行职责：

（一）安全生产监督管理部门负责危险化学品安全监督管理综合工作，组织确定、公布、调整危险化学品目录，对新建、改建、扩建生产、储存危险化学品（包括使用长输管道输送危险化学品，下同）的建设项目进行安全条件审查，核发危险化学品安全生产许可证、危险化学品安全使用许可证和危险化学品经营许可证，并负责危险化学品登记工作。

（二）公安机关负责危险化学品的公共安全管理，核发剧毒化学品购买许可证、剧毒化学品道路运输通行证，并负责危险化学品运输车辆的道路交通安全管理。

（三）质量监督检验检疫部门负责核发危险化学品及其包装物、容器（不包括储存危险化学品的固定式大型储罐，下同）生产企业的工业产品生产许可证，并依法对其产品质量实施监督，负责对进出口危险化学品及其包装实施检验。

（四）环境保护主管部门负责废弃危险化学品处置的监督管理，组织危险化学品的环境危害性鉴定和环境风险程度评估，确定实施重点环境管理的危险化学品，负责危险化学品环境管理登记和新化学物质环境管理登记；依照职责分工调查相关危险化学品环境污染事故和生态破坏事件，负责危险化学品事故现场的应急环境监测。

（五）交通运输主管部门负责危险化学品道路运输、水路运输的许可以及运输工具的安全管理，对危险化学品水路运输安全实施监督，负责危险化学品道路运输企业、水路运输企业驾驶人员、船员、装卸管理人员、押运人员、申报人员、集装箱装箱现场检查员的资格认定。铁路主管部门负责危险化学品铁路运输的安全管理，负责危险化学品铁路运输承运人、托运人的资质审批及其运输工具的安全管理。民用航空主管部门负责危险化学品航空运输以及航空运输企业及其运输工具的安全管理。

（六）卫生主管部门负责危险化学品毒性鉴定的管理，负责组织、协调危险化学品事故受伤人员的医疗卫生救援工作。

（七）工商行政管理部门依据有关部门的许可证件，核发危险化学品生产、储存、经营、运输企业营业执照，查处危险化学品经营企业违法采购危险化学品的行为。

（八）邮政管理部门负责依法查处寄递危险化学品的行为。

第七条　负有危险化学品安全监督管理职责的部门依法进行监督检查，可以采取下列措施：

（一）进入危险化学品作业场所实施现场检查，向有关单位和人员了解情况，查阅、复制有关文件、资料；

（二）发现危险化学品事故隐患，责令立即消除或者限期消除；

（三）对不符合法律、行政法规、规章规定或者国家标准、行业标准要求的设施、设备、装置、器材、运输工具，责令立即停止使用；

（四）经本部门主要负责人批准，查封违法生产、储存、使用、经营危险化学品的场所，扣押违法生产、储存、使用、经营、运输的危险化学品以及用于违法生产、使用、运输危险化学品的原材料、设备、运输工具；

（五）发现影响危险化学品安全的违法行为，当场予以纠正或者责令限期改正。

负有危险化学品安全监督管理职责的部门依法进行监督检查，监督检查人员不得少于 2 人，并应当出示执法证件；有关单位和个人对依法进行的监督检查应当予以配合，不得拒绝、阻碍。

第八条 县级以上人民政府应当建立危险化学品安全监督管理工作协调机制，支持、督促负有危险化学品安全监督管理职责的部门依法履行职责，协调、解决危险化学品安全监督管理工作中的重大问题。

负有危险化学品安全监督管理职责的部门应当相互配合、密切协作，依法加强对危险化学品的安全监督管理。

第九条 任何单位和个人对违反本条例规定的行为，有权向负有危险化学品安全监督管理职责的部门举报。负有危险化学品安全监督管理职责的部门接到举报，应当及时依法处理；对不属于本部门职责的，应当及时移送有关部门处理。

第十条 国家鼓励危险化学品生产企业和使用危险化学品从事生产的企业采用有利于提高安全保障水平的先进技术、工艺、设备以及自动控制系统，鼓励对危险化学品实行专门储存、统一配送、集中销售。

第二章 生产、储存安全

第十一条 国家对危险化学品的生产、储存实行统筹规划、合理布局。

国务院工业和信息化主管部门以及国务院其他有关部门依据各自职责，负责危险化学品生产、储存的行业规划和布局。

地方人民政府组织编制城乡规划，应当根据本地区的实际情况，按照确保安全的原则，规划适当区域专门用于危险化学品的生产、储存。

第十二条 新建、改建、扩建生产、储存危险化学品的建设项目（以下简称建设项目），应当由安全生产监督管理部门进行安全条件审查。

建设单位应当对建设项目进行安全条件论证，委托具备国家规定的资质条件的机构对建设项目进行安全评价，并将安全条件论证和安全评价的情况报告报建设项目所在地设区的市级以上人民政府安全生产监督管理部门；安全生产监督管理部门应当自收到报告之日起45日内作出审查决定，并书面通知建设单位。具体办法由国务院安全生产监督管理部门制定。

新建、改建、扩建储存、装卸危险化学品的港口建设项目，由港口行政管理部门按照国务院交通运输主管部门的规定进行安全条件审查。

第十三条 生产、储存危险化学品的单位，应当对其铺设的危险化学品管道设置明显标志，并对危险化学品管道定期检查、检测。

进行可能危及危险化学品管道安全的施工作业，施工单位应当在开工的 7 日前书面通知管道所属单位，并与管道所属单位共同制定应急预案，采取相应的安全防护措施。管道所属单位应当指派专门人员到现场进行管道安全保护指导。

第十四条 危险化学品生产企业进行生产前，应当依照《安全生产许可证条例》的规定，取得危险化学品安全生产许可证。

生产列入国家实行生产许可证制度的工业产品目录的危险化学品的企业，应当依照《中华人民共和国工业产品生产许可证管理条例》的规定，取得工业产品生产许可证。

负责颁发危险化学品安全生产许可证、工业产品生产许可证的部门，应当将其颁发许可证的情况及时向同级工业和信息化主管部门、环境保护主管部门和公安机关通报。

第十五条 危险化学品生产企业应当提供与其生产的危险化学品相符的化学品安全技术说明书，并在危险化学品包装（包括外包装件）上粘贴或者拴挂与包装内危险化学品相符的化学品安全标签。化学品安全技术说明书和化学品安全标签所载明的内容应当符合国家标准的要求。

危险化学品生产企业发现其生产的危险化学品有新的危险特性的，应当立即公告，并及时修订其化学品安全技术说明书和化学品安全标签。

第十六条 生产实施重点环境管理的危险化学品的企业，应当按照国务院环境保护主管部门的规定，将该危险化学品向环境中释放等相关信息向环境保护主管部门报告。环境保护主管部门可以根据情况采取相应的环境风险控制措施。

第十七条 危险化学品的包装应当符合法律、行政法规、规章的规定以及国家标准、行业标准的要求。

危险化学品包装物、容器的材质以及危险化学品包装的型式、规格、方法和单件质量（重量），应当与所包装的危险化学品的性质和用途相适应。

第十八条　生产列入国家实行生产许可证制度的工业产品目录的危险化学品包装物、容器的企业，应当依照《中华人民共和国工业产品生产许可证管理条例》的规定，取得工业产品生产许可证；其生产的危险化学品包装物、容器经国务院质量监督检验检疫部门认定的检验机构检验合格，方可出厂销售。

运输危险化学品的船舶及其配载的容器，应当按照国家船舶检验规范进行生产，并经海事管理机构认定的船舶检验机构检验合格，方可投入使用。

对重复使用的危险化学品包装物、容器，使用单位在重复使用前应当进行检查；发现存在安全隐患的，应当维修或者更换。使用单位应当对检查情况作出记录，记录的保存期限不得少于 2 年。

第十九条　危险化学品生产装置或者储存数量构成重大危险源的危险化学品储存设施（运输工具加油站、加气站除外），与下列场所、设施、区域的距离应当符合国家有关规定：

（一）居住区以及商业中心、公园等人员密集场所；

（二）学校、医院、影剧院、体育场（馆）等公共设施；

（三）饮用水源、水厂以及水源保护区；

（四）车站、码头（依法经许可从事危险化学品装卸作业的除外）、机场以及通信干线、通信枢纽、铁路线路、道路交通干线、水路交通干线、地铁风亭以及地铁站出入口；

（五）基本农田保护区、基本草原、畜禽遗传资源保护区、畜禽规模化养殖场（养殖小区）、渔业水域以及种子、种畜禽、水产苗种生产基地；

（六）河流、湖泊、风景名胜区、自然保护区；

（七）军事禁区、军事管理区；

（八）法律、行政法规规定的其他场所、设施、区域。

已建的危险化学品生产装置或者储存数量构成重大危险源的危险化学品储存设施不符合前款规定的，由所在地设区的市级人民政府安全生产监督管理部门会同有关部门监督其所属单位在规定期限内进行整改；需要转产、停产、搬迁、关闭的，由本级人民政府决定并组织实施。

储存数量构成重大危险源的危险化学品储存设施的选址，应当避开地震活动断层和容易发生洪灾、地质灾害的区域。

本条例所称重大危险源，是指生产、储存、使用或者搬运危险化学品，且危险化学品的数量等于或者超过临界量的单元（包括场所和设施）。

第二十条 生产、储存危险化学品的单位，应当根据其生产、储存的危险化学品的种类和危险特性，在作业场所设置相应的监测、监控、通风、防晒、调温、防火、灭火、防爆、泄压、防毒、中和、防潮、防雷、防静电、防腐、防泄漏以及防护围堤或者隔离操作等安全设施、设备，并按照国家标准、行业标准或者国家有关规定对安全设施、设备进行经常性维护、保养，保证安全设施、设备的正常使用。

生产、储存危险化学品的单位，应当在其作业场所和安全设施、设备上设置明显的安全警示标志。

第二十一条 生产、储存危险化学品的单位，应当在其作业场所设置通信、报警装置，并保证处于适用状态。

第二十二条　生产、储存危险化学品的企业，应当委托具备国家规定的资质条件的机构，对本企业的安全生产条件每3年进行一次安全评价，提出安全评价报告。安全评价报告的内容应当包括对安全生产条件存在的问题进行整改的方案。

生产、储存危险化学品的企业，应当将安全评价报告以及整改方案的落实情况报所在地县级人民政府安全生产监督管理部门备案。在港区内储存危险化学品的企业，应当将安全评价报告以及整改方案的落实情况报港口行政管理部门备案。

第二十三条　生产、储存剧毒化学品或者国务院公安部门规定的可用于制造爆炸物品的危险化学品（以下简称易制爆危险化学品）的单位，应当如实记录其生产、储存的剧毒化学品、易制爆危险化学品的数量、流向，并采取必要的安全防范措施，防止剧毒化学品、易制爆危险化学品丢失或者被盗；发现剧毒化学品、易制爆危险化学品丢失或者被盗的，应当立即向当地公安机关报告。

生产、储存剧毒化学品、易制爆危险化学品的单位，应当设置治安保卫机构，配备专职治安保卫人员。

第二十四条　危险化学品应当储存在专用仓库、专用场地或者专用储存室（以下统称专用仓库）内，并由专人负责管理；剧毒化学品以及储存数量构成重大危险源的其他危险化学品，应当在专用仓库内单独存放，并实行双人收发、双人保管制度。

危险化学品的储存方式、方法以及储存数量应当符合国家标准或者国家有关规定。

第二十五条　储存危险化学品的单位应当建立危险化学品出入库核查、登记制度。

对剧毒化学品以及储存数量构成重大危险源的其他危险化学品，

储存单位应当将其储存数量、储存地点以及管理人员的情况，报所在地县级人民政府安全生产监督管理部门（在港区内储存的，报港口行政管理部门）和公安机关备案。

第二十六条 危险化学品专用仓库应当符合国家标准、行业标准的要求，并设置明显的标志。储存剧毒化学品、易制爆危险化学品的专用仓库，应当按照国家有关规定设置相应的技术防范设施。

储存危险化学品的单位应当对其危险化学品专用仓库的安全设施、设备定期进行检测、检验。

第二十七条 生产、储存危险化学品的单位转产、停产、停业或者解散的，应当采取有效措施，及时、妥善处置其危险化学品生产装置、储存设施以及库存的危险化学品，不得丢弃危险化学品；处置方案应当报所在地县级人民政府安全生产监督管理部门、工业和信息化主管部门、环境保护主管部门和公安机关备案。安全生产监督管理部门应当会同环境保护主管部门和公安机关对处置情况进行监督检查，发现未依照规定处置的，应当责令其立即处置。

第三章 使用安全

第二十八条 使用危险化学品的单位，其使用条件（包括工艺）应当符合法律、行政法规的规定和国家标准、行业标准的要求，并根据所使用的危险化学品的种类、危险特性以及使用量和使用方式，建立、健全使用危险化学品的安全管理规章制度和安全操作规程，保证危险化学品的安全使用。

第二十九条 使用危险化学品从事生产并且使用量达到规定数量的化工企业（属于危险化学品生产企业的除外，下同），应当依照本条例的规定取得危险化学品安全使用许可证。

前款规定的危险化学品使用量的数量标准，由国务院安全生产监督管理部门会同国务院公安部门、农业主管部门确定并公布。

第三十条　申请危险化学品安全使用许可证的化工企业，除应当符合本条例第二十八条的规定外，还应当具备下列条件：

（一）有与所使用的危险化学品相适应的专业技术人员；

（二）有安全管理机构和专职安全管理人员；

（三）有符合国家规定的危险化学品事故应急预案和必要的应急救援器材、设备；

（四）依法进行了安全评价。

第三十一条　申请危险化学品安全使用许可证的化工企业，应当向所在地设区的市级人民政府安全生产监督管理部门提出申请，并提交其符合本条例第三十条规定条件的证明材料。设区的市级人民政府安全生产监督管理部门应当依法进行审查，自收到证明材料之日起45日内作出批准或者不予批准的决定。予以批准的，颁发危险化学品安全使用许可证；不予批准的，书面通知申请人并说明理由。

安全生产监督管理部门应当将其颁发危险化学品安全使用许可证的情况及时向同级环境保护主管部门和公安机关通报。

第三十二条　本条例第十六条关于生产实施重点环境管理的危险化学品的企业的规定，适用于使用实施重点环境管理的危险化学品从事生产的企业；第二十条、第二十一条、第二十三条第一款、第二十七条关于生产、储存危险化学品的单位的规定，适用于使用危险化学品的单位；第二十二条关于生产、储存危险化学品的企业的规定，适用于使用危险化学品从事生产的企业。

第四章　经营安全

第三十三条　国家对危险化学品经营（包括仓储经营，下同）实行许可制度。未经许可，任何单位和个人不得经营危险化学品。

依法设立的危险化学品生产企业在其厂区范围内销售本企业生产的危险化学品，不需要取得危险化学品经营许可。

依照《中华人民共和国港口法》的规定取得港口经营许可证的港口经营人，在港区内从事危险化学品仓储经营，不需要取得危险化学品经营许可。

第三十四条 从事危险化学品经营的企业应当具备下列条件：

（一）有符合国家标准、行业标准的经营场所，储存危险化学品的，还应当有符合国家标准、行业标准的储存设施；

（二）从业人员经过专业技术培训并经考核合格；

（三）有健全的安全管理规章制度；

（四）有专职安全管理人员；

（五）有符合国家规定的危险化学品事故应急预案和必要的应急救援器材、设备；

（六）法律、法规规定的其他条件。

第三十五条 从事剧毒化学品、易制爆危险化学品经营的企业，应当向所在地设区的市级人民政府安全生产监督管理部门提出申请，从事其他危险化学品经营的企业，应当向所在地县级人民政府安全生产监督管理部门提出申请（有储存设施的，应当向所在地设区的市级人民政府安全生产监督管理部门提出申请）。申请人应当提交其符合本条例第三十四条规定条件的证明材料。设区的市级人民政府安全生产监督管理部门或者县级人民政府安全生产监督管理部门应当依法进行审查，并对申请人的经营场所、储存设施进行现场核查，自收到证明材料之日起 30 日内作出批准或者不予批准的决定。予以批准的，颁发危险化学品经营许可证；不予批准的，书面通知申请人并说明理由。

设区的市级人民政府安全生产监督管理部门和县级人民政府安全生产监督管理部门应当将其颁发危险化学品经营许可证的情况及时向同级环境保护主管部门和公安机关通报。

申请人持危险化学品经营许可证向工商行政管理部门办理登记手续后，方可从事危险化学品经营活动。法律、行政法规或者国务院规定经营危险化学品还需要经其他有关部门许可的，申请人向工商行政管理部门办理登记手续时还应当持相应的许可证件。

第三十六条　危险化学品经营企业储存危险化学品的，应当遵守本条例第二章关于储存危险化学品的规定。危险化学品商店内只能存放民用小包装的危险化学品。

第三十七条　危险化学品经营企业不得向未经许可从事危险化学品生产、经营活动的企业采购危险化学品，不得经营没有化学品安全技术说明书或者化学品安全标签的危险化学品。

第三十八条　依法取得危险化学品安全生产许可证、危险化学品安全使用许可证、危险化学品经营许可证的企业，凭相应的许可证件购买剧毒化学品、易制爆危险化学品。民用爆炸物品生产企业凭民用爆炸物品生产许可证购买易制爆危险化学品。

前款规定以外的单位购买剧毒化学品的，应当向所在地县级人民政府公安机关申请取得剧毒化学品购买许可证；购买易制爆危险化学品的，应当持本单位出具的合法用途说明。

个人不得购买剧毒化学品（属于剧毒化学品的农药除外）和易制爆危险化学品。

第三十九条　申请取得剧毒化学品购买许可证，申请人应当向所在地县级人民政府公安机关提交下列材料：

（一）营业执照或者法人证书（登记证书）的复印件；

（二）拟购买的剧毒化学品品种、数量的说明；

（三）购买剧毒化学品用途的说明；

（四）经办人的身份证明。

县级人民政府公安机关应当自收到前款规定的材料之日起 3 日内，作出批准或者不予批准的决定。予以批准的，颁发剧毒化学品购买许可证；不予批准的，书面通知申请人并说明理由。

剧毒化学品购买许可证管理办法由国务院公安部门制定。

第四十条 危险化学品生产企业、经营企业销售剧毒化学品、易制爆危险化学品，应当查验本条例第三十八条第一款、第二款规定的相关许可证件或者证明文件，不得向不具有相关许可证件或者证明文件的单位销售剧毒化学品、易制爆危险化学品。对持剧毒化学品购买许可证购买剧毒化学品的，应当按照许可证载明的品种、数量销售。

禁止向个人销售剧毒化学品（属于剧毒化学品的农药除外）和易制爆危险化学品。

第四十一条 危险化学品生产企业、经营企业销售剧毒化学品、易制爆危险化学品，应当如实记录购买单位的名称、地址、经办人的姓名、身份证号码以及所购买的剧毒化学品、易制爆危险化学品的品种、数量、用途。销售记录以及经办人的身份证明复印件、相关许可证件复印件或者证明文件的保存期限不得少于 1 年。

剧毒化学品、易制爆危险化学品的销售企业、购买单位应当在销售、购买后 5 日内，将所销售、购买的剧毒化学品、易制爆危险化学品的品种、数量以及流向信息报所在地县级人民政府公安机关备案，并输入计算机系统。

第四十二条 使用剧毒化学品、易制爆危险化学品的单位不得出借、转让其购买的剧毒化学品、易制爆危险化学品；因转产、停产、搬迁、关闭等确需转让的，应当向具有本条例第三十八条第一款、第二款规定的相关许可证件或者证明文件的单位转让，并在转让后将有关情况及时向所在地县级人民政府公安机关报告。

第五章　运输安全

第四十三条　从事危险化学品道路运输、水路运输的，应当分别依照有关道路运输、水路运输的法律、行政法规的规定，取得危险货物道路运输许可、危险货物水路运输许可，并向工商行政管理部门办理登记手续。

危险化学品道路运输企业、水路运输企业应当配备专职安全管理人员。

第四十四条　危险化学品道路运输企业、水路运输企业的驾驶人员、船员、装卸管理人员、押运人员、申报人员、集装箱装箱现场检查员应当经交通运输主管部门考核合格，取得从业资格。具体办法由国务院交通运输主管部门制定。

危险化学品的装卸作业应当遵守安全作业标准、规程和制度，并在装卸管理人员的现场指挥或者监控下进行。水路运输危险化学品的集装箱装箱作业应当在集装箱装箱现场检查员的指挥或者监控下进行，并符合积载、隔离的规范和要求；装箱作业完毕后，集装箱装箱现场检查员应当签署装箱证明书。

第四十五条　运输危险化学品，应当根据危险化学品的危险特性采取相应的安全防护措施，并配备必要的防护用品和应急救援器材。

用于运输危险化学品的槽罐以及其他容器应当封口严密，能够防止危险化学品在运输过程中因温度、湿度或者压力的变化发生渗漏、洒漏；槽罐以及其他容器的溢流和泄压装置应当设置准确、起闭灵活。

运输危险化学品的驾驶人员、船员、装卸管理人员、押运人员、申报人员、集装箱装箱现场检查员，应当了解所运输的危险化学品的危险特性及其包装物、容器的使用要求和出现危险情况时的应急处置方法。

第四十六条 通过道路运输危险化学品的，托运人应当委托依法取得危险货物道路运输许可的企业承运。

第四十七条 通过道路运输危险化学品的，应当按照运输车辆的核定载质量装载危险化学品，不得超载。

危险化学品运输车辆应当符合国家标准要求的安全技术条件，并按照国家有关规定定期进行安全技术检验。

危险化学品运输车辆应当悬挂或者喷涂符合国家标准要求的警示标志。

第四十八条 通过道路运输危险化学品的，应当配备押运人员，并保证所运输的危险化学品处于押运人员的监控之下。

运输危险化学品途中因住宿或者发生影响正常运输的情况，需要较长时间停车的，驾驶人员、押运人员应当采取相应的安全防范措施；运输剧毒化学品或者易制爆危险化学品的，还应当向当地公安机关报告。

第四十九条 未经公安机关批准，运输危险化学品的车辆不得进入危险化学品运输车辆限制通行的区域。危险化学品运输车辆限制通行的区域由县级人民政府公安机关划定，并设置明显的标志。

第五十条 通过道路运输剧毒化学品的，托运人应当向运输始发地或者目的地县级人民政府公安机关申请剧毒化学品道路运输通行证。

申请剧毒化学品道路运输通行证，托运人应当向县级人民政府公安机关提交下列材料：

（一）拟运输的剧毒化学品品种、数量的说明；

（二）运输始发地、目的地、运输时间和运输路线的说明；

（三）承运人取得危险货物道路运输许可、运输车辆取得营运证以及驾驶人员、押运人员取得上岗资格的证明文件；

（四）本条例第三十八条第一款、第二款规定的购买剧毒化学品的相关许可证件，或者海关出具的进出口证明文件。

县级人民政府公安机关应当自收到前款规定的材料之日起 7 日内，作出批准或者不予批准的决定。予以批准的，颁发剧毒化学品道路运输通行证；不予批准的，书面通知申请人并说明理由。

剧毒化学品道路运输通行证管理办法由国务院公安部门制定。

第五十一条 剧毒化学品、易制爆危险化学品在道路运输途中丢失、被盗、被抢或者出现流散、泄漏等情况的，驾驶人员、押运人员应当立即采取相应的警示措施和安全措施，并向当地公安机关报告。公安机关接到报告后，应当根据实际情况立即向安全生产监督管理部门、环境保护主管部门、卫生主管部门通报。有关部门应当采取必要的应急处置措施。

第五十二条 通过水路运输危险化学品的，应当遵守法律、行政法规以及国务院交通运输主管部门关于危险货物水路运输安全的规定。

第五十三条 海事管理机构应当根据危险化学品的种类和危险特性，确定船舶运输危险化学品的相关安全运输条件。

拟交付船舶运输的化学品的相关安全运输条件不明确的，应当经国家海事管理机构认定的机构进行评估，明确相关安全运输条件并经海事管理机构确认后，方可交付船舶运输。

第五十四条 禁止通过内河封闭水域运输剧毒化学品以及国家规定禁止通过内河运输的其他危险化学品。

前款规定以外的内河水域，禁止运输国家规定禁止通过内河运输的剧毒化学品以及其他危险化学品。

禁止通过内河运输的剧毒化学品以及其他危险化学品的范围，由国务院交通运输主管部门会同国务院环境保护主管部门、工业和信息化主管部门、安全生产监督管理部门，根据危险化学品的危险特性、危险化学品对人体和水环境的危害程度以及消除危害后果的难易程度等因素规定并公布。

第五十五条 国务院交通运输主管部门应当根据危险化学品的危险特性，对通过内河运输本条例第五十四条规定以外的危险化学品（以下简称通过内河运输危险化学品）实行分类管理，对各类危险化学品的运输方式、包装规范和安全防护措施等分别作出规定并监督实施。

第五十六条 通过内河运输危险化学品，应当由依法取得危险货物水路运输许可的水路运输企业承运，其他单位和个人不得承运。托运人应当委托依法取得危险货物水路运输许可的水路运输企业承运，不得委托其他单位和个人承运。

第五十七条 通过内河运输危险化学品，应当使用依法取得危险货物适装证书的运输船舶。水路运输企业应当针对所运输的危险化学品的危险特性，制定运输船舶危险化学品事故应急救援预案，并为运输船舶配备充足、有效的应急救援器材和设备。

通过内河运输危险化学品的船舶，其所有人或者经营人应当取得船舶污染损害责任保险证书或者财务担保证明。船舶污染损害责任保险证书或者财务担保证明的副本应当随船携带。

第五十八条　通过内河运输危险化学品，危险化学品包装物的材质、型式、强度以及包装方法应当符合水路运输危险化学品包装规范的要求。国务院交通运输主管部门对单船运输的危险化学品数量有限制性规定的，承运人应当按照规定安排运输数量。

第五十九条　用于危险化学品运输作业的内河码头、泊位应当符合国家有关安全规范，与饮用水取水口保持国家规定的距离。有关管理单位应当制定码头、泊位危险化学品事故应急预案，并为码头、泊位配备充足、有效的应急救援器材和设备。

用于危险化学品运输作业的内河码头、泊位，经交通运输主管部门按照国家有关规定验收合格后方可投入使用。

第六十条　船舶载运危险化学品进出内河港口，应当将危险化学品的名称、危险特性、包装以及进出港时间等事项，事先报告海事管理机构。海事管理机构接到报告后，应当在国务院交通运输主管部门规定的时间内作出是否同意的决定，通知报告人，同时通报港口行政管理部门。定船舶、定航线、定货种的船舶可以定期报告。

在内河港口内进行危险化学品的装卸、过驳作业，应当将危险化学品的名称、危险特性、包装和作业的时间、地点等事项报告港口行政管理部门。港口行政管理部门接到报告后，应当在国务院交通运输主管部门规定的时间内作出是否同意的决定，通知报告人，同时通报海事管理机构。

载运危险化学品的船舶在内河航行，通过过船建筑物的，应当提前向交通运输主管部门申报，并接受交通运输主管部门的管理。

第六十一条　载运危险化学品的船舶在内河航行、装卸或者停泊，应当悬挂专用的警示标志，按照规定显示专用信号。

载运危险化学品的船舶在内河航行，按照国务院交通运输主管部门的规定需要引航的，应当申请引航。

第六十二条 载运危险化学品的船舶在内河航行，应当遵守法律、行政法规和国家其他有关饮用水水源保护的规定。内河航道发展规划应当与依法经批准的饮用水水源保护区划定方案相协调。

第六十三条 托运危险化学品的，托运人应当向承运人说明所托运的危险化学品的种类、数量、危险特性以及发生危险情况的应急处置措施，并按照国家有关规定对所托运的危险化学品妥善包装，在外包装上设置相应的标志。

运输危险化学品需要添加抑制剂或者稳定剂的，托运人应当添加，并将有关情况告知承运人。

第六十四条 托运人不得在托运的普通货物中夹带危险化学品，不得将危险化学品匿报或者谎报为普通货物托运。

任何单位和个人不得交寄危险化学品或者在邮件、快件内夹带危险化学品，不得将危险化学品匿报或者谎报为普通物品交寄。邮政企业、快递企业不得收寄危险化学品。

对涉嫌违反本条第一款、第二款规定的，交通运输主管部门、邮政管理部门可以依法开拆查验。

第六十五条 通过铁路、航空运输危险化学品的安全管理，依照有关铁路、航空运输的法律、行政法规、规章的规定执行。

第六章 危险化学品登记与事故应急救援

第六十六条 国家实行危险化学品登记制度，为危险化学品安全管理以及危险化学品事故预防和应急救援提供技术、信息支持。

第六十七条 危险化学品生产企业、进口企业，应当向国务院安全生产监督管理部门负责危险化学品登记的机构（以下简称危险化学品登记机构）办理危险化学品登记。

危险化学品登记包括下列内容：

（一）分类和标签信息；

（二）物理、化学性质；

（三）主要用途；

（四）危险特性；

（五）储存、使用、运输的安全要求；

（六）出现危险情况的应急处置措施。

对同一企业生产、进口的同一品种的危险化学品，不进行重复登记。危险化学品生产企业、进口企业发现其生产、进口的危险化学品有新的危险特性的，应当及时向危险化学品登记机构办理登记内容变更手续。

危险化学品登记的具体办法由国务院安全生产监督管理部门制定。

第六十八条　危险化学品登记机构应当定期向工业和信息化、环境保护、公安、卫生、交通运输、铁路、质量监督检验检疫等部门提供危险化学品登记的有关信息和资料。

第六十九条　县级以上地方人民政府安全生产监督管理部门应当会同工业和信息化、环境保护、公安、卫生、交通运输、铁路、质量监督检验检疫等部门，根据本地区实际情况，制定危险化学品事故应急预案，报本级人民政府批准。

第七十条　危险化学品单位应当制定本单位危险化学品事故应急预案，配备应急救援人员和必要的应急救援器材、设备，并定期组织应急救援演练。

危险化学品单位应当将其危险化学品事故应急预案报所在地设区的市级人民政府安全生产监督管理部门备案。

第七十一条 发生危险化学品事故，事故单位主要负责人应当立即按照本单位危险化学品应急预案组织救援，并向当地安全生产监督管理部门和环境保护、公安、卫生主管部门报告；道路运输、水路运输过程中发生危险化学品事故的，驾驶人员、船员或者押运人员还应当向事故发生地交通运输主管部门报告。

第七十二条 发生危险化学品事故，有关地方人民政府应当立即组织安全生产监督管理、环境保护、公安、卫生、交通运输等有关部门，按照本地区危险化学品事故应急预案组织实施救援，不得拖延、推诿。

有关地方人民政府及其有关部门应当按照下列规定，采取必要的应急处置措施，减少事故损失，防止事故蔓延、扩大：

（一）立即组织营救和救治受害人员，疏散、撤离或者采取其他措施保护危害区域内的其他人员；

（二）迅速控制危害源，测定危险化学品的性质、事故的危害区域及危害程度；

（三）针对事故对人体、动植物、土壤、水源、大气造成的现实危害和可能产生的危害，迅速采取封闭、隔离、洗消等措施；

（四）对危险化学品事故造成的环境污染和生态破坏状况进行监测、评估，并采取相应的环境污染治理和生态修复措施。

第七十三条 有关危险化学品单位应当为危险化学品事故应急救援提供技术指导和必要的协助。

第七十四条 危险化学品事故造成环境污染的，由设区的市级以上人民政府环境保护主管部门统一发布有关信息。

第七章　法律责任

第七十五条　生产、经营、使用国家禁止生产、经营、使用的危险化学品的，由安全生产监督管理部门责令停止生产、经营、使用活动，处 20 万元以上 50 万元以下的罚款，有违法所得的，没收违法所得；构成犯罪的，依法追究刑事责任。

有前款规定行为的，安全生产监督管理部门还应当责令其对所生产、经营、使用的危险化学品进行无害化处理。

违反国家关于危险化学品使用的限制性规定使用危险化学品的，依照本条第一款的规定处理。

第七十六条　未经安全条件审查，新建、改建、扩建生产、储存危险化学品的建设项目的，由安全生产监督管理部门责令停止建设，限期改正；逾期不改正的，处 50 万元以上 100 万元以下的罚款；构成犯罪的，依法追究刑事责任。

未经安全条件审查，新建、改建、扩建储存、装卸危险化学品的港口建设项目的，由港口行政管理部门依照前款规定予以处罚。

第七十七条　未依法取得危险化学品安全生产许可证从事危险化学品生产，或者未依法取得工业产品生产许可证从事危险化学品及其包装物、容器生产的，分别依照《安全生产许可证条例》《中华人民共和国工业产品生产许可证管理条例》的规定处罚。

违反本条例规定，化工企业未取得危险化学品安全使用许可证，使用危险化学品从事生产的，由安全生产监督管理部门责令限期改正，处 10 万元以上 20 万元以下的罚款；逾期不改正的，责令停产整顿。

违反本条例规定，未取得危险化学品经营许可证从事危险化学品经营的，由安全生产监督管理部门责令停止经营活动，没收违法经营的危险化学品以及违法所得，并处 10 万元以上 20 万元以下的罚款；构成犯罪的，依法追究刑事责任。

第七十八条 有下列情形之一的，由安全生产监督管理部门责令改正，可以处 5 万元以下的罚款；拒不改正的，处 5 万元以上 10 万元以下的罚款；情节严重的，责令停产停业整顿：

（一）生产、储存危险化学品的单位未对其铺设的危险化学品管道设置明显的标志，或者未对危险化学品管道定期检查、检测的；

（二）进行可能危及危险化学品管道安全的施工作业，施工单位未按照规定书面通知管道所属单位，或者未与管道所属单位共同制定应急预案、采取相应的安全防护措施，或者管道所属单位未指派专门人员到现场进行管道安全保护指导的；

（三）危险化学品生产企业未提供化学品安全技术说明书，或者未在包装（包括外包装件）上粘贴、拴挂化学品安全标签的；

（四）危险化学品生产企业提供的化学品安全技术说明书与其生产的危险化学品不相符，或者在包装（包括外包装件）粘贴、拴挂的化学品安全标签与包装内危险化学品不相符，或者化学品安全技术说明书、化学品安全标签所载明的内容不符合国家标准要求的；

（五）危险化学品生产企业发现其生产的危险化学品有新的危险特性不立即公告，或者不及时修订其化学品安全技术说明书和化学品安全标签的；

（六）危险化学品经营企业经营没有化学品安全技术说明书和化学品安全标签的危险化学品的；

（七）危险化学品包装物、容器的材质以及包装的型式、规格、方法和单件质量（重量）与所包装的危险化学品的性质和用途不相适应的；

（八）生产、储存危险化学品的单位未在作业场所和安全设施、设备上设置明显的安全警示标志，或者未在作业场所设置通信、报警装置的；

（九）危险化学品专用仓库未设专人负责管理，或者对储存的剧毒化学品以及储存数量构成重大危险源的其他危险化学品未实行双人收发、双人保管制度的；

（十）储存危险化学品的单位未建立危险化学品出入库核查、登记制度的；

（十一）危险化学品专用仓库未设置明显标志的；

（十二）危险化学品生产企业、进口企业不办理危险化学品登记，或者发现其生产、进口的危险化学品有新的危险特性不办理危险化学品登记内容变更手续的。

从事危险化学品仓储经营的港口经营人有前款规定情形的，由港口行政管理部门依照前款规定予以处罚。储存剧毒化学品、易制爆危险化学品的专用仓库未按照国家有关规定设置相应的技术防范设施的，由公安机关依照前款规定予以处罚。

生产、储存剧毒化学品、易制爆危险化学品的单位未设置治安保卫机构、配备专职治安保卫人员的，依照《企业事业单位内部治安保卫条例》的规定处罚。

第七十九条　危险化学品包装物、容器生产企业销售未经检验或者经检验不合格的危险化学品包装物、容器的，由质量监督检验检疫部门责令改正，处 10 万元以上 20 万元以下的罚款，有违法所得的，没收违法所得；拒不改正的，责令停产停业整顿；构成犯罪的，依法追究刑事责任。

将未经检验合格的运输危险化学品的船舶及其配载的容器投入

使用的，由海事管理机构依照前款规定予以处罚。

第八十条　生产、储存、使用危险化学品的单位有下列情形之一的，由安全生产监督管理部门责令改正，处5万元以上10万元以下的罚款；拒不改正的，责令停产停业整顿直至由原发证机关吊销其相关许可证件，并由工商行政管理部门责令其办理经营范围变更登记或者吊销其营业执照；有关责任人员构成犯罪的，依法追究刑事责任：

（一）对重复使用的危险化学品包装物、容器，在重复使用前不进行检查的；

（二）未根据其生产、储存的危险化学品的种类和危险特性，在作业场所设置相关安全设施、设备，或者未按照国家标准、行业标准或者国家有关规定对安全设施、设备进行经常性维护、保养的；

（三）未依照本条例规定对其安全生产条件定期进行安全评价的；

（四）未将危险化学品储存在专用仓库内，或者未将剧毒化学品以及储存数量构成重大危险源的其他危险化学品在专用仓库内单独存放的；

（五）危险化学品的储存方式、方法或者储存数量不符合国家标准或者国家有关规定的；

（六）危险化学品专用仓库不符合国家标准、行业标准的要求的；

（七）未对危险化学品专用仓库的安全设施、设备定期进行检测、检验的。

从事危险化学品仓储经营的港口经营人有前款规定情形的，由港口行政管理部门依照前款规定予以处罚。

第八十一条　有下列情形之一的，由公安机关责令改正，可以处1万元以下的罚款；拒不改正的，处1万元以上5万元以下的罚款：

（一）生产、储存、使用剧毒化学品、易制爆危险化学品的单位不如实记录生产、储存、使用的剧毒化学品、易制爆危险化学品的数量、流向的；

（二）生产、储存、使用剧毒化学品、易制爆危险化学品的单位发现剧毒化学品、易制爆危险化学品丢失或者被盗，不立即向公安机关报告的；

（三）储存剧毒化学品的单位未将剧毒化学品的储存数量、储存地点以及管理人员的情况报所在地县级人民政府公安机关备案的；

（四）危险化学品生产企业、经营企业不如实记录剧毒化学品、易制爆危险化学品购买单位的名称、地址、经办人的姓名、身份证号码以及所购买的剧毒化学品、易制爆危险化学品的品种、数量、用途，或者保存销售记录和相关材料的时间少于 1 年的；

（五）剧毒化学品、易制爆危险化学品的销售企业、购买单位未在规定的时限内将所销售、购买的剧毒化学品、易制爆危险化学品的品种、数量以及流向信息报所在地县级人民政府公安机关备案的；

（六）使用剧毒化学品、易制爆危险化学品的单位依照本条例规定转让其购买的剧毒化学品、易制爆危险化学品，未将有关情况向所在地县级人民政府公安机关报告的。

生产、储存危险化学品的企业或者使用危险化学品从事生产的企业未按照本条例规定将安全评价报告以及整改方案的落实情况报安全生产监督管理部门或者港口行政管理部门备案，或者储存危险化学品的单位未将其剧毒化学品以及储存数量构成重大危险源的其他危险化学品的储存数量、储存地点以及管理人员的情况报安全生产监督管理部门或者港口行政管理部门备案的，分别由安全生产监督管理部门或者港口行政管理部门依照前款规定予以处罚。

生产实施重点环境管理的危险化学品的企业或者使用实施重点环境管理的危险化学品从事生产的企业未按照规定将相关信息向环境保护主管部门报告的，由环境保护主管部门依照本条第一款的规定予以处罚。

第八十二条 生产、储存、使用危险化学品的单位转产、停产、停业或者解散，未采取有效措施及时、妥善处置其危险化学品生产装置、储存设施以及库存的危险化学品，或者丢弃危险化学品的，由安全生产监督管理部门责令改正，处 5 万元以上 10 万元以下的罚款；构成犯罪的，依法追究刑事责任。

生产、储存、使用危险化学品的单位转产、停产、停业或者解散，未依照本条例规定将其危险化学品生产装置、储存设施以及库存危险化学品的处置方案报有关部门备案的，分别由有关部门责令改正，可以处 1 万元以下的罚款；拒不改正的，处 1 万元以上 5 万元以下的罚款。

第八十三条 危险化学品经营企业向未经许可违法从事危险化学品生产、经营活动的企业采购危险化学品的，由工商行政管理部门责令改正，处 10 万元以上 20 万元以下的罚款；拒不改正的，责令停业整顿直至由原发证机关吊销其危险化学品经营许可证，并由工商行政管理部门责令其办理经营范围变更登记或者吊销其营业执照。

第八十四条 危险化学品生产企业、经营企业有下列情形之一的，由安全生产监督管理部门责令改正，没收违法所得，并处 10 万元以上 20 万元以下的罚款；拒不改正的，责令停产停业整顿直至吊销其危险化学品安全生产许可证、危险化学品经营许可证，并由工商行政管理部门责令其办理经营范围变更登记或者吊销其营业执照：

（一）向不具有本条例第三十八条第一款、第二款规定的相关许可证件或者证明文件的单位销售剧毒化学品、易制爆危险化学品的；

（二）不按照剧毒化学品购买许可证载明的品种、数量销售剧毒化学品的；

（三）向个人销售剧毒化学品（属于剧毒化学品的农药除外）、易制爆危险化学品的。

不具有本条例第三十八条第一款、第二款规定的相关许可证件或者证明文件的单位购买剧毒化学品、易制爆危险化学品，或者个人购买剧毒化学品（属于剧毒化学品的农药除外）、易制爆危险化学品的，由公安机关没收所购买的剧毒化学品、易制爆危险化学品，可以并处 5000 元以下的罚款。

使用剧毒化学品、易制爆危险化学品的单位出借或者向不具有本条例第三十八条第一款、第二款规定的相关许可证件的单位转让其购买的剧毒化学品、易制爆危险化学品，或者向个人转让其购买的剧毒化学品（属于剧毒化学品的农药除外）、易制爆危险化学品的，由公安机关责令改正，处 10 万元以上 20 万元以下的罚款；拒不改正的，责令停产停业整顿。

第八十五条　未依法取得危险货物道路运输许可、危险货物水路运输许可，从事危险化学品道路运输、水路运输的，分别依照有关道路运输、水路运输的法律、行政法规的规定处罚。

第八十六条　有下列情形之一的，由交通运输主管部门责令改正，处 5 万元以上 10 万元以下的罚款；拒不改正的，责令停产停业整顿；构成犯罪的，依法追究刑事责任：

（一）危险化学品道路运输企业、水路运输企业的驾驶人员、船员、装卸管理人员、押运人员、申报人员、集装箱装箱现场检查员未取得从业资格上岗作业的；

（二）运输危险化学品，未根据危险化学品的危险特性采取相应的安全防护措施，或者未配备必要的防护用品和应急救援器材的；

（三）使用未依法取得危险货物适装证书的船舶，通过内河运输危险化学品的；

（四）通过内河运输危险化学品的承运人违反国务院交通运输主管部门对单船运输的危险化学品数量的限制性规定运输危险化学品的；

（五）用于危险化学品运输作业的内河码头、泊位不符合国家有关安全规范，或者未与饮用水取水口保持国家规定的安全距离，或者未经交通运输主管部门验收合格投入使用的；

（六）托运人不向承运人说明所托运的危险化学品的种类、数量、危险特性以及发生危险情况的应急处置措施，或者未按照国家有关规定对所托运的危险化学品妥善包装并在外包装上设置相应标志的；

（七）运输危险化学品需要添加抑制剂或者稳定剂，托运人未添加或者未将有关情况告知承运人的。

第八十七条 有下列情形之一的，由交通运输主管部门责令改正，处 10 万元以上 20 万元以下的罚款，有违法所得的，没收违法所得；拒不改正的，责令停产停业整顿；构成犯罪的，依法追究刑事责任：

（一）委托未依法取得危险货物道路运输许可、危险货物水路运输许可的企业承运危险化学品的；

（二）通过内河封闭水域运输剧毒化学品以及国家规定禁止通过内河运输的其他危险化学品的；

（三）通过内河运输国家规定禁止通过内河运输的剧毒化学品以

及其他危险化学品的；

（四）在托运的普通货物中夹带危险化学品，或者将危险化学品谎报或者匿报为普通货物托运的。

在邮件、快件内夹带危险化学品，或者将危险化学品谎报为普通物品交寄的，依法给予治安管理处罚；构成犯罪的，依法追究刑事责任。

邮政企业、快递企业收寄危险化学品的，依照《中华人民共和国邮政法》的规定处罚。

第八十八条 有下列情形之一的，由公安机关责令改正，处 5 万元以上 10 万元以下的罚款；构成违反治安管理行为的，依法给予治安管理处罚；构成犯罪的，依法追究刑事责任：

（一）超过运输车辆的核定载质量装载危险化学品的；

（二）使用安全技术条件不符合国家标准要求的车辆运输危险化学品的；

（三）运输危险化学品的车辆未经公安机关批准进入危险化学品运输车辆限制通行的区域的；

（四）未取得剧毒化学品道路运输通行证，通过道路运输剧毒化学品的。

第八十九条 有下列情形之一的，由公安机关责令改正，处 1 万元以上 5 万元以下的罚款；构成违反治安管理行为的，依法给予治安管理处罚：

（一）危险化学品运输车辆未悬挂或者喷涂警示标志，或者悬挂或者喷涂的警示标志不符合国家标准要求的；

（二）通过道路运输危险化学品，不配备押运人员的；

（三）运输剧毒化学品或者易制爆危险化学品途中需要较长时间

停车，驾驶人员、押运人员不向当地公安机关报告的；

（四）剧毒化学品、易制爆危险化学品在道路运输途中丢失、被盗、被抢或者发生流散、泄露等情况，驾驶人员、押运人员不采取必要的警示措施和安全措施，或者不向当地公安机关报告的。

第九十条　对发生交通事故负有全部责任或者主要责任的危险化学品道路运输企业，由公安机关责令消除安全隐患，未消除安全隐患的危险化学品运输车辆，禁止上道路行驶。

第九十一条　有下列情形之一的，由交通运输主管部门责令改正，可以处 1 万元以下的罚款；拒不改正的，处 1 万元以上 5 万元以下的罚款：

（一）危险化学品道路运输企业、水路运输企业未配备专职安全管理人员的；

（二）用于危险化学品运输作业的内河码头、泊位的管理单位未制定码头、泊位危险化学品事故应急救援预案，或者未为码头、泊位配备充足、有效的应急救援器材和设备的。

第九十二条　有下列情形之一的，依照《中华人民共和国内河交通安全管理条例》的规定处罚：

（一）通过内河运输危险化学品的水路运输企业未制定运输船舶危险化学品事故应急救援预案，或者未为运输船舶配备充足、有效的应急救援器材和设备的；

（二）通过内河运输危险化学品的船舶的所有人或者经营人未取得船舶污染损害责任保险证书或者财务担保证明的；

（三）船舶载运危险化学品进出内河港口，未将有关事项事先报告海事管理机构并经其同意的；

（四）载运危险化学品的船舶在内河航行、装卸或者停泊，未悬挂专用的警示标志，或者未按照规定显示专用信号，或者未按照规定申请引航的。

未向港口行政管理部门报告并经其同意，在港口内进行危险化学品的装卸、过驳作业的，依照《中华人民共和国港口法》的规定处罚。

第九十三条 伪造、变造或者出租、出借、转让危险化学品安全生产许可证、工业产品生产许可证，或者使用伪造、变造的危险化学品安全生产许可证、工业产品生产许可证的，分别依照《安全生产许可证条例》《中华人民共和国工业产品生产许可证管理条例》的规定处罚。

伪造、变造或者出租、出借、转让本条例规定的其他许可证，或者使用伪造、变造的本条例规定的其他许可证的，分别由相关许可证的颁发管理机关处 10 万元以上 20 万元以下的罚款，有违法所得的，没收违法所得；构成违反治安管理行为的，依法给予治安管理处罚；构成犯罪的，依法追究刑事责任。

第九十四条 危险化学品单位发生危险化学品事故，其主要负责人不立即组织救援或者不立即向有关部门报告的，依照《生产安全事故报告和调查处理条例》的规定处罚。

危险化学品单位发生危险化学品事故，造成他人人身伤害或者财产损失的，依法承担赔偿责任。

第九十五条 发生危险化学品事故，有关地方人民政府及其有关部门不立即组织实施救援，或者不采取必要的应急处置措施减少事故损失，防止事故蔓延、扩大的，对直接负责的主管人员和其他直接责任人员依法给予处分；构成犯罪的，依法追究刑事责任。

第九十六条 负有危险化学品安全监督管理职责的部门的工作

人员，在危险化学品安全监督管理工作中滥用职权、玩忽职守、徇私舞弊，构成犯罪的，依法追究刑事责任；尚不构成犯罪的，依法给予处分。

<h3 style="text-align:center">第八章　附则</h3>

第九十七条　监控化学品、属于危险化学品的药品和农药的安全管理，依照本条例的规定执行；法律、行政法规另有规定的，依照其规定。

民用爆炸物品、烟花爆竹、放射性物品、核能物质以及用于国防科研生产的危险化学品的安全管理，不适用本条例。

法律、行政法规对燃气的安全管理另有规定的，依照其规定。

危险化学品容器属于特种设备的，其安全管理依照有关特种设备安全的法律、行政法规的规定执行。

第九十八条　危险化学品的进出口管理，依照有关对外贸易的法律、行政法规、规章的规定执行；进口的危险化学品的储存、使用、经营、运输的安全管理，依照本条例的规定执行。

危险化学品环境管理登记和新化学物质环境管理登记，依照有关环境保护的法律、行政法规、规章的规定执行。危险化学品环境管理登记，按照国家有关规定收取费用。

第九十九条　公众发现、捡拾的无主危险化学品，由公安机关接收。公安机关接收或者有关部门依法没收的危险化学品，需要进行无害化处理的，交由环境保护主管部门组织其认定的专业单位进行处理，或者交由有关危险化学品生产企业进行处理。处理所需费用由国家财政负担。

第一百条　化学品的危险特性尚未确定的，由国务院安全生产监督管理部门、国务院环境保护主管部门、国务院卫生主管部门分别负责组织对该化学品的物理危险性、环境危害性、毒理特性进行鉴定。根据鉴定结果，需要调整危险化学品目录的，依照本条例第三条第二款的规定办理。

第一百零一条　本条例施行前已经使用危险化学品从事生产的化工企业，依照本条例规定需要取得危险化学品安全使用许可证的，应当在国务院安全生产监督管理部门规定的期限内，申请取得危险化学品安全使用许可证。

第一百零二条　本条例自 2011 年 12 月 1 日起施行。

十八、《烟花爆竹安全管理条例》
第一章　总则

第一条　为了加强烟花爆竹安全管理，预防爆炸事故发生，保障公共安全和人身、财产的安全，制定本条例。

第二条　烟花爆竹的生产、经营、运输和燃放，适用本条例。

本条例所称烟花爆竹，是指烟花爆竹制品和用于生产烟花爆竹的民用黑火药、烟火药、引火线等物品。

第三条　国家对烟花爆竹的生产、经营、运输和举办焰火晚会以及其他大型焰火燃放活动，实行许可证制度。

未经许可，任何单位或者个人不得生产、经营、运输烟花爆竹，不得举办焰火晚会以及其他大型焰火燃放活动。

第四条　安全生产监督管理部门负责烟花爆竹的安全生产监督管理；公安部门负责烟花爆竹的公共安全管理；质量监督检验部门负责烟花爆竹的质量监督和进出口检验。

第五条　公安部门、安全生产监督管理部门、质量监督检验部门、工商行政管理部门应当按照职责分工，组织查处非法生产、经营、储存、运输、邮寄烟花爆竹以及非法燃放烟花爆竹的行为。

第六条 烟花爆竹生产、经营、运输企业和焰火晚会以及其他大型焰火燃放活动主办单位的主要负责人，对本单位的烟花爆竹安全工作负责。

烟花爆竹生产、经营、运输企业和焰火晚会以及其他大型焰火燃放活动主办单位应当建立健全安全责任制，制定各项安全管理制度和操作规程，并对从业人员定期进行安全教育、法制教育和岗位技术培训。

中华全国供销合作总社应当加强对本系统企业烟花爆竹经营活动的管理。

第七条 国家鼓励烟花爆竹生产企业采用提高安全程度和提升行业整体水平的新工艺、新配方和新技术。

第二章 生产安全

第八条 生产烟花爆竹的企业，应当具备下列条件：

（一）符合当地产业结构规划；

（二）基本建设项目经过批准；

（三）选址符合城乡规划，并与周边建筑、设施保持必要的安全距离；

（四）厂房和仓库的设计、结构和材料以及防火、防爆、防雷、防静电等安全设备、设施符合国家有关标准和规范；

（五）生产设备、工艺符合安全标准；

（六）产品品种、规格、质量符合国家标准；

（七）有健全的安全生产责任制；

（八）有安全生产管理机构和专职安全生产管理人员；

（九）依法进行了安全评价；

（十）有事故应急救援预案、应急救援组织和人员，并配备必要的应急救援器材、设备；

（十一）法律、法规规定的其他条件。

第九条 生产烟花爆竹的企业，应当在投入生产前向所在地设区的市人民政府安全生产监督管理部门提出安全审查申请，并提交能够证明符合本条例第八条规定条件的有关材料。设区的市人民政府安全生产监督管理部门应当自收到材料之日起20日内提出安全审查初步意见，报省、自治区、直辖市人民政府安全生产监督管理部门审查。省、自治区、直辖市人民政府安全生产监督管理部门应当自受理申请之日起45日内进行安全审查，对符合条件的，核发《烟花爆竹安全生产许可证》；对不符合条件的，应当说明理由。

第十条 生产烟花爆竹的企业为扩大生产能力进行基本建设或者技术改造的，应当依照本条例的规定申请办理安全生产许可证。

生产烟花爆竹的企业，持《烟花爆竹安全生产许可证》到工商行政管理部门办理登记手续后，方可从事烟花爆竹生产活动。

第十一条 生产烟花爆竹的企业，应当按照安全生产许可证核定的产品种类进行生产，生产工序和生产作业应当执行有关国家标准和行业标准。

第十二条 生产烟花爆竹的企业，应当对生产作业人员进行安全生产知识教育，对从事药物混合、造粒、筛选、装药、筑药、压药、切引、搬运等危险工序的作业人员进行专业技术培训。从事危险工序的作业人员经设区的市人民政府安全生产监督管理部门考核合格，方可上岗作业。

第十三条 生产烟花爆竹使用的原料，应当符合国家标准的规定。生产烟花爆竹使用的原料，国家标准有用量限制的，不得超过规定的用量。不得使用国家标准规定禁止使用或者禁忌配伍的物质生产烟花爆竹。

第十四条 生产烟花爆竹的企业，应当按照国家标准的规定，在烟花爆竹产品上标注燃放说明，并在烟花爆竹包装物上印制易燃易爆危险物品警示标志。

第十五条 生产烟花爆竹的企业，应当对黑火药、烟火药、引火线的保管采取必要的安全技术措施，建立购买、领用、销售登记制度，防止黑火药、烟火药、引火线丢失。黑火药、烟火药、引火线丢失的，企业应当立即向当地安全生产监督管理部门和公安部门报告。

第三章 经营安全

第十六条 烟花爆竹的经营分为批发和零售。

从事烟花爆竹批发的企业和零售经营者的经营布点，应当经安全生产监督管理部门审批。

禁止在城市市区布设烟花爆竹批发场所；城市市区的烟花爆竹零售网点，应当按照严格控制的原则合理布设。

第十七条 从事烟花爆竹批发的企业，应当具备下列条件：

（一）具有企业法人条件；

（二）经营场所与周边建筑、设施保持必要的安全距离；

（三）有符合国家标准的经营场所和储存仓库；

（四）有保管员、仓库守护员；

（五）依法进行了安全评价；

（六）有事故应急救援预案、应急救援组织和人员，并配备必要的应急救援器材、设备；

（七）法律、法规规定的其他条件。

第十八条 烟花爆竹零售经营者，应当具备下列条件：

（一）主要负责人经过安全知识教育；

（二）实行专店或者专柜销售，设专人负责安全管理；

（三）经营场所配备必要的消防器材，张贴明显的安全警示标志；

（四）法律、法规规定的其他条件。

第十九条 申请从事烟花爆竹批发的企业，应当向所在地省、自治区、直辖市人民政府安全生产监督管理部门或者其委托的设区的市人民政府安全生产监督管理部门提出申请，并提供能够证明符合本条例第十七条规定条件的有关材料。受理申请的安全生产监督管理部门应当自受理申请之日起30日内对提交的有关材料和经营场所进行审查，对符合条件的，核发《烟花爆竹经营（批发）许可证》；对不符合条件的，应当说明理由。

申请从事烟花爆竹零售的经营者，应当向所在地县级人民政府安全生产监督管理部门提出申请，并提供能够证明符合本条例第十八条规定条件的有关材料。受理申请的安全生产监督管理部门应当自受理申请之日起20日内对提交的有关材料和经营场所进行审查，对符合条件的，核发《烟花爆竹经营（零售）许可证》；对不符合条件的，应当说明理由。

《烟花爆竹经营（零售）许可证》，应当载明经营负责人、经营场所地址、经营期限、烟花爆竹种类和限制存放量。

烟花爆竹的批发企业、零售经营者，持烟花爆竹经营许可证到工商行政管理部门办理登记手续后，方可从事烟花爆竹经营活动。

第二十条 从事烟花爆竹批发的企业，应当向生产烟花爆竹的企业采购烟花爆竹，向从事烟花爆竹零售的经营者供应烟花爆竹。从事烟花爆竹零售的经营者，应当向从事烟花爆竹批发的企业采购烟花爆竹。

从事烟花爆竹批发的企业、零售经营者不得采购和销售非法生产、经营的烟花爆竹。

从事烟花爆竹批发的企业，不得向从事烟花爆竹零售的经营者供应按照国家标准规定应由专业燃放人员燃放的烟花爆竹。从事烟花爆竹零售的经营者，不得销售按照国家标准规定应由专业燃放人员燃放的烟花爆竹。

第二十一条 生产、经营黑火药、烟火药、引火线的企业，不得向未取得烟花爆竹安全生产许可的任何单位或者个人销售黑火药、烟火药和引火线。

第四章 运输安全

第二十二条 经由道路运输烟花爆竹的，应当经公安部门许可。

经由铁路、水路、航空运输烟花爆竹的，依照铁路、水路、航空运输安全管理的有关法律、法规、规章的规定执行。

第二十三条 经由道路运输烟花爆竹的，托运人应当向运达地县级人民政府公安部门提出申请，并提交下列有关材料：

（一）承运人从事危险货物运输的资质证明；

（二）驾驶员、押运员从事危险货物运输的资格证明；

（三）危险货物运输车辆的道路运输证明；

（四）托运人从事烟花爆竹生产、经营的资质证明；

（五）烟花爆竹的购销合同及运输烟花爆竹的种类、规格、数量；

（六）烟花爆竹的产品质量和包装合格证明；

（七）运输车辆牌号、运输时间、起始地点、行驶路线、经停地点。

第二十四条 受理申请的公安部门应当自受理申请之日起 3 日内

对提交的有关材料进行审查，对符合条件的，核发《烟花爆竹道路运输许可证》；对不符合条件的，应当说明理由。

《烟花爆竹道路运输许可证》应当载明托运人、承运人、一次性运输有效期限、起始地点、行驶路线、经停地点、烟花爆竹的种类、规格和数量。

第二十五条　经由道路运输烟花爆竹的，除应当遵守《中华人民共和国道路交通安全法》外，还应当遵守下列规定：

（一）随车携带《烟花爆竹道路运输许可证》；

（二）不得违反运输许可事项；

（三）运输车辆悬挂或者安装符合国家标准的易燃易爆危险物品警示标志；

（四）烟花爆竹的装载符合国家有关标准和规范；

（五）装载烟花爆竹的车厢不得载人；

（六）运输车辆限速行驶，途中经停必须有专人看守；

（七）出现危险情况立即采取必要的措施，并报告当地公安部门。

第二十六条　烟花爆竹运达目的地后，收货人应当在 3 日内将《烟花爆竹道路运输许可证》交回发证机关核销。

第二十七条　禁止携带烟花爆竹搭乘公共交通工具。

禁止邮寄烟花爆竹，禁止在托运的行李、包裹、邮件中夹带烟花爆竹。

第五章　燃放安全

第二十八条　燃放烟花爆竹，应当遵守有关法律、法规和规章的规定。县级以上地方人民政府可以根据本行政区域的实际情况，确定限制或者禁止燃放烟花爆竹的时间、地点和种类。

第二十九条　各级人民政府和政府有关部门应当开展社会宣传

活动，教育公民遵守有关法律、法规和规章，安全燃放烟花爆竹。

广播、电视、报刊等新闻媒体，应当做好安全燃放烟花爆竹的宣传、教育工作。

未成年人的监护人应当对未成年人进行安全燃放烟花爆竹的教育。

第三十条 禁止在下列地点燃放烟花爆竹：

（一）文物保护单位；

（二）车站、码头、飞机场等交通枢纽以及铁路线路安全保护区内；

（三）易燃易爆物品生产、储存单位；

（四）输变电设施安全保护区内；

（五）医疗机构、幼儿园、中小学校、敬老院；

（六）山林、草原等重点防火区；

（七）县级以上地方人民政府规定的禁止燃放烟花爆竹的其他地点。

第三十一条 燃放烟花爆竹，应当按照燃放说明燃放，不得以危害公共安全和人身、财产安全的方式燃放烟花爆竹。

第三十二条 举办焰火晚会以及其他大型焰火燃放活动，应当按照举办的时间、地点、环境、活动性质、规模以及燃放烟花爆竹的种类、规格和数量，确定危险等级，实行分级管理。分级管理的具体办法，由国务院公安部门规定。

第三十三条 申请举办焰火晚会以及其他大型焰火燃放活动，主办单位应当按照分级管理的规定，向有关人民政府公安部门提出申请，并提交下列有关材料：

（一）举办焰火晚会以及其他大型焰火燃放活动的时间、地点、环境、活动性质、规模；

（二）燃放烟花爆竹的种类、规格、数量；

（三）燃放作业方案；

（四）燃放作业单位、作业人员符合行业标准规定条件的证明。

受理申请的公安部门应当自受理申请之日起 20 日内对提交的有关材料进行审查，对符合条件的，核发《焰火燃放许可证》；对不符合条件的，应当说明理由。

第三十四条　焰火晚会以及其他大型焰火燃放活动燃放作业单位和作业人员，应当按照焰火燃放安全规程和经许可的燃放作业方案进行燃放作业。

第三十五条　公安部门应当加强对危险等级较高的焰火晚会以及其他大型焰火燃放活动的监督检查。

第六章　法律责任

第三十六条　对未经许可生产、经营烟花爆竹制品，或者向未取得烟花爆竹安全生产许可的单位或者个人销售黑火药、烟火药、引火线的，由安全生产监督管理部门责令停止非法生产、经营活动，处 2 万元以上 10 万元以下的罚款，并没收非法生产、经营的物品及违法所得。

对未经许可经由道路运输烟花爆竹的，由公安部门责令停止非法运输活动，处 1 万元以上 5 万元以下的罚款，并没收非法运输的物品及违法所得。

非法生产、经营、运输烟花爆竹，构成违反治安管理行为的，依法给予治安管理处罚；构成犯罪的，依法追究刑事责任。

第三十七条　生产烟花爆竹的企业有下列行为之一的，由安全生产监督管理部门责令限期改正，处 1 万元以上 5 万元以下的罚款；

逾期不改正的，责令停产停业整顿，情节严重的，吊销安全生产许可证：

（一）未按照安全生产许可证核定的产品种类进行生产的；

（二）生产工序或者生产作业不符合有关国家标准、行业标准的；

（三）雇佣未经设区的市人民政府安全生产监督管理部门考核合格的人员从事危险工序作业的；

（四）生产烟花爆竹使用的原料不符合国家标准规定的，或者使用的原料超过国家标准规定的用量限制的；

（五）使用按照国家标准规定禁止使用或者禁忌配伍的物质生产烟花爆竹的；

（六）未按照国家标准的规定在烟花爆竹产品上标注燃放说明，或者未在烟花爆竹的包装物上印制易燃易爆危险物品警示标志的。

第三十八条 从事烟花爆竹批发的企业向从事烟花爆竹零售的经营者供应非法生产、经营的烟花爆竹，或者供应按照国家标准规定应由专业燃放人员燃放的烟花爆竹的，由安全生产监督管理部门责令停止违法行为，处2万元以上10万元以下的罚款，并没收非法经营的物品及违法所得；情节严重的，吊销烟花爆竹经营许可证。

从事烟花爆竹零售的经营者销售非法生产、经营的烟花爆竹，或者销售按照国家标准规定应由专业燃放人员燃放的烟花爆竹的，由安全生产监督管理部门责令停止违法行为，处1000元以上5000元以下的罚款，并没收非法经营的物品及违法所得；情节严重的，吊销烟花爆竹经营许可证。

第三十九条 生产、经营、使用黑火药、烟火药、引火线的企业，丢失黑火药、烟火药、引火线未及时向当地安全生产监督管理部门和公安部门报告的，由公安部门对企业主要负责人处5000元以上

2万元以下的罚款，对丢失的物品予以追缴。

第四十条　经由道路运输烟花爆竹，有下列行为之一的，由公安部门责令改正，处200元以上2000元以下的罚款：

（一）违反运输许可事项的；

（二）未随车携带《烟花爆竹道路运输许可证》的；

（三）运输车辆没有悬挂或者安装符合国家标准的易燃易爆危险物品警示标志的；

（四）烟花爆竹的装载不符合国家有关标准和规范的；

（五）装载烟花爆竹的车厢载人的；

（六）超过危险物品运输车辆规定时速行驶的；

（七）运输车辆途中经停没有专人看守的；

（八）运达目的地后，未按规定时间将《烟花爆竹道路运输许可证》交回发证机关核销的。

第四十一条　对携带烟花爆竹搭乘公共交通工具，或者邮寄烟花爆竹以及在托运的行李、包裹、邮件中夹带烟花爆竹的，由公安部门没收非法携带、邮寄、夹带的烟花爆竹，可以并处200元以上1000元以下的罚款。

第四十二条　对未经许可举办焰火晚会以及其他大型焰火燃放活动，或者焰火晚会以及其他大型焰火燃放活动燃放作业单位和作业人员违反焰火燃放安全规程、燃放作业方案进行燃放作业的，由公安部门责令停止燃放，对责任单位处1万元以上5万元以下的罚款。

在禁止燃放烟花爆竹的时间、地点燃放烟花爆竹，或者以危害公共安全和人身、财产安全的方式燃放烟花爆竹的，由公安部门责令停止燃放，处100元以上500元以下的罚款；构成违反治安管理行为的，依法给予治安管理处罚。

第四十三条 对没收的非法烟花爆竹以及生产、经营企业弃置的废旧烟花爆竹，应当就地封存，并由公安部门组织销毁、处置。

第四十四条 安全生产监督管理部门、公安部门、质量监督检验部门、工商行政管理部门的工作人员，在烟花爆竹安全监管工作中滥用职权、玩忽职守、徇私舞弊，构成犯罪的，依法追究刑事责任；尚不构成犯罪的，依法给予行政处分。

第七章 附则

第四十五条 《烟花爆竹安全生产许可证》《烟花爆竹经营（批发）许可证》、《烟花爆竹经营（零售）许可证》，由国务院安全生产监督管理部门规定式样；《烟花爆竹道路运输许可证》《焰火燃放许可证》，由国务院公安部门规定式样。

第四十六条 本条例自公布之日起施行。

第五部分

其他规范性文件

一、中共中央办公厅、国务院办公厅印发《关于进一步规范刑事诉讼涉案财物处置工作的意见》的通知

中共中央办公厅、国务院办公厅近日印发《关于进一步规范刑事诉讼涉案财物处置工作的意见》（以下简称《意见》），要求坚持公正与效率相统一、改革创新与于法有据相统一、保障当事人合法权益与适应司法办案需要相统一的原则，健全处置涉案财物的程序、制度和机制。

进一步规范查封、扣押、冻结、处理涉案财物司法程序是党的十八届三中全会、四中全会部署的重点任务，也是完善人权司法保障制度的重要举措。虽然我国刑法、刑事诉讼法对涉案财物处置都有规定，也出台了不少司法解释和规范性文件，但目前涉案财物处置工作随意性大，保管不规范、移送不顺畅、信息不透明、处置不及时、救济不到位等问题非常突出，严重损害当事人合法权益，严重影响司法公信力，社会反映强烈。同时，境外追逃追赃工作政治性、政策性、国际性强，要求高、数量大，情况复杂，但由于职能分散，责任不实，导致境外追逃追赃效率低、效果差，不利于依法惩治犯罪，不利于推进反腐败工作。《意见》进一步规范刑事诉讼涉案财物处置工作，对于促进依法惩治犯罪和切实保障人权的协调统一，保障执法办案工作的顺利进行，保证公正司法、提高司法公信力，具有重要意义。

涉案财物处置涉及不同的诉讼领域、不同的执法司法环节，情况较为复杂，政策性、操作性要求都很高。《意见》区分情况，重在明确政策或者政策取向，为中央政法单位和有关部门制定实施办法提供依据。

针对存在的问题，《意见》要求进一步规范涉案财物查封、扣押、冻结程序：严禁在立案之前查封、扣押、冻结财物；不得查封、

扣押、冻结与案件无关的财物；经查明确实与案件无关的，应当在三日内予以解除、退还；查封、扣押、冻结涉案财物，应当为犯罪嫌疑人、被告人及其所扶养的亲属保留必需的生活费用和物品，减少对涉案单位正常办公、生产、经营等活动的影响。

《意见》强调，建立办案部门与保管部门、办案人员与保管人员相互制约制度，规定政法机关指定本机关的一个部门或者专职人员统一保管涉案财物，严禁由办案部门、办案人员自行保管。规范涉案财物保管制度，规定对查封、扣押、冻结的财物，均应当制作详细清单；对扣押款项应当逐案设立明细账，在扣押后立即存入扣押机关唯一合规账户；对赃物特别是贵重物品实行分类保管，做到一案一账、一物一卡、账实相符。

《意见》指出，探索建立跨部门的地方涉案财物集中管理信息平台，规定公安机关、人民检察院和人民法院查封、扣押、冻结、处理涉案财物，应当依照相关规定将财物清单及时录入信息平台，实现信息共享，确保涉案财物管理规范、移送顺畅、处置及时。

《意见》强调，完善涉案财物审前返还程序，规定对权属明确的被害人合法财产，凡返还不损害其他被害人或者利害关系人的利益、不影响诉讼正常进行的，都应当及时返还。

《意见》要求，完善涉案财物先行处置程序，做到公开、公平。对易损毁、灭失、变质等不宜长期保存的物品，易贬值的汽车、船艇等物品，或者市场价格波动大的债券、股票、基金份额等财产，有效期即将届满的汇票、本票、支票等，规定经权利人同意或者申请，经批准后可以依法出售、变现或者先行变卖、拍卖，所得款项统一存入各单位唯一合规账户。

《意见》强调，健全境外追逃追赃工作体制机制，规定公安部确定专门机构统一负责到境外开展追逃追赃工作。完善境外追逃追赃侦查取证工作制度，构建集中统一、分工合作、高效顺畅的境外追逃追赃工作体制机制，形成追逃追赃工作合力。

《意见》要求，政法机关建立有效的权利救济机制，对当事人、利害关系人提出异议、复议、申诉、投诉或者举报的，应当依法及时受理并反馈处理结果。

《意见》规定，人民法院、人民检察院、公安机关、国家安全机关应当对涉案财物处置工作进行相互监督，人民检察院应当加强法律监督，上级政法机关发现下级政法机关涉案财物处置工作确有错误的，应当依照法定程序要求限期纠正。

《意见》还明确要求健全责任追究机制，规定违法违规查封、扣押、冻结和处置涉案财物的，应当依法依纪给予处分；构成犯罪的，应当依法追究刑事责任；导致国家赔偿的，应当依法向有关责任人员追偿。

各省、自治区、直辖市党委和人民政府，中央和国家机关各部委，解放军各总部、各大单位，各人民团体：

《关于进一步规范刑事诉讼涉案财物处置工作的意见》已经中央领导同志同意，现印发给你们，请认真贯彻执行。

中共中央办公厅

国务院办公厅

2015 年 1 月 24 日

关于进一步规范刑事诉讼涉案财物处置工作的意见

为贯彻落实《中共中央关于全面深化改革若干重大问题的决定》有关要求，进一步规范刑事诉讼涉案财物处置工作，根据刑法、刑事诉讼法有关规定，提出如下意见。

一、进一步规范刑事诉讼涉案财物处置工作，应当坚持公正与效率相统一、改革创新与于法有据相统一、保障当事人合法权益与适应司法办案需要相统一的原则，健全处置涉案财物的程序、制度和机制。

二、规范涉案财物查封、扣押、冻结程序。查封、扣押、冻结涉案财物，应当严格依照法定条件和程序进行。严禁在立案之前查封、扣押、冻结财物。不得查封、扣押、冻结与案件无关的财物。凡查封、扣押、冻结的财物，都应当及时进行审查；经查明确实与案件无关的，应当在三日内予以解除、退还，并通知有关当事人。

查封、扣押、冻结涉案财物，应当为犯罪嫌疑人、被告人及其所扶养的亲属保留必需的生活费用和物品，减少对涉案单位正常办公、生产、经营等活动的影响。

公安机关、国家安全机关决定撤销案件或者终止侦查、人民检察院决定撤销案件或者不起诉、人民法院作出无罪判决的，涉案财物除依法另行处理外，应当解除查封、扣押、冻结措施，需要返还当事人的应当及时返还。

在查封、扣押、冻结涉案财物时，应当收集固定依法应当追缴的证据材料并随案移送。

三、建立办案部门与保管部门、办案人员与保管人员相互制约制度。涉案财物应当由公安机关、国家安全机关、人民检察院、人民法院指定本机关的一个部门或者专职人员统一保管，严禁由办案部门、办案人员自行保管。办案部门、保管部门截留、坐支、私分或者擅自处理涉案财物的，对其直接负责的主管人员和其他直接责任人员，按滥用职权等依法依纪追究责任；办案人员、保管人员调换、侵吞、窃取、挪用涉案财物的，按贪污等依法依纪追究责任。

四、规范涉案财物保管制度。对查封、扣押、冻结的财物，均应当制作详细清单。对扣押款项应当逐案设立明细账，在扣押后立即存入扣押机关唯一合规账户。对赃物特别是贵重物品实行分类保管，做到一案一账、一物一卡、账实相符。对作为证据使用的实物一般应当随案移送，如实登记，妥善保管，健全交接手续，防止损毁、丢失等。

五、探索建立跨部门的地方涉案财物集中管理信息平台。公安机关、人民检察院和人民法院查封、扣押、冻结、处理涉案财物，应当依照相关规定将财物清单及时录入信息平台，实现信息共享，确保涉案财物管理规范、移送顺畅、处置及时。

六、完善涉案财物审前返还程序。对权属明确的被害人合法财产，凡返还不损害其他被害人或者利害关系人的利益、不影响诉讼正常进行的，公安机关、国家安全机关、人民检察院、人民法院都应当及时返还。权属有争议的，应当在人民法院判决时一并处理。

七、完善涉案财物先行处置程序。对易损毁、灭失、变质等不宜长期保存的物品，易贬值的汽车、船艇等物品，或者市场价格波动大的债券、股票、基金份额等财产，有效期即将届满的汇票、本票、支票等，经权利人同意或者申请，并经县级以上公安机关、国家安全机关、人民检察院或者人民法院主要负责人批准，可以依法出售、变现或者先行变卖、拍卖。所得款项统一存入各单位唯一合规账户。

涉案财物先行处置应当做到公开、公平。

八、提高查询、冻结、划扣工作效率。办案单位依法需要查询、冻结或者划扣涉案款项的，金融机构等相关单位应当予以协助，并探索建立统一的专门查询机制，建立涉案账户紧急止付制度，完善集中查询、冻结和定期续冻制度。

九、完善违法所得追缴、执行工作机制。对审判时尚未追缴到案或者尚未足额退赔的违法所得，人民法院应当判决继续追缴或者责令退赔，并由人民法院负责执行，人民检察院、公安机关、国家安全机关、司法行政机关等应当予以配合。

十、建立中央政法机关交办案件涉案财物上缴中央国库制度。凡由最高人民检察院、公安部立案或者由其指定地方异地查办的重特大案件，涉案财物应当纳入中央政法机关的涉案财物账户；判决生效后，涉案财物除依法返还被害人外，一律通过中央财政汇缴专户缴入中央国库。

建立中央政法机关交办案件办案经费安排制度。凡中央政法机关指定地方异地查办的重特大案件，办案经费由中央财政保障，必要时提前预拨办案经费。涉案财物上缴中央国库后，由中央政法委员会会同中央政法机关对承办案件单位办案经费提出安排意见，财政部通过转移支付及时核拨地方财政，并由地方财政部门将经费按实际支出拨付承办案件单位。

十一、健全境外追逃追赃工作体制机制。公安部确定专门机构统一负责到境外开展追逃追赃工作。

我国缔结或者参加的国际条约指定履行司法协助职责的最高人民法院、最高人民检察院、公安部、司法部等，应当及时向有关国家（地区）提出司法协助请求，并将有关情况通报公安部专门负责境外追逃追赃的机构。

在案件侦查、审查起诉环节，办案机关应当积极核查境外涉案财物去向；对犯罪嫌疑人、被告人逃匿的，应当继续开展侦查取证工作。需要到境外追逃追赃的，办案机关应当将案件基本情况及调查取证清单，按程序送公安部专门负责境外追逃追赃的机构，并配合公安部专门机构开展境外调查取证工作。

十二、明确利害关系人诉讼权利。善意第三人等案外人与涉案财物处理存在利害关系的，公安机关、国家安全机关、人民检察院应当告知其相关诉讼权利，人民法院应当通知其参加诉讼并听取其意见。被告人、自诉人、附带民事诉讼的原告和被告人对涉案财物处理决定不服的，可以就财物处理部分提出上诉，被害人或者其他利害关系人可以请求人民检察院抗诉。

十三、完善权利救济机制。人民法院、人民检察院、公安机关、国家安全机关应当建立有效的权利救济机制，对当事人、利害关系人提出异议、复议、申诉、投诉或者举报的，应当依法及时受理并反馈处理结果。

十四、进一步加强协调配合。人民法院、人民检察院、公安机关、国家安全机关在办理案件过程中，应当共同研究解决涉案财物处置工作中遇到的突出问题，确保执法司法工作顺利进行，切实保障当事人合法权益。

十五、进一步加强监督制约。人民法院、人民检察院、公安机关、国家安全机关应当对涉案财物处置工作进行相互监督。人民检察院应当加强法律监督。上级政法机关发现下级政法机关涉案财物处置工作确有错误的，应当依照法定程序要求限期纠正。

十六、健全责任追究机制。违法违规查封、扣押、冻结和处置涉案财物的，应当依法依纪给予处分；构成犯罪的，应当依法追究刑事责任；导致国家赔偿的，应当依法向有关责任人员追偿。

十七、最高人民法院、最高人民检察院、公安部、国家安全部、财政部、中国人民银行等应当结合工作实际，制定实施办法，细化政策标准，规范工作流程，明确相关责任，完善协作配合机制，确保有关规定落到实处。

二、关于印发《人民检察院刑事诉讼涉案财物管理规定》的通知

各省、自治区、直辖市人民检察院，军事检察院，新疆生产建设兵团人民检察院：

《人民检察院刑事诉讼涉案财物管理规定》已经 2014 年 11 月 19 日最高人民检察院第十二届检察委员会第二十九次会议通过，现印发你们，请认真贯彻执行。

最高人民检察院

二〇一五年三月六日

人民检察院刑事诉讼涉案财物管理规定
（2014 年 11 月 19 日最高人民检察院第十二届检察委员会第二十九次会议通过）

第一章 总则

第一条 为了贯彻落实中央关于规范刑事诉讼涉案财物处置工作的要求，进一步规范人民检察院刑事诉讼涉案财物管理工作，提高司法水平和办案质量，保护公民、法人和其他组织的合法权益，根据刑法、刑事诉讼法、《人民检察院刑事诉讼规则（试行）》，结合检察工作实际，制定本规定。

第二条 本规定所称人民检察院刑事诉讼涉案财物，是指人民检察院在刑事诉讼过程中查封、扣押、冻结的与案件有关的财物及其孳息以及从其他办案机关接收的财物及其孳息，包括犯罪嫌疑人的违法所得及其孳息、供犯罪所用的财物、非法持有的违禁品以及其他与

案件有关的财物及其孳息。

第三条 违法所得的一切财物，应当予以追缴或者责令退赔。对被害人的合法财产，应当依照有关规定返还。违禁品和供犯罪所用的财物，应当予以查封、扣押、冻结，并依法处理。

第四条 人民检察院查封、扣押、冻结、保管、处理涉案财物，必须严格依照刑事诉讼法、《人民检察院刑事诉讼规则（试行）》以及其他相关规定进行。不得查封、扣押、冻结与案件无关的财物。凡查封、扣押、冻结的财物，都应当及时进行审查；经查明确实与案件无关的，应当在三日内予以解除、退还，并通知有关当事人。

严禁以虚假立案或者其他非法方式采取查封、扣押、冻结措施。对涉案单位违规的账外资金但与案件无关的，不得查封、扣押、冻结，可以通知有关主管机关或者其上级单位处理。

查封、扣押、冻结涉案财物，应当为犯罪嫌疑人、被告人及其所扶养的亲属保留必需的生活费用和物品，减少对涉案单位正常办公、生产、经营等活动的影响。

第五条 严禁在立案之前查封、扣押、冻结财物。立案之前发现涉嫌犯罪的财物，符合立案条件的，应当及时立案，并采取查封、扣押、冻结措施，以保全证据和防止涉案财物转移、损毁。

个人或者单位在立案之前向人民检察院自首时携带涉案财物的，人民检察院可以根据管辖规定先行接收，并向自首人开具接收凭证，根据立案和侦查情况决定是否查封、扣押、冻结。

人民检察院查封、扣押、冻结涉案财物后，应当对案件及时进行侦查，不得在无法定理由情况下撤销案件或者停止对案件的侦查。

第六条 犯罪嫌疑人到案后，其亲友受犯罪嫌疑人委托或者主动代为向检察机关退还或者赔偿涉案财物的，参照《人民检察院刑事诉讼规则（试行）》关于查封、扣押、冻结的相关程序办理。符合相关条件的，人民检察院应当开具查封、扣押、冻结决定书，并由检察人员、代为退还或者赔偿的人员和有关规定要求的其他人员在清单上签名或者盖章。

代为退还或者赔偿的人员应当在清单上注明系受犯罪嫌疑人委托或者主动代为犯罪嫌疑人退还或者赔偿。

第七条 人民检察院实行查封、扣押、冻结、处理涉案财物与保管涉案财物相分离的原则，办案部门与案件管理、计划财务装备等部门分工负责、互相配合、互相制约。侦查监督、公诉、控告检察、刑事申诉检察等部门依照刑事诉讼法和其他相关规定对办案部门查封、扣押、冻结、保管、处理涉案财物等活动进行监督。

办案部门负责对涉案财物依法进行查封、扣押、冻结、处理，并对依照本规定第十条第二款、第十二条不移送案件管理部门或者不存入唯一合规账户的涉案财物进行管理；案件管理部门负责对办案部门和其他办案机关移送的涉案物品进行保管，并依照有关规定对查封、扣押、冻结、处理涉案财物工作进行监督管理；计划财务装备部门负责对存入唯一合规账户的扣押款项进行管理。

人民检察院监察部门依照有关规定对查封、扣押、冻结、保管、处理涉案财物工作进行监督。

第八条 人民检察院查封、扣押、冻结、处理涉案财物，应当使用最高人民检察院统一制定的法律文书，填写必须规范、完整。禁止使用不符合规定的文书查封、扣押、冻结、处理涉案财物。

第九条 查封、扣押、冻结、保管、处理涉及国家秘密、商业秘密、个人隐私的财物，应当严格遵守有关保密规定。

第二章　涉案财物的移送与接收

第十条　人民检察院办案部门查封、扣押、冻结涉案财物及其孳息后，应当及时按照下列情形分别办理，至迟不得超过三日，法律和有关规定另有规定的除外：

（一）将扣押的款项存入唯一合规账户；

（二）将扣押的物品和相关权利证书、支付凭证以及具有一定特征能够证明案情的现金等，送案件管理部门入库保管；

（三）将查封、扣押、冻结涉案财物的清单和扣押款项存入唯一合规账户的存款凭证等，送案件管理部门登记；案件管理部门应当对存款凭证复印保存，并将原件送计划财务装备部门。

扣押的款项或者物品因特殊原因不能按时存入唯一合规账户或者送案件管理部门保管的，经检察长批准，可以由办案部门暂时保管，在原因消除后及时存入或者移交，但应当将扣押清单和相关权利证书、支付凭证等依照本条第一款规定的期限送案件管理部门登记、保管。

第十一条　案件管理部门接收人民检察院办案部门移送的涉案财物或者清单时，应当审查是否符合下列要求：

（一）有立案决定书和相应的查封、扣押、冻结法律文书以及查封、扣押清单，并填写规范、完整，符合相关要求；

（二）移送的财物与清单相符；

（三）移送的扣押物品清单，已经依照《人民检察院刑事诉讼规则（试行）》有关扣押的规定注明扣押财物的主要特征；

（四）移送的外币、金银珠宝、文物、名贵字画以及其他不易辨别真伪的贵重物品，已经依照《人民检察院刑事诉讼规则（试行）》有关扣押的规定予以密封，检察人员、见证人和被扣押物品持有人在密封材料上签名或者盖章，经过鉴定的，附有鉴定意见复印件；

（五）移送的存折、信用卡、有价证券等支付凭证和具有一定特征能够证明案情的现金，已经依照《人民检察院刑事诉讼规则（试行）》有关扣押的规定予以密封，注明特征、编号、种类、面值、张数、金额等，检察人员、见证人和被扣押物品持有人在密封材料上签名或者盖章；

（六）移送的查封清单，已经依照《人民检察院刑事诉讼规则（试行）》有关查封的规定注明相关财物的详细地址和相关特征，检察人员、见证人和持有人签名或者盖章，注明已经拍照或者录像及其权利证书是否已被扣押，注明财物被查封后由办案部门保管或者交持有人或者其近亲属保管，注明查封决定书副本已送达相关的财物登记、管理部门等。

第十二条 人民检察院办案部门查封、扣押的下列涉案财物不移送案件管理部门保管，由办案部门拍照或者录像后妥善管理或者及时按照有关规定处理：

（一）查封的不动产和置于该不动产上不宜移动的设施等财物，以及涉案的车辆、船舶、航空器和大型机械、设备等财物，及时依照《人民检察院刑事诉讼规则（试行）》有关查封、扣押的规定扣押相关权利证书，将查封决定书副本送达有关登记、管理部门，并告知其在查封期间禁止办理抵押、转让、出售等权属关系变更、转移登记手续；

（二）珍贵文物、珍贵动物及其制品、珍稀植物及其制品，按照国家有关规定移送主管机关；

（三）毒品、淫秽物品等违禁品，及时移送有关主管机关，或者根据办案需要严格封存，不得擅自使用或者扩散；

（四）爆炸性、易燃性、放射性、毒害性、腐蚀性等危险品，及时移送有关部门或者根据办案需要委托有关主管机关妥善保管；

（五）易损毁、灭失、变质等不宜长期保存的物品，易贬值的汽车、船艇等物品，经权利人同意或者申请，并经检察长批准，可以及时委托有关部门先行变卖、拍卖，所得款项存入唯一合规账户。先行变卖、拍卖应当做到公开、公平。

人民检察院办案部门依照前款规定不将涉案财物移送案件管理部门保管的，应当将查封、扣押清单以及相关权利证书、支付凭证等依照本规定第十条第一款的规定送案件管理部门登记、保管。

第十三条　人民检察院案件管理部门接收其他办案机关随案移送的涉案财物的，参照本规定第十一条、第十二条的规定进行审查和办理。

对移送的物品、权利证书、支付凭证以及具备一定特征能够证明案情的现金，案件管理部门审查后认为符合要求的，予以接收并入库保管。对移送的涉案款项，由其他办案机关存入检察机关指定的唯一合规账户，案件管理部门对转账凭证进行登记并联系计划财务装备部门进行核对。其他办案机关直接移送现金的，案件管理部门可以告知其存入指定的唯一合规账户，也可以联系计划财务装备部门清点、接收并及时存入唯一合规账户。计划财务装备部门应当在收到款项后三日以内将收款凭证复印件送案件管理部门登记。

对于其他办案机关移送审查起诉时随案移送的有关实物，案件管理部门经商公诉部门后，认为属于不宜移送的，可以依照刑事诉讼法第二百三十四条第一款、第二款的规定，只接收清单、照片或者其他证明文件。必要时，人民检察院案件管理部门可以会同公诉部门与其他办案机关相关部门进行沟通协商，确定不随案移送的实物。

第十四条 案件管理部门应当指定专门人员，负责有关涉案财物的接收、管理和相关信息录入工作。

第十五条 案件管理部门接收密封的涉案财物，一般不进行拆封。移送部门或者案件管理部门认为有必要拆封的，由移送人员和接收人员共同启封、检查、重新密封，并对全过程进行录像。根据《人民检察院刑事诉讼规则（试行）》有关扣押的规定应当予以密封的涉案财物，启封、检查、重新密封时应当依照规定有见证人、持有人或者单位负责人等在场并签名或者盖章。

第十六条 案件管理部门对于接收的涉案财物、清单及其他相关材料，认为符合条件的，应当及时在移送清单上签字并制作入库清单，办理入库手续。认为不符合条件的，应当将原因告知移送单位，由移送单位及时补送相关材料，或者按照有关规定进行补正或者作出合理解释。

第三章　涉案财物的保管

第十七条 人民检察院对于查封、扣押、冻结的涉案财物及其孳息，应当如实登记，妥善保管。

第十八条 人民检察院计划财务装备部门对扣押款项及其孳息应当逐案设立明细账，严格收付手续。

计划财务装备部门应当定期对唯一合规账户的资金情况进行检查，确保账实相符。

第十九条 案件管理部门对收到的物品应当建账设卡，一案一账，一物一卡（码）。对于贵重物品和细小物品，根据物品种类实行分袋、分件、分箱设卡和保管。

案件管理部门应当定期对涉案物品进行检查，确保账实相符。

第二十条 涉案物品专用保管场所应当符合下列防火、防盗、防潮、防尘等要求：

（一）安装防盗门窗、铁柜和报警器、监视器；

（二）配备必要的储物格、箱、袋等设备设施；

（三）配备必要的除湿、调温、密封、防霉变、防腐烂等设备设施；

（四）配备必要的计量、鉴定、辨认等设备设施；

（五）需要存放电子存储介质类物品的，应当配备防磁柜；

（六）其他必要的设备设施。

第二十一条　人民检察院办案部门人员需要查看、临时调用涉案财物的，应当经办案部门负责人批准；需要移送、处理涉案财物的，应当经检察长批准。案件管理部门对于审批手续齐全的，应当办理查看、出库手续并认真登记。

对于密封的涉案财物，在查看、出库、归还时需要拆封的，应当遵守本规定第十五条的要求。

第四章　涉案财物的处理

第二十二条　对于查封、扣押、冻结的涉案财物及其孳息，除按照有关规定返还被害人或者经查明确实与案件无关的以外，不得在诉讼程序终结之前上缴国库或者作其他处理。法律和有关规定另有规定的除外。

在诉讼过程中，对权属明确的被害人合法财产，凡返还不损害其他被害人或者利害关系人的利益、不影响诉讼正常进行的，人民检察院应当依法及时返还。权属有争议的，应当在决定撤销案件、不起诉或者由人民法院判决时一并处理。

在扣押、冻结期间，权利人申请出售被扣押、冻结的债券、股票、基金份额等财产的，以及扣押、冻结的汇票、本票、支票的有效期即将届满的，人民检察院办案部门应当依照《人民检察院刑事诉讼规则（试行）》的有关规定及时办理。

第二十三条 人民检察院作出撤销案件决定、不起诉决定或者收到人民法院作出的生效判决、裁定后，应当在三十日以内对涉案财物作出处理。情况特殊的，经检察长批准，可以延长三十日。

前款规定的对涉案财物的处理工作，人民检察院决定撤销案件的，由侦查部门负责办理；人民检察院决定不起诉或者人民法院作出判决、裁定的案件，由公诉部门负责办理；对人民检察院直接立案侦查的案件，公诉部门可以要求侦查部门协助配合。

人民检察院按照本规定第五条第二款的规定先行接收涉案财物，如果决定不予立案的，侦查部门应当按照本条第一款规定的期限对先行接收的财物作出处理。

第二十四条 处理由案件管理部门保管的涉案财物，办案部门应当持经检察长批准的相关文书或者报告，到案件管理部门办理出库手续；处理存入唯一合规账户的涉案款项，办案部门应当持经检察长批准的相关文书或者报告，经案件管理部门办理出库手续后，到计划财务装备部门办理提现或者转账手续。案件管理部门或者计划财务装备部门对于符合审批手续的，应当及时办理。

对于依照本规定第十条第二款、第十二条的规定未移交案件管理部门保管或者未存入唯一合规账户的涉案财物，办案部门应当依照本规定第二十三条规定的期限报经检察长批准后及时作出处理。

第二十五条 对涉案财物，应当严格依照有关规定，区分不同情形，及时作出相应处理：

（一）因犯罪嫌疑人死亡而撤销案件、决定不起诉，依照刑法规定应当追缴其违法所得及其他涉案财产的，应当按照《人民检察院刑事诉讼规则（试行）》有关犯罪嫌疑人逃匿、死亡案件违法所得的没收程序的规定办理；对于不需要追缴的涉案财物，应当依照本规定第二十三条规定的期限及时返还犯罪嫌疑人、被不起诉人的合法继承人；

（二）因其他原因撤销案件、决定不起诉，对于查封、扣押、冻结的犯罪嫌疑人违法所得及其他涉案财产需要没收的，应当依照《人民检察院刑事诉讼规则（试行）》有关撤销案件时处理犯罪嫌疑人违法所得的规定提出检察建议或者依照刑事诉讼法第一百七十三条第三款的规定提出检察意见，移送有关主管机关处理；未认定为需要没收并移送有关主管机关处理的涉案财物，应当依照本规定第二十三条规定的期限及时返还犯罪嫌疑人、被不起诉人；

（三）提起公诉的案件，在人民法院作出生效判决、裁定后，对于冻结在金融机构的涉案财产，由人民法院通知该金融机构上缴国库；对于查封、扣押且依法未随案移送人民法院的涉案财物，人民检察院根据人民法院的判决、裁定上缴国库；

（四）人民检察院侦查部门移送审查起诉的案件，起诉意见书中未认定为与犯罪有关的涉案财物；提起公诉的案件，起诉书中未认定或者起诉书认定但人民法院生效判决、裁定中未认定为与犯罪有关的涉案财物，应当依照本条第二项的规定移送有关主管机关处理或者及时返还犯罪嫌疑人、被不起诉人、被告人；

（五）对于需要返还被害人的查封、扣押、冻结涉案财物，应当按照有关规定予以返还。

人民检察院应当加强与人民法院、公安机关、国家安全机关的协调配合，共同研究解决涉案财物处理工作中遇到的突出问题，确保司法工作顺利进行，切实保障当事人合法权益。

第二十六条 对于应当返还被害人的查封、扣押、冻结涉案财物，无人认领的，应当公告通知。公告满六个月无人认领的，依法上缴国库。上缴国库后有人认领，经查证属实的，人民检察院应当向人民政府财政部门申请退库予以返还。原物已经拍卖、变卖的，应当退回价款。

第二十七条 对于贪污、挪用公款等侵犯国有资产犯罪案件中查封、扣押、冻结的涉案财物，除人民法院判决上缴国库的以外，应当归还原单位或者原单位的权利义务继受单位。犯罪金额已经作为损失核销或者原单位已不存在且无权利义务继受单位的，应当上缴国库。

第二十八条 查封、扣押、冻结的涉案财物应当依法上缴国库或者返还有关单位和个人的，如果有孳息，应当一并上缴或者返还。

第五章 涉案财物工作监督

第二十九条 人民检察院监察部门应当对本院和下级人民检察院的涉案财物工作进行检查或者专项督察，每年至少一次，并将结果在本辖区范围内予以通报。发现违纪违法问题的，应当依照有关规定作出处理。

第三十条 人民检察院案件管理部门可以通过受案审查、流程监控、案件质量评查、检察业务考评等途径，对本院和下级人民检察院的涉案财物工作进行监督管理。发现违法违规问题的，应当依照有关规定督促相关部门依法及时处理。

第三十一条 案件管理部门在涉案财物管理工作中，发现办案部门或者办案人员有下列情形之一的，可以进行口头提示；对于违规情节较重的，应当发送案件流程监控通知书；认为需要追究纪律或者法律责任的，应当移送本院监察部门处理或者向检察长报告：

（一）查封、扣押、冻结的涉案财物与清单存在不一致，不能作出合理解释或者说明的；

（二）查封、扣押、冻结涉案财物时，未按照有关规定进行密封、签名或者盖章，影响案件办理的；

（三）查封、扣押、冻结涉案财物后，未及时存入唯一合规账户、办理入库保管手续，或者未及时向案件管理部门登记，不能作出合理解释或者说明的；

（四）在立案之前采取查封、扣押、冻结措施的，或者未依照有关规定开具法律文书而采取查封、扣押、冻结措施的；

（五）对明知与案件无关的财物采取查封、扣押、冻结措施的，或者对经查明确实与案件无关的财物仍不解除查封、扣押、冻结或者不予退还的，或者应当将被查封、扣押、冻结的财物返还被害人而不返还的；

（六）违反有关规定，在诉讼程序依法终结之前将涉案财物上缴国库或者作其他处理的；

（七）在诉讼程序依法终结之后，未按照有关规定及时、依法处理涉案财物，经督促后仍不及时、依法处理的；

（八）因不负责任造成查封、扣押、冻结的涉案财物丢失、损毁或者泄密的；

（九）贪污、挪用、截留、私分、调换、违反规定使用查封、扣押、冻结的涉案财物的；

（十）其他违反法律和有关规定的情形。

人民检察院办案部门收到案件管理部门的流程监控通知书后，应当在十日以内将核查情况书面回复案件管理部门。

人民检察院侦查监督、公诉、控告检察、刑事申诉检察等部门发现本院办案部门有本条第一款规定的情形的，应当依照刑事诉讼法和其他相关规定履行监督职责。案件管理部门发现办案部门有上述情形，认为有必要的，可以根据案件办理所处的诉讼环节，告知侦查监督、公诉、控告检察或者刑事申诉检察等部门。

第三十二条 人民检察院查封、扣押、冻结、保管、处理涉案财物，应当按照有关规定做好信息查询和公开工作，并为当事人和其他诉讼参与人行使权利提供保障和便利。善意第三人等案外人与涉案财物处理存在利害关系的，人民检察院办案部门应当告知其相关诉讼权利。

当事人及其法定代理人和辩护人、诉讼代理人、利害关系人对人民检察院的查封、扣押、冻结不服或者对人民检察院撤销案件决定、不起诉决定中关于涉案财物的处理部分不服的，可以依照刑事诉讼法和《人民检察院刑事诉讼规则（试行）》的有关规定提出申诉或者控告；人民检察院控告检察部门对申诉或者控告应当依照有关规定及时受理和审查办理并反馈处理结果。人民检察院提起公诉的案件，被告人、自诉人、附带民事诉讼的原告人和被告人对涉案财物处理决定不服的，可以依照有关规定就财物处理部分提出上诉，被害人或者其他利害关系人可以依照有关规定请求人民检察院抗诉。

第三十三条 人民检察院刑事申诉检察部门在办理国家赔偿案件过程中，可以向办案部门调查核实相关查封、扣押、冻结等行为是否合法。国家赔偿决定对相关涉案财物作出处理的，有关办案部门应当及时执行。

第三十四条 人民检察院查封、扣押、冻结、保管、处理涉案财物，应当接受人民监督员的监督。

第三十五条 人民检察院及其工作人员在查封、扣押、冻结、保管、处理涉案财物工作中违反相关规定的，应当追究纪律责任；构成犯罪的，应当依法追究刑事责任；导致国家赔偿的，应当依法向有关责任人员追偿。

第六章　附则

第三十六条　对涉案财物的保管、鉴定、估价、公告等支付的费用，列入人民检察院办案（业务）经费，不得向当事人收取。

第三十七条　本规定所称犯罪嫌疑人、被告人、被害人，包括自然人、单位。

第三十八条　本规定所称有关主管机关，是指对犯罪嫌疑人违反法律、法规的行为以及对有关违禁品、危险品具有行政管理、行政处罚、行政处分权限的机关和纪检监察部门。

第三十九条　本规定由最高人民检察院解释。

第四十条　本规定自公布之日起施行。最高人民检察院 2010 年 5 月 9 日公布的《人民检察院扣押、冻结涉案款物工作规定》同时废止。

三、公安部关于印发《公安机关涉案财物管理若干规定》的通知（公通字〔2015〕21 号）

各省、自治区、直辖市公安厅、局，新疆生产建设兵团公安局：

为贯彻落实中共中央办公厅、国务院办公厅《关于全面深化公安改革若干重大问题的框架意见》（中办发〔2015〕17 号）和《关于进一步规范刑事诉讼涉案财物处置工作的意见》（中办发〔2015〕7 号），加强公安机关涉案财物管理，保护公民、法人和其他组织的合法财产权益，保障办案工作顺利进行，公安部对《公安机关涉案财物管理若干规定》（公通字〔2010〕57 号）进行了修订完善，现印发给你们。请结合本地实际，认真贯彻落实。

各地执行情况和遇到的问题，请及时报部。

公安部

2015 年 7 月 22 日

公安机关涉案财物管理若干规定

第一章 总则

第一条 为进一步规范公安机关涉案财物管理工作，保护公民、法人和其他组织的合法财产权益，保障办案工作依法有序进行，根据有关法律、法规和规章，制定本规定。

第二条 本规定所称涉案财物，是指公安机关在办理刑事案件和行政案件过程中，依法采取查封、扣押、冻结、扣留、调取、先行登记保存、抽样取证、追缴、收缴等措施提取或者固定，以及从其他单位和个人接收的与案件有关的物品、文件和款项，包括：

（一）违法犯罪所得及其孳息；

（二）用于实施违法犯罪行为的工具；

（三）非法持有的淫秽物品、毒品等违禁品；

（四）其他可以证明违法犯罪行为发生、违法犯罪行为情节轻重的物品和文件。

第三条　涉案财物管理实行办案与管理相分离、来源去向明晰、依法及时处理、全面接受监督的原则。

第四条　公安机关管理涉案财物，必须严格依法进行。任何单位和个人不得贪污、挪用、私分、调换、截留、坐支、损毁、擅自处理涉案财物。

对于涉及国家秘密、商业秘密、个人隐私的涉案财物，应当保密。

第五条　对涉案财物采取措施，应当严格依照法定条件和程序进行，履行相关法律手续，开具相应法律文书。严禁在刑事案件立案之前或者行政案件受案之前对财物采取查封、扣押、冻结、扣留措施，但有关法律、行政法规另有规定的除外。

第六条　公安机关对涉案财物采取措施后，应当及时进行审查。经查明确实与案件无关的，应当在三日以内予以解除、退还，并通知有关当事人。对与本案无关，但有证据证明涉及其他部门管辖的违纪、违法、犯罪行为的财物，应当依照相关法律规定，连同有关线索移送有管辖权的部门处理。

对涉案财物采取措施，应当为违法犯罪嫌疑人及其所扶养的亲属保留必需的生活费用和物品；根据案件具体情况，在保证侦查活动正常进行的同时，可以允许有关当事人继续合理使用有关涉案财物，并采取必要的保值保管措施，以减少侦查办案对正常办公和合法生产经营的影响。

第七条 公安机关对涉案财物进行保管、鉴定、估价、公告等，不得向当事人收取费用。

第二章 涉案财物的保管

第八条 公安机关应当完善涉案财物管理制度，建立办案部门与保管部门、办案人员与保管人员相互制约制度。

公安机关应当指定一个部门作为涉案财物管理部门，负责对涉案财物实行统一管理，并设立或者指定专门保管场所，对各办案部门经手的全部涉案财物或者价值较大、管理难度较高的涉案财物进行集中保管。涉案财物集中保管的范围，由地方公安机关根据本地区实际情况确定。

对于价值较低、易于保管，或者需要作为证据继续使用，以及需要先行返还被害人、被侵害人的涉案财物，可以由办案部门设置专门的场所进行保管。

办案部门应当指定不承担办案工作的民警负责本部门涉案财物的接收、保管、移交等管理工作；严禁由办案人员自行保管涉案财物。

第九条 公安机关应当设立或者指定账户，作为本机关涉案款项管理的唯一合规账户。

办案部门扣押涉案款项后，应当立即将其移交涉案财物管理部门。涉案财物管理部门应当对涉案款项逐案设立明细账，存入唯一合规账户，并将存款回执交办案部门附卷保存。但是，对于具有特定特征、能够证明某些案件事实而需要作为证据使用的现金，应当交由涉案财物管理部门或者办案部门涉案财物管理人员，作为涉案物品进行管理，不再存入唯一合规账户。

第十条　公安机关应当建立涉案财物集中管理信息系统，对涉案财物信息进行实时、全程录入和管理，并与执法办案信息系统关联。涉案财物管理人员应当对所有涉案财物逐一编号，并将案由、来源、财物基本情况、保管状态、场所和去向等信息录入信息系统。

第十一条　对于不同案件、不同种类的涉案财物，应当分案、分类保管。

涉案财物保管场所和保管措施应当适合被保管财物的特性，符合防火、防盗、防潮、防蛀、防磁、防腐蚀等安全要求。涉案财物保管场所应当安装视频监控设备，并配备必要的储物容器、一次性储物袋、计量工具等物品。有条件的地方，可以会同人民法院、人民检察院等部门，建立多部门共用的涉案财物管理中心，对涉案财物进行统一管理。

对于易燃、易爆、毒害性、放射性等危险物品，鲜活动植物，大宗物品，车辆、船舶、航空器等大型交通工具，以及其他对保管条件、保管场所有特殊要求的涉案财物，应当存放在符合条件的专门场所。公安机关没有具备保管条件的场所的，可以委托具有相应条件、资质或者管理能力的单位代为保管。

依法对文物、金银、珠宝、名贵字画等贵重财物采取查封、扣押、扣留等措施的，应当拍照或者录像，并及时鉴定、估价；必要时，可以实行双人保管。

未经涉案财物管理部门或者管理涉案财物的办案部门负责人批准，除保管人员以外的其他人员不得进入涉案财物保管场所。

第十二条　办案人员依法提取涉案财物后，应当在二十四小时以内按照规定将其移交涉案财物管理部门或者本部门的涉案财物管理人员，并办理移交手续。

对于采取查封、冻结、先行登记保存等措施后不在公安机关保管的涉案财物，办案人员应当在采取有关措施后的二十四小时以内，将相关法律文书和清单的复印件移交涉案财物管理人员予以登记。

第十三条 因情况紧急，需要在提取后的二十四小时以内开展鉴定、辨认、检验、检查等工作的，经办案部门负责人批准，可以在上述工作完成后的二十四小时以内将涉案财物移交涉案财物管理人员，并办理移交手续。

异地办案或者在偏远、交通不便地区办案的，应当在返回办案单位后的二十四小时以内办理移交手续；行政案件在提取后的二十四小时以内已将涉案财物处理完毕的，可以不办理移交手续，但应当将处理涉案财物的相关手续附卷保存。

第十四条 涉案财物管理人员对办案人员移交的涉案财物，应当对照有关法律文书当场查验核对、登记入册，并与办案人员共同签名。

对于缺少法律文书、法律文书对必要事项记载不全或者实物与法律文书记载严重不符的，涉案财物管理人员可以拒绝接收涉案财物，并应当要求办案人员补齐相关法律文书、信息或者财物。

第十五条 因讯问、询问、鉴定、辨认、检验、检查等办案工作需要，经办案部门负责人批准，办案人员可以向涉案财物管理人员调用涉案财物。调用结束后，应当在二十四小时以内将涉案财物归还涉案财物管理人员。

因宣传教育等工作需要调用涉案财物的，应当经公安机关负责人批准。

涉案财物管理人员应当详细登记调用人、审批人、时间、事由、期限、调用的涉案财物状况等事项。

第十六条　调用人应当妥善保管和使用涉案财物。调用人归还涉案财物时，涉案财物管理人员应当进行检查、核对。对于有损毁、短少、调换、灭失等情况的，涉案财物管理人员应当如实记录，并报告调用人所属部门负责人和涉案财物管理部门负责人。因鉴定取样等事由导致涉案财物出现合理损耗的，不需要报告，但调用人应当向涉案财物管理人员提供相应证明材料和书面说明。

调用人未按照登记的调用时间归还涉案财物的，涉案财物管理人员应当报告调用人所属部门负责人；有关负责人应当责令调用人立即归还涉案财物。确需继续调用涉案财物的，调用人应当按照原批准程序办理延期手续，并交由涉案财物管理人员留存。

第十七条　办案部门扣押、扣留涉案车辆时，应当认真查验车辆特征，并在清单或者行政强制措施凭证中详细载明当事人的基本情况、案由、厂牌型号、识别代码、牌照号码、行驶里程、重要装备、车身颜色、车辆状况等情况。

对车辆内的物品，办案部门应当仔细清点。对与案件有关，需要作为证据使用的，应当依法扣押；与案件无关的，通知当事人或者其家属、委托的人领取。

公安机关应当对管理的所有涉案车辆进行专门编号登记，严格管理，妥善保管，非因法定事由并经公安机关负责人批准，不得调用。

对船舶、航空器等交通工具采取措施和进行管理，参照前三款规定办理。

第三章　涉案财物的处理

第十八条　公安机关应当依据有关法律规定，及时办理涉案财物的移送、返还、变卖、拍卖、销毁、上缴国库等工作。

对刑事案件中作为证据使用的涉案财物，应当随案移送；对于危险品、大宗大型物品以及容易腐烂变质等不宜随案移送的物品，应当移送相关清单、照片或者其他证明文件。

第十九条　有关违法犯罪事实查证属实后，对于有证据证明权属明确且无争议的被害人、被侵害人合法财产及其孳息，凡返还不损害其他被害人、被侵害人或者利害关系人的利益，不影响案件正常办理的，应当在登记、拍照或者录像和估价后，报经县级以上公安机关负责人批准，开具发还清单并返还被害人、被侵害人。办案人员应当在案卷材料中注明返还的理由，并将原物照片、发还清单和被害人、被侵害人的领取手续存卷备查。

领取人应当是涉案财物的合法权利人或者其委托的人，办案人员或者公安机关其他工作人员不得代为领取。

第二十条　对于刑事案件依法撤销、行政案件因违法事实不能成立而作出不予行政处罚决定的，除依照法律、行政法规有关规定另行处理的以外，公安机关应当解除对涉案财物采取的相关措施并返还当事人。

人民检察院决定不起诉、人民法院作出无罪判决，涉案财物由公安机关管理的，公安机关应当根据人民检察院的书面通知或者人民法院的生效判决，解除对涉案财物采取的相关措施并返还当事人。

人民法院作出有罪判决，涉案财物由公安机关管理的，公安机关应当根据人民法院的生效判决，对涉案财物作出处理。人民法院的判决没有明确涉案财物如何处理的，公安机关应当征求人民法院意见。

第二十一条　对于因自身材质原因易损毁、灭失、腐烂、变质而不宜长期保存的食品、药品及其原材料等物品，长期不使用容易导致机械性能下降、价值贬损的车辆、船舶等物品，市场价格波动大的债券、股票、基金份额等财产和有效期即将届满的汇票、本票、支票等，权利人明确的，经其本人书面同意或者申请，并经县级以上公安机关主要负责人批准，可以依法变卖、拍卖，所得款项存入本单位唯一合规账户；其中，对于冻结的债券、股票、基金份额等财产，有对应的银行账户的，应当将变现后的款项继续冻结在对应账户中。

对涉案财物的变卖、拍卖应当坚持公开、公平原则，由县级以上公安机关商本级人民政府财政部门统一组织实施，严禁暗箱操作。

善意第三人等案外人与涉案财物处理存在利害关系的，公安机关应当告知其相关诉讼权利。

第二十二条　公安机关在对违法行为人、犯罪嫌疑人依法作出限制人身自由的处罚或者采取限制人身自由的强制措施时，对其随身携带的与案件无关的财物，应当按照《公安机关代为保管涉案人员随身财物若干规定》有关要求办理。

第二十三条　对于违法行为人、犯罪嫌疑人或者其家属、亲友给予被害人、被侵害人退、赔款物的，公安机关应当通知其向被害人、被侵害人或者其家属、委托的人直接交付，并将退、赔情况及时书面告知公安机关。公安机关不得将退、赔款物作为涉案财物扣押或者暂存，但需要作为证据使用的除外。

被害人、被侵害人或者其家属、委托的人不愿意当面接收的，经其书面同意或者申请，公安机关可以记录其银行账号，通知违法行为人、犯罪嫌疑人或者其家属、亲友将退、赔款项汇入该账户。

公安机关应当将双方的退赔协议或者交付手续复印附卷保存，并将退赔履行情况记录在案。

第四章　监督与救济

第二十四条　公安机关应当将涉案财物管理工作纳入执法监督和执法质量考评范围；定期或者不定期组织有关部门对本机关及办案部门负责管理的涉案财物进行核查，防止涉案财物损毁、灭失或者被挪用、不按规定及时移交、移送、返还、处理等；发现违法采取措施或者管理不当的，应当责令有关部门及时纠正。

第二十五条　公安机关纪检、监察、警务督察、审计、装备财务、警务保障、法制等部门在各自职权范围内对涉案财物管理工作进行监督。

公安机关负责人在审批案件时，应当对涉案财物情况一并进行严格审查，发现对涉案财物采取措施或者处理不合法、不适当的，应当责令有关部门立即予以纠正。

法制部门在审核案件时，发现对涉案财物采取措施或者处理不合法、不适当的，应当通知办案部门及时予以纠正。

第二十六条　办案人员有下列行为之一的，应当根据其行为的情节和后果，依照有关规定追究责任；涉嫌犯罪的，移交司法机关依法处理：

（一）对涉案财物采取措施违反法定程序的；

（二）对明知与案件无关的财物采取查封、扣押、冻结等措施的；

（三）不按照规定向当事人出具有关法律文书的；

（四）提取涉案财物后，在规定的时限内无正当理由不向涉案财物管理人员移交涉案财物的；

（五）擅自处置涉案财物的；

（六）依法应当将有关财物返还当事人而拒不返还，或者向当事人及其家属等索取费用的；

（七）因故意或者过失，致使涉案财物损毁、灭失的；

（八）其他违反法律规定的行为。

案件审批人、审核人对于前款规定情形的发生负有责任的，依照前款规定处理。

第二十七条　涉案财物管理人员不严格履行管理职责，有下列行为之一的，应当根据其行为的情节和后果，依照有关规定追究责任；涉嫌犯罪的，移交司法机关依法处理：

（一）未按照规定严格履行涉案财物登记、移交、调用等手续的；

（二）因故意或者过失，致使涉案财物损毁、灭失的；

（三）发现办案人员不按照规定移交、使用涉案财物而不及时报告的；

（四）其他不严格履行管理职责的行为。

调用人有前款第一项、第二项行为的，依照前款规定处理。

第二十八条　对于贪污、挪用、私分、调换、截留、坐支、损毁涉案财物，以及在涉案财物拍卖、变卖过程中弄虚作假、中饱私囊的有关领导和直接责任人员，应当依照有关规定追究责任；涉嫌犯罪的，移交司法机关依法处理。

第二十九条　公安机关及其工作人员违反涉案财物管理规定，给当事人造成损失的，公安机关应当依法予以赔偿，并责令有故意或者重大过失的有关领导和直接责任人员承担部分或者全部赔偿费用。

第三十条　在对涉案财物采取措施、管理和处置过程中，公安机关及其工作人员存在违法违规行为，损害当事人合法财产权益的，当事人和辩护人、诉讼代理人、利害关系人有权向公安机关提出投诉、控告、举报、复议或者国家赔偿。公安机关应当依法及时受理，并依照有关规定进行处理；对于情况属实的，应当予以纠正。

上级公安机关发现下级公安机关存在前款规定的违法违规行为，或者对投诉、控告、举报或者复议事项不按照规定处理的，应当责令下级公安机关限期纠正，下级公安机关应当立即执行。

第五章　附则

第三十一条　各地公安机关可以根据本规定，结合本地和各警种实际情况，制定实施细则，并报上一级公安机关备案。

第三十二条　本规定自 2015 年 9 月 1 日起施行。2010 年 11 月 4 日印发的《公安机关涉案财物管理若干规定》（公通字〔2010〕57 号）同时废止。公安部此前制定的有关涉案财物管理的规范性文件与本规定不一致的，以本规定为准。